馬政權的開場、中場與收場

上 開場

南方朔◎著

馬政權的 開場、中場與收場

(2006～2011)【開場】目 錄

第二部　馬政權虛驕登台

第三部　親痛仇快的領導

【自序】

馬政權何以落到這般地步

南方朔

近年來，我的學術興趣主要是在領導學（study of leadership），特別是在壞領導的形成、政府無能的原因、領導者責任感的消失，以及軟性暴君的出現等問題。這都是西方學術界注意的新課題，但因台灣學術界近年來已愈來愈不用功，因此對這方面的發展往往無所悉。

正是因爲對西方學術界近年來的研究尚有所知，因此在馬英九二〇〇八年當選第一任起，我就已驚覺到他之成爲領導人絕對不是台灣的福氣，而是台灣噩運的開始。故而當他就任起，我對馬政權就批評甚力。在我批評馬政權之初，馬還有聲望，他的累積性弊病尚未完全表面化，當時很多朋友對我的批評不以爲然，認爲我對他有偏見。但隨著台灣情勢的惡化，愈來愈多人對當初挺馬已開始後悔，尤其是二〇一三年年中後，馬的民調支持度跌到九·三%，許多朋友才承認我的領先批評馬政權的確是一種先見。我無意在此自吹自擂，只是要在此表示一個知識份子就是要博學多識，當有了理論基礎，自然就能預見許多事情，才能做出有預見性的批評。

可是，「不幸而言中」，卻也是件悲哀的事，它顯示政府和領導者的弊病，我們都是已發現到了並作了預警性的批評，但這些批評就像狗吠火車一樣，完全沒有發揮作用。言論及批評的自由必須對一個「有反應」的政府才會有意義。但現在的政府，特別是台灣的馬政府，早已成了一個麻木無動於衷的政府，不論外人如何批評，它都活在封閉性的自我感覺良好的世界裡。統治者的麻木無感，乃是一個國家最大的悲哀，而這種悲哀已在台灣出現！

批馬有學術的依據

我從二〇〇九年起，就對馬政府作出負面的評價，二〇一二年大選時，我甚至公開撰文挺蔡英文而不挺馬，我的這種態度，形諸白紙黑字，相信我的批評今天已成了台灣社會的主流意見。對此我自認的確是走在時代的前面。而我那麼早就看破馬政府的手腳，並不是有任何成見，而都是有知識上、學術上的理由。我願在這裡將近年來我對當代學術的一些閱讀心得稍加整理，向各方就教，也說明我的批評之依據。

（一）現在隨著媒體的發達，從馬政府開始，已進入了只會作秀，不會做事，不思考問題的虛擬表演政治取代務實責任政治的新階段。

近代西方政治學家早已注意到，從一九六〇年代的末期開始，由於電視普及，傳統的政治行為已發生了巨變。從前的政治必須務實地做事，利用業績來爭取人民的認可，但進入電

上 開場

視時代後，由於人們都是透過電視畫面來「感覺」政治，因此電視的發達已改變了人們的認知模式，不是看人所做的，而是看人在電視上所說的。透過電視講一些切合時尚而又易懂的輕鬆話題，最可以建造形象，讓人接受。這種膚淺的「表演政治」已取代了傳統的「務實政治」，成了新的主流趨勢。這種現象，在近代西方的媒體理論裡早已有過深入的討論。做事情太勞累且辛苦，做秀則輕鬆而收益大，這也是聰明奸巧的政治人物自然而然會向「表演政治」靠近的原因。

電視媒體的發達，除了改變政治人物的行爲模式外，也同時改變了政治模式，那就是當權的人進入了「天天都是在選舉」的忙碌階段。當權的人每天忙著趕行程，到處曝光，要讓選民每天都看到他，用作秀作得很「忙」這個假象來取代冒充做事做得很「忙」這個應有的標準。

政治領導性的人物，他的真正本業，乃是運用他的身分權力，替國家的大政方針掌舵，特別是在這個變化快速的時代，他更應針對未來的情勢預先提出政策，即使從最消極角度而言，領導性的人物也是官僚體系上發條的最大動力。如果領導級人物每天都在管事，官僚體系就不敢太馬虎，官僚體系就會自動上發條，螺絲會自動拴緊。如果一個政治系統的當政者只知作秀不做事，短期或許無事，但整個官僚體系長期缺乏督飭，它的發條就會愈來愈鬆，螺絲也愈來愈不緊，系統性的管理就會癱瘓，弊病也會層出不窮。馬政府只會作秀，不會做事，他可以應付第一個任期，從第二個任期開始，台灣的千瘡百孔即一個個相繼裂開。台灣從二〇一二年起，各種系統性的弊病即告出現，每個案件都不是個案與例外。它都是領導者只知道作秀，而不做事和不管事所致。

馬政權的無能已常態化

（二）多元民主的社會，領導者已不敢做任何決定，只會向有錢有勢者靠攏，使社會的不公平日益擴大。

近代英美學者早在一九七〇年代就已有了好幾個學派，專門研究政府無能及失能的原因，綜合各家的學說，可以分爲：

A. 現代已進入民主多元、眾聲喧嘩的時代，除非一個國家的領導人自己有很強的定見，幾乎任何問題一出現，均必然意見紛紜。這種情況已形成了政治人物不做重大決定，凡事能拖就拖的習性，以免可能判斷錯誤，太早做決定而惹火燒身。遇事只會拖延的政府習性即告出現，像台灣的年金改革即是標準的案例。

B. 當代英美學者早已研究過所謂「多元民主」的真相與假象。「多元民主」雖然說是每個人都有表達意見的權利，但各種人的表達卻有大小強弱之分，強的人群如富人、大企業、政黨的基本盤群眾擁有最大的表達權力，他們的利益會在統治者的考慮範圍之內；其他弱勢者雖然有表達的「權利」，但卻沒有表達的「權力」，這意思是說，弱勢者儘管可以表達意見甚至抗議，但它卻完全沒有任何效用，這也是說，在「多元主義」之外下，反而造成了「壓迫的合理化與常態化」。西方學者早已指出，「多元民主」只是「眾聲喧嘩」，和政府遇事就拖的習慣，而拖到最後一定是最有實力的群體獲得利益。美國復旦大學教授柯亨

（Jeffrey, E. Cohen）在《廿四小時皆新聞的時代之總統職位》一書中早已指出，在這個「多元民主」的時代，總統遇事就拖延，最後必然向最大的壓力群眾妥協。這已成了一種普世現象，它只會造成社會的差距日益擴大。馬政府任內的台灣弱勢者儘管不斷發聲，但從未受到理會，可以說即是個明顯的例證。

C. 近代西方學者對政府的無能、政府責任感的失落等問題早已作過有系統的研究。學者發現，由於現代政府日益龐大且複雜，已出現「太多人挑水反而沒水喝」的困境。現代政府很容易因爲體制龐大而相互推諉責任，最後沒有人主動去做重大的工作，造成集體的平庸化。其次則是現代政府太會隱匿各種訊息，任何事情不到正式引爆，事前外人均無法知悉，資訊靠著自由流動而形成的預警功能已不再存在。最後是各種病徵幾乎都一直累積，最後整體一次性的出現。今天的台灣，就是馬政府過去幾年來無能的常態化和全面化所造成的積弊一次性地全面引爆所致。

無能是由於無知和無感

（三）其次，我再回來說一個與台灣命脈有關的經濟問題。

從一九八〇年代後期開始，世界進入經濟全球化的階段。除了通俗的市場型經濟學家高唱開放論之外，真正專業型的經濟學家則早已注意到各國肆應之道。例如普林斯頓大學名譽教授吉爾品（Robert Gilpin）早在《廿一世紀全球資本主義之挑戰》一書裡，強調各國應有「自主性」始足以應付這個全球化時代的新挑戰；另外兩名學者普拉卡薛（Aseem Prakash）

及哈特（Jeffrey B. Hert）則在《全球化與治理》論文集指出，在這個全球化時代，政府的制定政策之能力，調整贏家和輸家的內政能力，都需要重新再來，該書稱之爲「再發明政府」（Reinventing government），意思是說政府的能力已須大幅強化。近年來，在全球化時代，乘勢崛起的國家如新加坡、南韓、北歐四小國，都能政府大有爲從事產業結構的重整和升級、吸引外資、創造高品質就業，所以國家遂能欣欣向榮，國際競爭力也持續攀高。

但馬政府的經濟政策卻是完全失敗，以致於造成今天台灣的每下愈況。而我在許多批評中已尖銳的指出馬政府的無知無識，其犖犖大者有如下數端：

A. 馬政府上台後只會講意義曖昧但好聽的，「兩岸合作去賺全世界的錢」這種口號，但這個好聽的口號到底是台灣賺錢？或是中國賺錢？卻完全沒有清楚的操作上的定義，因此落實到最後，它其實只是台商的經濟學，而不是台灣的經濟學。馬政府任內，台商加快了產業、技術、資金和人力以及就業機會的移出。台灣的產業空洞化和就業的空洞化已成了不可逆的趨勢。二〇一三年十月份，台灣出口中的台灣接單、海外（**主要是中國**）生產的比重高達五二・九％，就是台灣經濟空洞化的證據。這已顯示出馬政府只會口號治國，把台商的賺錢學當成了台灣的國家經濟學，遂使得台灣成爲附庸於中國的依賴體，依賴而不發展，只是被掏空。這乃是馬政府誤國之大罪。正因爲台灣經濟全部都錯了，縱使加上「台灣接單，海外生產」，台灣的出口競爭力也一直在衰退。更何況政府無能，無力去調控社會，才造成政府的稅入一直減少，社會的貧富差距一直在擴大了。

B. 近年來，亞洲領導人裡，新加坡的李光耀無疑乃是對中國沒有敵意的一方，因此他

祝福中國能持續進步發展，但他對中國雖無敵意，並不表示向中國一面倒，而是「保持不信任的友好」。李光耀憂慮中國獨大，別國將成爲它的藩屬，因此新加坡和中國經濟就有警戒線：新加坡主張美國和印度留在亞洲制衡中國；新加坡也致力於本身的產業調整，對中國和台灣爭取投資和人力。這乃是新加坡競爭力得以提高、新加坡在東南亞成爲有力發言者，新加坡的香格里拉論壇成爲亞洲共同安全論壇的主因。新加坡是個有自主性的國家，而馬政府統治的台灣恰好正是新加坡的反面。

陷入了惡性循環圈

（四）馬英九當選連任之初，我就根據美國人文基金會傑佛遜講座教授麥唐納（Forrest McDonald）在所著《美國的總統職位：一部智性的歷史》中的觀點，在一個民主連選連任的國家，第二任領導人通常不是國家的賜福，反而是「第二任的咀咒」。第二任通常是一意孤行，妄自尊大的政治。當時我即已指出馬的第二任將會任意妄行，將台灣帶往殘破之路，而今已證明我的論斷已的確成真。

A. 馬在第二個任期，一開始就以「歷史地位」爲名而任意亂爲，從油電雙漲、證所稅、核四公投到服貿協議，都是一意孤行，對民意完全不予理會。這種事情，在任何民主國家都未曾見，實在相當於專制的王政復辟。

B. 馬已表現出一種極端的行爲模式，他自恃擁有政權和立法院多數而任意妄爲，因爲他掌控了官僚體系，官吏們當然不敢違逆，他控了黨機器，立法委員對他也不敢忤逆，他以黨紀的命令治國，等於是挾持脅迫了整個黨國機器，他疑似濫用司法檢調體系，更不惜濫權修改黨章爲自己得以延長黨主席任期。他到了後來已墜入了「濫權－恐懼－更濫權」的惡性循環圈。這種情況下，台灣的官僚體系更加無能、民主倒退、國事更非，整個台灣已開始大退化。

C. 我很早就將馬英九和明代亡國皇帝崇禎相比，崇禎自己任意妄爲，把國家搞到垮，但卻不會自我檢點，反而認爲是「諸臣誤我」。崇禎的故事，用現代理論來說，乃是馬英九已形成了一種「卸責式的謾罵文化」（Blame Culture），他把台灣搞壞的責任隨便地推給別人，然後對別人整肅謾罵惡鬥。例如他將台灣混亂退化的原因推給立法院，並對立法院長王金平展開政治鬥爭。根據台灣媒體的報導，馬的謠言隊伍竟曾在眷村散佈耳語，宣稱正是因爲王金平是台獨，他和民進黨勾結，就是要馬英九沒有政績，這才有利於他的奪權。如此違背事實的惡毒謊言，虧他的文宣爪牙也真的敢講。造謠說謊，被指涉的王金平並不是第一個。就以我本人爲例，由於我可說是最早批評馬的知識份子，國民黨的名嘴和謠言部隊，很早就在兩岸三地散放對我的謠言，他們說我是求官不成，才對馬不滿。馬的名嘴和謠言隊伍，對所有的知識份子都充滿惡意，他們竟不知道知識份子就是有「富貴不能淫，威武不能屈」的風骨，別說求官不成，就是馬求我當官，我還嫌骯髒，不屑一顧。馬上台後，請我當監察委員，吳伯雄請我當風紀委員，劉兆玄請我當行政院顧問，蕭萬長請我當國策顧問，我一律敬謝不敏。南方朔清白一世，完全不想被馬政權的髒手弄得不乾淨！

且看兩年後伊於胡底

最近一年多，馬政權的無能混亂已日趨深化與擴大，因此近日我已重讀美國思想家米爾斯（C. Wright Mills），以及英國思想家彌爾（J. S. Mill），以及近代學者杭丁頓（Samuel P. Huntington）等人所說的「政治退化」理論。米爾斯認爲「權力與道德成反比」，任何政治人物當權力愈大，必然愈會做不道德之事。彌爾等人也指出，當一個國家的人民缺少了警覺，政府必然無能，最後會體制日益混亂，更加無法系統整合。台灣在馬政府任內，事實上正經歷著近代各國已很少見到的「政治大退化」的過程。今天台灣幾乎是每日一爆，政治狀況不斷，經濟日益敗壞，社會也日益混亂。有毒食品、僞劣商品、環境危機，奸官之後就是各種大奸商一個個崛起。台灣由國不成國，已更加惡化到社會不成社會。

因此我認爲台灣的學術界、言論界已必須對「政治退化」、「經濟退化」、「社會退化」這些問題特別提高警覺了。一個國家，統治者濫權無能，人們不能只是看他鬧笑話，在網路上發洩一下就會改善的。人們一定要更積極的採取行動，才可能救亡圖存。馬政權還有兩年，未來的兩年，台灣必然會更加的不堪聞問，現在我只是寫到它的過去和現在，它的未來必定是更不堪的局面。我真正擔心的，乃是兩年後，台灣的年青世代將會慘到什麼程度！

第一部（2006.2～2006.10）

扁政權末期氛圍

我是個沾血的火花

許多人一定知道挪威近代大畫家蒙克（Edvard Munch 1863-1944），那幅名作「尖叫」。去年這幅名畫失竊，乃是大新聞。它也是迄今為止，全球畫壇被偷的最重要作品。「尖叫」的畫面是日落時分，天風如血，一個貌似骷髏的人站立橋上，雙手撫頰，驚恐的發出無聲的喊叫。蒙克在他的日記裡，對這幅畫有過解說。近年來，一個丹麥學者整理他留下的書簡札記，更多訊息得以出土。我在他的札記裡讀到最足以證明這幅作品的句子：

在當今這個道德的虛空
我是個沾血的火花

蒙克以他的天生弱質和敏銳，掌握到當今道德虛空，人們求助無門，只有無聲尖叫的本質。這也使得他的畫，不再只是單獨一幅作品，而成了這個世界的象徵：每個人都是一滴沾血的火花，等著熄滅。

上 開場

由蒙克的畫作和那句偈語，就讓人想到最近這段期間，原已多到讓人痲痺的全家燒炭自殺、媽媽帶著子女跳水、搶劫殺人等案件了。尤其是春節前後，由於經濟惡化年難過，這類慘劇更增。

在以往，這種案件多少都會讓統治者覺得不安，我們社會也加減會對別人的痛苦不幸有所哀憐，並要求政府對弱者多加照顧。而這樣的情操現在早已蕩然。現在的政府對人民的不幸完全無所顧惜，而我們也只管股市的漲跌，那裡有名牌可買，那裡有美食可饗。至於那些因爲年關難過而燒炭跳水的，在人們眼中已不明言的成了「失敗者」。「失敗者」是個多好的名稱啊，把這些人視爲「失敗者」，我們也可以睡得安心！

這時候，我就想到英國艾克斯特大學系統神學教授兼業餘經濟學家戈林格（Timothy Gorringe）不久前在《公平與分享》裡所提到的論點。他指出，縱使經濟學之父亞當斯密講自由放任，但仍以他的《道德情操論》爲起點，講究人對人的關懷與彼此的責任。但到了當代，「私人」和「市場」掛帥，不但人們合理化了「自私」，甚至連政府也都拋棄了「責任」。最後我們遂用「沒有競爭力」和「失敗者」這種冷酷的觀念，來合理化人的「去人性化」。

戈林格教授指出，蒙克那幅畫的尖叫，所尖叫的其實就是道德虛空，只剩血色，自私痲痺氾濫的無愛世界！

同樣我又想到當今主要經濟學家克魯曼教授在去年卡翠娜風災後，所發出的一系列呼籲。他也指出當今政府在「私人」「市場」掩護下，對經濟問題日益「脫責任化」。人類因

最安全會變成最不安全

連日以來，國民黨主席馬英九的兩岸政策談話及廣告，已成了令人霧煞煞的最新話題。敵對的一方，大張旗鼓的說他「一日三變」，「前後矛盾」。由「終極統一論」到「台獨選項」，不知道他究竟想講什麼。

而體諒的人，則認爲他雖然翻來轉去，其實是要摸索一個讓人放心的「新中間」，可以禁受得起來自兩端的夾擊，成爲「可以選得上的」最安全政見。

馬英九本質上比較忠厚老實，這一輪表現會出現如此巨大的「彈性」，的確可議。但我還是願意做一個「有保留的體諒者」。原因即在於自從他當上國民黨主席後，固然在島內已成了頭號鏢靶，而且美日當權右派也用奇怪的眼神對他瞄來瞄去。台灣獨派乃是全世界唯一歌頌日本殖民主義的，而馬英九年青時參加過「保釣」，又肯定日治時期反帝反殖民的先烈如蔣渭水等，歷史觀的南轅北轍，日本媒體當然要扣他「親中」的紅帽子。至於美國，近年已爲了南韓的日益脫隊而搞得心浮氣燥，因此去年對連戰訪問大陸，更是疑心病大發，深恐自己在東亞被邊緣化。馬英九出任黨主席後，美國透過各種管道邀訪，目的即在摸清底子。

面對如此複雜的內外情勢，馬英九在兩岸政策上以「安全」為首要考量，希望講出美、日、對岸、島內兩端都一定程度滿意的話，當然格外辛苦且艱難。

不過，「體諒」是一回事，我之所以「有保留」，乃是當馬英九為了求「安全」，而把各種主張都吸收進來，他其實已等於陷入了自縛手腳，只好被動的去應付一切壓力和雜音的情勢中。這時候，最安全也就變成了最不安全。

而這種問題其實是有先例和理論的，在一九七〇年代的後半期，無論美國和英國，從中央到地方都有各類壓力團體氣勢高漲且駁雜分歧，做了一項決策就會得罪一大缸子另外的人群。於是美英當時的中央和地方首長，遂出現了一種所謂的「反反覆覆的政治」（On-again, off-again Politics），最後甚至變成了「等待看風向政治」，所有討好的話都講光，而任何決定都不敢做，最後變成不能做。有位學者說這種政治就像賭輪盤，大家都不敢下注，而只是瞪著看那個似乎永遠停不下來的輪盤。這種型態的政治後來被一群美英政治學家採納，稱之為「過多元主義」（Hyperpluralism），它對政治和政治人物所造成的無法動彈，則被稱為「過多元的停滯」。

「過多元的停滯」，主要都發生在善良無膽的民主黨和工黨身上，而這種局面由誰來結束呢？就是那些有膽敢拚的右翼共和黨和保守黨。這樣的故事還不值得警惕嗎？

能有一點星星的高度嗎？

先來說一段有關星星的文學故事。

十九世紀英國傑出浪漫詩人濟慈（John Keats.1795-1821）寫過一首詩讚美星星高掛天際，沉穩不移，於是話鋒一轉就寫到愛情，但願愛情也同樣的沉穩不移。

過了一百多年後，這首詩被美國近代詩壇祭酒佛洛斯特（Robert Frost 1874-1963）讀了，顯然很有意見。他認爲星星高掛，不只是沉穩不移而已，星星的高，應該還有另一層境界與價值上的高之意義。於是這一向很哲理的大詩人，遂寫了一首〈選擇某種像星星一樣的東西〉，來和古人對話。在這首詩裡，最好的是這五行：

它要求我們擁有某種高度
俾在有時候當群眾掌握了一切
把讚美和指責搞得過了頭
我們可以選擇某種像星星一樣的東西

來支撐我們的心，保持沉著。

佛洛斯特由星星而談到價值和境界的高度，它和西方不媚俗從眾，強調昇華與超越的思想傳統有著密切的關係。他的這首詩，對現代社會的隨波逐流現象，實在極具啓發性。

於是，由這則關係星星的文學故事來看馬英九最近左支右絀的困境，問題的關鍵就很清楚了：馬英九對兩岸問題似乎從來就沒有做過徹底、清楚，具有星星高度的思考，而只是企圖在各種糾葛裡去找那個不清不楚的「新中間」。於是他遂不自覺一路跌進了統獨這個大泥淖，弄得捉襟見肘、狼狽不堪。

設若他和他的幕僚不能對問題做出根本的反省，而只是想要用各種其實很勉強的說辭把業已混亂的碎片兜攏起來，久而久之，「硬拗」這頂帽子就難免會從陳水扁頭上跳到馬英九這邊。

其實，任何對立的形成都有因有果，當一種對立被現實權力和體制固定化之後，它就已注定成了一個大泥淖，任何人不小心跳了進去，都必然被各式各樣的口號糞便抹得全身髒臭不堪。近代西方價值哲學裡特別著重「昇華」，即是只有拉大視野，提高高度，人們始能「離開他不應該在的地方」。近來台灣有人喜歡夸夸而言東西德的經驗，愛爾蘭的經驗，歐盟的經驗，甚至當今南北韓的經驗，去羨慕這些和解的經驗當然是好事，但我們可千萬別忘了這些經驗其實都有很哲學，很思想，甚至很神學的一面。人家會出現星星的高度，絕非垂手倖致。

而非常可惜的，乃是馬英九及其幕僚，對當今統獨的泥淖缺乏了基本的思考，而只是貪圖僥倖的去找一個並不存在的等邊安全距離。結果是好處沒得到，卻已滿頭包。沒有思想就做不出好事與對的事情，現在又有了最新的例子。

要民意，也要好領導

美國前總統柯林頓一向討好民意，重用民調專家。有個民調專家因而遊走兩黨之間當顧問，那個民調專家有召妓，甚至還當著妓女面打電話給柯林頓，俾炫耀他的權勢。這些亂七八糟的小醜聞後來曝光，話題自然談到了「民意政治」。評論家克萊（Joe Klein）在《紐約客》雜誌上即如此評論道：

「如果政治領袖們如此溫馴，如此沒有挑戰性，公眾爲甚麼要理會他？如果政治之目的，只是天天在計算我們變來變去的意見，這樣的領袖要他幹甚麼？」

克萊會對「民意政治」做出這樣的評論。對西方社會，這其實早已是一種非常古典的見解了。因爲從十九世紀到廿世紀初，經過種種民主的教訓，他們早已理解到民主政治當然必須是民意政治，但若政治領袖只是跟著有如流水般的民意跑，這種「不領導領袖」又有何意義？因此，政治固然要尊重民意，但也不能忘了領導。而在「民意」和「領導」之間，問題就更複雜了。最極端的如希特勒，會將其權力意志壓過民意，藉著操弄凶而敢的少數，讓真正善良但怯懦的多數由於畏懼而噤聲，甚或隨波逐流以求自保，俾達到他改造民意之目的。

因此，說民主、講民意，在台灣其實是非常像感情的事。今天的台灣無論選舉結果或民調，都顯示維持現狀和反獨非獨爲最大多數，你們不是講尊重民意嗎？那麼拜託一下，請尊重這些多數好嗎？當然不，這些多數在他們眼中乃是「非民意」，必須透過不斷的威脅、扣帽子，挑釁，挑撥離間，甚至扯唬濫，來加以改造。台灣政治搞得烏七八糟，經濟搞到天天有人全家大小燒炭，而搞政治的卻愈搞愈帶勁，說穿了不過是「改造民意猶未成功，同志仍須加緊努力」而已。當台灣的政治領袖只做一件「改造民意」的加工業，台灣人民會遭到甚麼樣的下場，也就不必找算命師亦會知道答案了。

而台灣今天會搞到少數人利用他們僥倖得來的權力，要來改造大多數的民意，其實又和這些大多數的怯懦畏懼有著密切的關係。人類的政治行爲絕對不像教科書裡所寫的那麼理性，政治行爲有太多生物性的成份，因而凶又敢的人總是能讓別人在畏懼下噤聲，明明只是少數，反而變成了好像只有他們才是真的民意。對於這種民意敢去說不，必須要有勇氣和超過它的智慧。新聞記者事以報導說「台灣有任何可能的選項」，當政治人物變得講話如記者，那就是沒有了自己的擔當與是非。愛爾蘭文豪葉慈（W. B. Yeats. 1865-1939）曾說過，當善人失去信念，惡人激情狂奔，就會出現這種足資我們警惕的結局：

事務分崩離析，中道難守

只有混亂君臨這個世界。

阿扁欠每個人一句道歉！

有能力，就好好領導，人們自會心悅誠服，山呼萬歲。沒能力並不是罪，那就不要領導，以民之所欲爲念，垂拱而治，與民休息，好歹也會有個「文景之治」的小康局面。

但今天的台灣，則是沒能力但卻惡意的亂領導，對內永遠沒完沒了的搞著撕裂煽動的把戲，對外則是孤注一擲天天玩著惹事生非的伎倆，不把黎民的辛苦放在念中，也不理會在街道巷弄裡愈來愈升起的怨歎。而只是一路自以爲是的要把那自我扭曲的權力意志，瘋狂的加諸每個國民頭上。英國政治思想家柏克（Edmund Burke）曾說過：「政客都是在做無本生意。」而今天的台灣人民則成了政治賭徒的道具！

難怪每天都在看台灣電視新聞的李光耀要爲台灣人民抱屈了。他說：「政治領袖的天職是去解決問題管好眾人之事，而台灣所發生的事，則是不但不去解決問題，反而是永遠的在製造問題，希望在製造問題中圖取利益。」

因此，台灣人民真是委屈了。台灣老百姓從未對不起過阿扁。如果我們不健忘，當記得他二年執政的得票雖然不到四成，但他第一次組成政府，我們還有七成快八成都給予支持，

這裡面可有一半都是藍色。縱使區區在下，也都是挺扁的小卒之一。

台灣人民從未對不起過阿扁。第一年政績不好，沒關係，他需要時間嘛！第二年政績還不好，雖然有點生氣但還是可以接受，因爲兩年畢竟還不夠久，我們可以再等。但我們等一年、兩年、四年、五年，回報的除了貪瀆腐化，掏空國產，官商勾串，民生凋敝外，可有其他？人民的善意得到的竟然是懲罰，這算是哪門子的天理！

而這種對人民的懲罰離盡頭還遠得很啦！當人民可欺，它就不會停止，於是挑撥分化、招東惹西、箝制媒體、詭言塞責、文過飾非，更加無日無之的相湧而至，好像一定要把大家都搞到憂鬱病發，全台灣的人都去燒炭才肯罷休。尤其是最近惹事惹到騎虎難下的程度，更可見要把人民拖下火坑的居心。把「愛台灣」的口號掛在嘴上，所做的盡是恨人民，懲罰人民之事，已讓我們現在聽到「愛」這個字就害怕。

因此，全體台灣人民沒有對不起阿扁，倒是阿扁欠我們每個人一聲真誠的認錯道歉。古代的唐朝德宗皇帝曾向人民道歉：我「長於深宮之中，暗於經國之務，積習易溺，居安忘危，不知稼穡之艱難，不察征成之勞苦」、「上辱於祖宗、下負於黎庶、痛心靦貌、罪實在予」、「致咎之本在予一人，萬姓何辜」。此刻的台灣，我們也等著阿扁向我們說同樣的話！

阿扁的第八章遊戲

廢統已成，它不是終點，而是一系列更大動作的開端。不但急獨派自己放了話，最近連美國「大西洋月刊」也刊出學者珍妮佛・林德（Jennifer Lind）的分析，爲二〇〇八台獨做了預警。

而原因很簡單，過去的獨派把省籍問題本質化，相信以現狀爲掩護，對外不斷言詞挑釁，對內即可按「本土—外來」、「愛台—賣台」、「獨—統」一直切割，最後切出一個他們佔人口七成的黨。不但台獨可搞成，還可萬年執政，而我們不能否認這種切割政治學在一定程度內確實有效，只是經過二〇〇四立委及二〇〇五「三合一」兩項選舉後，顯示出這種招式已到邊際效應轉正爲負的時候。

由於二〇〇八失去政權不但許多弊案和真相將會被拆穿，再執政將永無希望，甚至台獨也將變得不再可能，於是合台獨與繼續執政兩個目標爲一的新策略即告出現。那就是在未來兩年不再躲躲藏藏，而是挑明急獨立場，不斷炒作台獨議題，保持熱度，在最關鍵的時刻製造出宣布台獨在島內也沒有人敢反對的事件。則不但台獨可成，政權亦可永保。

我把這最後的必殺之招稱爲「第八章遊戲」，它指的是兩位美國評論作家伯恩斯坦（Richard Bernstein）及孟洛（Ross H. Munro）合寫的《與中國即將到來的衝突》的第八章。該書一九九七出版，多數內容已明日黃花，但第八章仍值得注意。

一般美國討論兩岸問題的著作都以現狀爲前提，因而遂自然而然一方面宣示「一個中國的政策」，另方面也強調「台灣關係法的承諾」。但該書卻不然，它假設了當兩岸出現戰爭，現狀已無存，這時美國要怎麼辦？於是該書第八章即虛構了這樣的情節：白宮召開緊急會議，會中鷹鴿兩派交鋒，最後決定出兵，理由是不管中共對美國有無敵意，只要失去台灣，整個亞洲就會向中共傾斜，而對美國利益造成擠壓。

該書寫於一九九七，由於香港歸還，美國心情苦澀，因而鷹派當道的時刻，而今時移境遷，如果還有這種情況，美國會如何處理，已更難預測。但它對急獨卻極具啓發。稍早前台北「商周」曾有過民調，獨派多數相信美軍一定援台，非獨派則比較不相信此點。這也是急獨深信只要營造出兩岸衝突，美國必然馳援，不但台獨和永遠執政可畢其功於一役；也是幫美國維繫其亞太地區利益。在他們的邏輯裡，美國甚至還應對急獨爲它製造出手拖下水的理由而心存感激。

美國人民是否對急獨心存感激？白宮官員在回答「中天」訪問時倒是說了話：「我們對台灣有承諾，但對自己的人民更有承諾。」「第八章遊戲」是他們用盡一切手段要維護原本就不屬於他們的，而千百萬人則會因此而盡失自己所擁有的。這可是人類最大的無本生意啊！

一痞到底，天下無敵

當今官場已濫到不可。而濫之極致，則是無論做了多麼錯的事，也會藉著弄權、玩法、拗口舌，錯也要錯到底。無論媒體的議論，國會的監督，他們都可死叉白賴的恍若未聞。

民主政治的第一要義，乃是它必須是種「有反應」的政治。而這種最低限的標準，現在卻已在歪纏廝扯中爲之蕩然。這樣的政治風格，就讓人不由得想起所謂的「痞子」這種文化現象來。

古代中國自南宋後期開始，即進入長期下滑的過程。由於這段期間不斷出現異族政權，因而遂有了許多極可能源頭外來的語詞，例如「潑皮」可能來自蒙古族，「痞子」可能出自滿族，「獺皮」則可能來自女真族。這些字詞產生了我們今天所說的「痞子」、「無賴」、「光棍」、「撒潑」、「死皮賴臉」、「棍騙」等普通用語，它可以被概括的稱爲「痞子文化」。其特點有三：

一、這種人無是無非，只求眼前利益，一碰到問題即鬼扯糾纏，硬拗到底，小好小壞被認爲是聰明，大惡大詐被認爲是厲害，要勇鬥狠則被認爲是功夫。

二、這種人在鄉下即是「地痞」「土棍」，在城鎮即稱「無賴」「流氓」，到了商業大城如上海則被叫做「白相人」「混混」，而在最高的政治首都北京則稱「痞子」「光棍」，他們最嫻熟於詭辭詐言，在好訟喜訟以及裝神弄鬼的交叉運作裡無往而不利。早年北京有俗語：「一痞到底，天下無敵。」四川則有俗語：「人不自愛，神仙也敗。」

三、這種「痞子文化」也影響到讀書出身的當官人，明末清初的大學問家呂留良在他的《四書講義》裡就直指這種人是「苟且無忌憚之徒，妄作妄取」，乃是「小人兼光棍」。

古代的「痞子文化」實在太值得研究了。它造成中國人耍奸耍詐耍嘴皮的特別傳統，全世界其他文化體系皆到不了這種火候。全世界不良行爲裡也只有我們有「騙」這個類別，能把別人騙得團團轉，不是邪惡而是本領。今天台灣最「獨」的，所繼承的就是中國最糟的這種「痞子文化」！

「痞子文化」的形成，當然有其理由。南宋末年之後，中國長期動盪，苟全性命成了最高價值，胡作非爲則成必要手段。

當人無須自重，也不必尊重別人，「痞子文化」即告誕生。台灣政客的不自重已到極點，簡直比中國還中國！

哈佛大學教授賴弗特（Sara Lawrence-Lightfoot）在《尊重之研究》這本著作裡指出，人類的品行項目裡，最有對稱性的乃是「自尊—他尊」，「自重—他重」，因而要別人尊重，必須先自尊自重。

書裡引了一段話：「對自己的內在價值有感覺，乃自重之源，能自重即可擁有一切，也

上 開場

正當性、合法性、天命

二〇〇〇年，小布希因爲選票爭議，最後靠著最高法院九名大法官的投票而當選。那時美國有許多學者都認爲，他雖然在美國的法政制度下是個具有「合法性」（Legality）的總統，但「正當性」（leg itimacy）顯有不足，至於「天命」（mandate）則更有欠缺。

這時候，我們即有必要來檢視一個政權得以合理存在的三個主要概念了。

「正當性」乃是德國思想家韋伯所提出的觀念，指的是在歷史過程中，人民對一個政權同意的形式。因而無論古代的專制君主，近代的人治強人，都是過去的同意形式，而到了現在則是民主這種形式。而布希的當選，由於出現了選票爭議，他的「正當性」當然有所不足。

「合法性」，更準確的說法應稱之爲「合乎法律性」。根據美國的憲政制度，最高法院確實享有政權的最後決定權，而其權威也無人懷疑，因而布希的當選在這一點上無可反對，人們可以不高興，但無法不接受。

至於「天命」，則是人民對一個政權同意的最高標準了。它指的乃是人民對當選者的委託關係，而且更加在數量上定義嚴格。布希當時在選民得票數上低於高爾，最後勉強在大法官裁定下，靠選舉人團票領先而當選，就「人民授權」和「人民同意」的嚴格標準，他的「天命」當然大可懷疑。

因此，在「三一九」槍擊案兩週年前夕，陳義雄遺孀李淑江偕同子女出來喊冤控訴，認爲陳義雄並非凶嫌，而是遭到羅織並被殺人滅口的受害者。這對陳水扁政權的存在基礎當然已構成了最根本的挑戰。因爲阿扁政權靠的就是陳義雄，而今陳義雄這一點已受到懷疑，這個政權豈非將更加的搖搖晃晃呢？

如果我們不健忘，當還記得在二〇〇四大選前夕，包括綠營在內的各種民調，都顯示出阿扁的連任將以八到十個百分點的落差失敗。詎料「三一九」這個最後關頭的兩顆子彈，卻徹底的改變了一切。它拉下了連宋四至五個百分點，增加阿扁四至五個百分點，在一增一降之間，差距被拉平，最後他以極微領先獲勝。如此可疑的政權愈到後來，由侍從人員的不但未被懲罰反而得到獎勵；由司法對選舉訴訟的判決，由槍擊案偵辦的破綻，再加上對真調會的阻撓干擾，其實是更加一步步的讓他在「合法性」、「正當性」、「天命」這三個範疇上都日益遭到懷疑，甚至否定。在近代全世界所有的國家裡，存在基礎如此薄弱的政權，簡直是絕無前例。

而我們不要以爲政權存在的基礎這種涉及抽象概念的問題不重要。當一個政權的存在基礎就已有了大破洞，它的這種破洞就會往民心、治理、國際評價等每一個實體領域蔓延擴大。不以其道得天下者，天下必將淪爲無道狀態。這樣的得天下者，得到的是一個包括他自

己在內，沒有一個人會因此而更加快樂的天下！

在陳義雄家屬出來喊冤指控，「三一九」這個政權破洞又再擴大的時刻，我們對未來兩年也更加擔心了！

刑法應增修「封嘴罪」

我一直主張為了因應台灣獨步全球的特殊需要，我們應該修訂《刑法》，增列一項「封嘴罪」。我們當然不會像古代野蠻人那樣採用針線封嘴啦，而是非常人道的用彩色膠布來封那些信口雌黃、公然說謊的大號政客的嘴。這不但文明，而且保證有裝置藝術的美感效果。

這種想法，在前天讀報後，更為增強。「封嘴罪」簡直成了愛台灣救台灣的唯一途徑。就以鬧了快一年的陳水扁指控宋楚瑜和中共國台辦主任陳雲林密會為例，搞到現在終於真相大白。原來陳水扁所謂「確有所本」乃是調查局的一份根據「相關情資顯示」所做的研判報告。這點業經調查局長葉盛茂證實。原來所謂「確有所本」只是唬弄的謊話，「確無所本」才是真的。特務機關搞情報分析可以天馬行空，無論媒體的揣測或街談巷議，都可以隨意解讀。但把這種見不得天日的東西當成帽子來扣人腦袋，就已不是語言消費，而是語言犯罪了。這種人不判他個「封嘴三月」，又怎麼對得起那張「賤嘴」呢？

而更離譜的事還有啦。總統府秘書長陳唐山、民進黨主席游錫堃接受美國軍火商邀宴，在事情被人捅出來後，他們的回答才天方夜譚呢！「我們是朋友間接受邀宴」，「看了報紙

才知道李華德是軍火商」。而陳唐山被追問到如果知道李華德是軍火商是否還會赴宴時，答得就更妙了：「也不一定啊，好朋友吃飯，如果沒有談到軍購的事，有什麼關係？……光明正大，沒什麼事。」搞了老半天，他老兄竟然還是李華德的「好朋友」，而他居然看了報紙才知道李華德是軍火商。這是那門子的「光明正大」？兩句話就露出說謊的馬腳。

陳游的胡謅其實很有榜樣性。往後政府的大小官吏或民代，還有什麼廠商和利益團體的飯不能吃？萬一被逮到，就說「朋友間接邀宴，不知道對方是廠商」。有這種榜樣，再談政風，已成笑話。

美國最近因爲超級說客阿布拉莫夫案曝光，而共和黨加州眾議員康寧漢則因政商勾結，爲利益團體護航被判刑八年多，因而已從嚴修正遊說法案，嚴禁官吏民代接受邀宴招待。由別人對政治品質的堅持，我們這種「一痞到底」的政客，又怎配得上民主進步之名？

中研院重印的古籍裡有《北平風俗類徵》一書，其中的〈習尚篇〉寫道，北平嘴賤的人很多，總是惹事生非，敗壞風俗人心。後來出了個陳姓東城指揮官，逮到這種人並不入獄，只是掌嘴；於是社會風氣很快就好了。看著今天台灣的嘴巴亂象，「封嘴罪」恐怕真有必要了。

馬英九該多做些基本功課

國民黨主席馬英九，帶著被美國老大哥「加持」的金光，就要回來了。

二月份馬英九訪歐，由於歐洲在兩岸問題上不具樞紐位置，加以當時惹出了「台獨選項論」的風波，確實搞得有點捉襟見肘。但這次訪美卻顯然不同了。由於美國已被阿扁弄得疲倦不堪，自然對台灣這個未來可能的領導人充滿了期待，另外則是北京方面也同樣基於「只要不是陳水扁都好」的心態，無論馬英九說了甚麼，都能在理解包容下悶不作聲；而美國僑社原本就是藍色天下，他們已憋氣了六年，這次當然格外歡欣鼓舞。在一片反扁的氣氛下，天時地利人和樣樣齊全，馬英九訪美當然造成了快樂的旋風。

因此，馬英九訪美在這個意義上當然超級成功。我們都知道近年來美國因爲南韓有「脫美」之勢，而台灣則去年五月有連宋相繼訪問北京，因而搞得疑心病大發，深恐會在東亞失去了支配性。這也是馬英九當選黨主席後，美方遂通過各管道極力邀訪的原因。

而顯然的，由美國副國務卿、副國安顧問、國防部助理部長所主持的「三堂會考」，馬英九似乎已過了關。值得玩味的，乃是我方駐美代表李大維被婉拒出席這個場合。如果李大

維出席，基於職責，他當然必須向阿扁回報。而今馬英九和美方的談話，阿扁完全無法知悉。這是高度象徵的動作，顯示出美方已蓄意要把阿扁隔離開來。美國的「凍扁」，已證實了一種說法，那就是在未來的兩年裡，把阿扁「框」起來，不讓他繼續爲非作歹，已成了美國的既定方針。

不過，由馬英九訪美的各次公開談話，卻也顯示出他的兩岸政策確實充滿了讓人捉摸不定的疑點。他說「九二共識」，談直航和台商投資的開放，甚至「暫行架構」等，這都是國民黨版兩岸政策的覆述。但一談到「中華民國是主權獨立的國家」，「台灣不需獨立兩次」，以及甲午割台等歷史問題時，整個邏輯就亂了，藍皮的底下彷彿就露出了一些綠骨。這些問題目前在快樂的旋風下，人們也都稀里糊塗的不去追究，但可以肯定的是，這些問題所埋下的疑點，就和「終極統一論」，「台獨選項論」一樣，將來終會在適當的時候發酵。也正因此，對於馬英九將來赴日訪問時他會說些甚麼，我就格外好奇的充滿期待了。

快樂的旋風是暫時的，到二〇〇八年，還有兩年多。在未來的兩年裡，百孔千瘡的台灣隨時充滿了內爆的風險；縱使不內爆，二〇〇八年後的台灣也絕不是直航三通可以解決問題的。或許在旋風快樂之後，馬英九也該多做一些更基本的功課了！

正在消長的舞台政治學

國際社會的實質運作上有個鐵律，那就是大國經常都是藉著替誰搭舞台或不替誰搭舞台，而營造它所欲發展的方向。它願意爲你搭台，當然就是「加持」；它不願意爲你搭台，當然是「冰凍」。這道理毫無可以詭辯的空間。

因此，馬英九訪美，如果美方派出國務院和國防部科長級的小官來主考，當然可以，而且也不算怎麼失禮。但它派出的是副卿、副國安顧問和助理部長這樣的級別。這當然是「禮遇」和「加持」。而美國會如此做的原因，與其說是看得起馬英九，倒不如是它對台灣整個民意的消長做出了敏銳的反應。

因此，民進黨內有人警覺到事情不對勁，主張召開「黨是會議」來調整與自救，這是值得鼓勵的反省。目前的美國顯然正在逐漸拆除它過去爲台灣獨派所搭的舞台，一旦舞台拆光，就難免沒有戲唱。

從這樣的角度看，陳水扁這次還想和過去一樣的去玩過境外交，卻可能吃到閉門羹；以及李登輝以健康爲理由，延遲他的赴日訪問。這兩起事恐怕都不如我們以爲的那麼簡單，而

應把它視爲是一種拆舞台的動作，或許才更爲準確。

其實，阿扁以前每次過境外交，美國總是會協調出一堆國會議員和官員來幫忙搭舞台，讓他回來後，可以誇說「我們和美國的關係好得不得了」。但最近這一連串的表現，卻的確惹翻了美國老大哥。加上陳水扁的支持度只剩十八趴，不滿意度到了百分之七十六。如果它還替阿扁搭舞台，不但自己會覺得可笑，甚至還可能得罪台灣絕大多數民意。於是，就拆舞台吧，紐約當然沒有了，洛杉磯據稱還在做最後的拜託，搞不好會真的取消掉過境外交這個舞台。

或因同樣的道理，一向都很熱中於替李登輝搭舞台的日本，這次才會決定暫凍了他的訪問，「健康」不過是讓大家不覺得尷尬的下台階而已。至於是否會延到今年秋天，等著看吧！

因此，最近這一波「搭舞台政治學」的消長變化，實在有太多問題值得我們反思。從去年底開始，獨派已清楚的理解到時間不在他倆這一邊，於是遂決心孤注一擲到底。只是他們自己大概也沒有想到，愈想孤注一擲的結果，反而是在拆自己的舞台。因而當我們說美日在拆舞台時，更準確的說法毋寧是它們在呼應著扁李的自拆舞台，也加入了拆舞台的行列。用現實的話來說，那就是獨派的戲大概已玩到差不多的時候了。民進黨比較中年的一輩，如果不想舞台被拆光，一跤摔到台下，或許真該爲自己的未來好好想一想了！

啊，那顆沉落的靈魂！

台灣有些事情，會讓人看得搖頭頓足，氣到不行。我們除了說「願上帝保佑他」之外，簡直已無復可言。阿扁重炮轟擊要求檢討改革的黨內同志，我的好多個民進黨朋友就用髒話說，真的很「X」！

無論個人或團體，都難免因爲私心、貪婪、愚蠢、固執，而犯下錯誤。我們都不是天生的道德完人，錯誤總是難免。西方有句諺語：「道歉永遠不會嫌遲。」它的意思是說，只要人能夠一心未泯，他要得到別人的寬恕或自我的得救，總是會有機會的。由人們如何去面對這種艱難的挑戰，他那終極的人品、格調、器識，也才會顯露。

從去年「三合一」選舉前夕，一直到現在，民進黨毫無疑問的是走在長長的下滑路段上。而情勢的泰去否來，阿扁的治理無方，以及因他而造成的貪腐濫權，當然要負起最大的責任。而除了阿扁之外，民進黨的其他人也同樣應分攤這種對人民的虧欠。也正因此，無論從選前的「新民進黨運動」到最近的「黨是會議」，甚至林爲洲的退黨，我們都應視爲是民進黨的機會之窗。如果民進黨能夠正心誠意反省，道歉和自我糾正，它未嘗不可能因此而獲

得重生。如果它能在未來兩年裡補贖過去，儘管我們曾受過傷害，我們也仍願意為它加油喝采。

而第一次的「新民進黨運動」被蹉跎掉了，沒關係，現在又有了新的「黨是會議」的新機會以及退黨的新刺激。在國事蜩螗，黨事渾噩的此刻，這個機會總該好好的抓住了吧，但沒有，不但沒有，由阿扁重炮轟擊黨內同志「黨沒有你不會死」，指責要求改革的同志是立場不夠堅強，「不只軟手還軟腳」。這時候我們才真正看透阿扁這個人惡質的那些部分。我們已可鐵口直斷，只要阿扁在，民進黨即不可能檢討與改革。有一種人對世界充滿了惡意，不管自己做了甚麼都永遠對，並因此痛恨和抗拒一切的建議和批評。這樣的人品並不多見，這種人愈是心虛，就會表現得愈加獨斷與凶惡。

這時候，我就想到了美國東岸政商及文化世家出身的重要詩人勞勃．羅威爾（Robert Lowell, 1917-1977），在慨歎政治墮落、人性荒蕪，歷史總是一片蒼涼後的沈痛感觸：

政治抬高了人
而人沒有把政治也提高。

民進黨身當台灣社會及政治轉型的時刻，因而趁勢崛起，它理應用恢弘謙卑的心，把台灣政治帶往更好的方向，但它沒有。它無法提高政治，甚至連人的品質也一併被拖著向下沉淪。阿扁罵同志的那些話，我看到的是一顆繼續下沉的靈魂！

用踢痛的腳證明石頭的存在

扁馬會，兩人自說自話。馬英九自以為好心要教阿扁「趨吉避凶」，結果是「好心被雷打」。兩個人的邏輯完全不同，當然連最小的交集也不可能。這種「XX會」，以後大可不必了。

可是，各位很有學問的朋友啊，大家是否注意到了，儘管一直都在自說自話，但兩人在說話中，卻都不自覺碰觸到了一個「哲學層次很高」的問題。

例如，關於「九二共識」，阿扁說當時香港會談，根本就沒有「九二共識」這樣的白紙黑字。「九二共識」是後來蘇起歸納出來的。因此根本就沒有「九二共識」這種東西。而馬英九則說，「九二共識」這個名詞雖然是後來歸納出來的，但當時的確有「九二共識」這種東西，如果沒有「九二共識」這種東西，當時怎麼可能有「辜汪會談」這回事？因此馬英九要阿扁別「以辭害義」。因為根據阿扁的邏輯，另一個無聊人也可以振振有辭地說，沒有「二二八」這回事！

例如，在「廢統」問題上，馬英九問「統」到底「廢」了沒有？或者只是像楊甦棣所說

的乃是「暫緩」（Abeyance）？由於在這個問題上，阿扁玩名詞遊戲惹翻了美國老大哥，他遂刻意閃避這個問題，表示國統會已無人員上班，也沒有預算，並輪到他要馬英九別「以辭害義」了！

由扁馬都在說「以辭害義」，這時候我們就必須提高自己的「哲學層次」，從根本之處來看「以辭害義」這個問題了。

在哲學史裡，愛爾蘭哲學家伯克萊（George Berkeley, 1685-1753）曾說過一個「用踢痛的腳來證明石頭的存在」的故事。當時有人認爲「名詞」（指「觀念」）乃是實在的東西，它存在於我們心中，在心靈之外沒有其他東西存在。於是有個名叫強森的博士遂去踢一個石頭，用踢痛的腳來證明石頭的存在。

這個哲學故事看起來實在有夠無聊，但卻非常重要。因爲世界上有太多人只相信自己所想的觀念，而不去理會世界的真實。於是「用踢痛的腳來證明石頭的存在」這種事情遂總是不斷地在發生著。

而阿扁就是很典型的「用踢痛的腳來證明石頭存在」的人，他以爲自己不相信「九二共識」的存在，「九二共識」就不存在；他以爲他用了一個「廢」，就真的不再存在。而事實上呢？他不承認，不喜歡，不接受的東西，沒有任何一項即因此而真的消失，他的腳亂踢的結果，只證明了他的腳愈踢愈痛而已。

玩語言文字遊戲，並不能改變世界的真實。不但「九二共識」不會隨他的意志而消失，「終統」也一樣。

從「準執政黨」重新出發

在二〇〇四年底立委選舉，泛藍過半後，我曾主張泛藍應成爲「有領導性的在野黨」；在「三合一」選舉，國民黨大勝後，我則主張國民黨應成爲「準執政黨」，對台灣日益不堪的政經局面，發揮更積極的監督和主導作用。

如果我們回顧過去六年的變化，當會發現到二〇〇〇年國民黨在糊里糊塗中失去了政權後，驚愕、困惑、悲憤，以及因此而造成的手足無措及癱瘓遂籠罩了該黨上下，除了等待「連宋合」收復政權之外，就再也無所作爲。國會的監督形同消失，統治者的犯錯和權力濫用遂告不可遏制。

而到了今天，台灣早已在任性妄爲下被搞得千瘡百孔，而展望未來的兩年，情況只會更壞而不可能變好。這時候我們已不容許只有「日曆一頁一頁快快翻過，早點翻到二〇〇八年」這樣的心態，而是在野黨要拿出做「準執政黨」的決心，一方面要阻擋台灣的進一步惡化，而更積極的則是要在一切攸關未來發展及福祉的問題上做好政策及執行的準備。任何政治領袖或政黨都不可能只靠著站在別人失敗的肩膀上而獲得終極的成功。而必須有自己的願景、政策及做法。做「準執政黨」的意思乃是要加緊努力，與時間賽跑，讓台灣惡化的速度變慢，讓台灣換軌的時間提前。

因此，今天的國民黨，已不能只有馬英九一個人天天在動而已。一人之動，動久了也會加速折舊。去做一個「準執政黨」，乃是要以一人之動，串出所有民代、縣市長、智庫，以及民間企業和社會團體，以及學者專家的動，進而讓整個台灣從困頓中燃起生機。一方面透過預算權、立法權、以及例行監督權的行使，阻擋惡化的速度；但更重要的，乃是要根據興利除弊的原則，對台灣重大問題都提出主張和做法，如果現政府願意採納，當然成事不必一定在己，設若政府拒絕採納，「準執政黨」也可保留到將來有機會時自己施行。「準執政黨」要做的乃是靠著全面而具體的動，讓人期待。也只有如此，才算得上是做好了再執政的準備。也只有這樣的動，未來的治理團隊也才有可能提前育成。台灣已沒有多少可以摸索等待的時間，必須一切提前就緒，將來一有機會上手，全套不一樣的東西才可以端上檯面。而這種工作，現在就開始並不算太早。

由日前的「扁馬會」，我們已可知台灣的「獨」與「非獨」乃是兩套意識型態說辭。而由人類的共同經驗，我們早已知道，愈極端，愈簡化問題，愈容易朗朗上口，但它和所有的倒砌金字塔一樣，最危險也會讓人民付出最大的代價。因此，由「扁馬會」的徒費唇舌，我們已應知道，再多的「XX會」或「XX辯論」都已無意義。誰能端出切實有效的政策和做法，才真正重要。這更顯示去做「準執政黨」的迫切了！

上 開場

迎接全民大爆料的時代！

最近的台灣，爆料成潮，如果說特權貪腐讓人產生的懷疑與好奇有如獵犬，那麼爆料的人就是獵犬隊的隊長，一路狂追著蛛絲馬跡。

正如同人們都喜歡斯文論政，討厭惡顏相向及廟堂鬥毆，但若斯斯文文講話業已無用。白面書生最後只得被迫捲起袖子。同理，如果我們的司法總是能不偏不倚，及時的懲惡罰弊，那裡又輪得到別人不務正業，去幹那種抓人小辮子的差事？爆料成潮，本質上就是對司法的公然不滿與羞辱。它一個巴掌、一個巴掌的打在司法的臉上。

而我們更應當注意，人們會對爆料充滿了期待，而爆料的人也愈爆愈神勇，這和爆料真的有用有關。如果我們不健忘，當還記得高捷以及泰勞仲介弊案初爆之時，陳哲男最先鐵齒否認，最後是藉著爆料，而一點一點像擠牙膏擠出了一些兒真相。這是「爆料有用論」的證明，那麼來吧，讓我們來一場全民大爆料運動吧！

十八世紀英國人文豪薩繆爾．約翰遜（Samuel Johnson, 1709-1784）曾說過：「刻意要隱藏的秘密很少能真正藏得住。我們真的有理由相信，秘密似乎具有一種很微妙的揮發性，能夠藉著最小的縫隙而不知不覺的逃逸出去。或者就是它有一種發酵的力量，會一直膨漲，讓那原本要守祕密的心爲之破開。」

而今天的台灣，不就是上面這段話的印證嗎？許多刻意要隱藏的劣跡，許多蓄意要守住的祕密，都在這個全民大爆料的時代，像擠牙膏般被一點一點的擠了出來。否認的話只要有一次被人擠牙膏證明是說謊，往後的否認就不會再有公信力；並鼓勵出更多知道一鱗半爪的人前仆後繼地加入爆料的行列。當今的全民大爆料，絕非捕風捉影，而更接近無風不起浪，大家在用力擠牙膏裡爲真相拼圖。高捷案不透過爆料，怎麼可能出現？SOGO的禮劵案，不也是在爆料中證明了許多合理懷疑是正確的嗎？

不過，我們也得知道，爆料只是爆料，它不是司法，只勉強算是對司法施壓的動作，有關特權貪腐問題，最後仍得靠司法來決定一切。如果司法還是像現在一樣，不知振作與不知自愛，而只是爆料到那裡，案子就辦到那裡，司法這種角色就永遠別想再抬起頭來。台灣的政治之亂，有許多該有是非的卻變成沒有是非，司法可要負起最大的責任。有時候我們指責政黨惡鬥，可別疏忽了惡鬥的題目之所以一直存在，乃是那種題目理應由司法來解決而它卻不敢去解決，遂使得該題目只好留在政治這個層次上一直兜圈圈。

因此，繼續吧，這個全民大爆料的時代。讓我們看它是否會讓司法振作起來！

現代太平天國

上一個星期，民進黨政權真是亂到不行。我們看到了外交和交通兩個部長攜家帶眷的豪華旅遊；看到了外交部長黃志芳和國安會副祕書長張旭成的對罵；也看到了台肥公司內訌，以及內訌後的更多爆料與揭弊。

而這種亂不只如此而已。我們還看到了那四個「天王」，也開始向他們的老闆嗆聲；最親信出身的游錫堃也開始說「第一家庭有錯就該道歉」；還有一個與台糖合作赴外國投資的綠色金主也開始爭公司領導權。在這樣的亂局下，吳淑珍出脫基金捐作公益這種斷尾求生之計，儼然也成了一齣道德自我諷刺劇。

上個星期的這些發展。其實有著非常重要的意義。那就是隨著外部揭弊爆料的深刻化以及許多確實被證明爲真。加上人民不滿的升高，所有的這些效果已往民進黨政權內部轉移。它們的大人物有的不願被拖著一起死，遂開始要走自己的路；有的二線要員，警覺到來日無多，於是更加肆無忌憚地能爭權就爭權，能搞特權就搞特權；而綠色金主也開始爲自己的權益而打算。這是一個能力和道德皆出了嚴重危機的政權之第二階段，它已愈來愈像是樹倒猢猻散的預演。

對於這樣的局面，我要引一個非常吻合，但他們一定會暴跳的譬喻。那就是太平天國。今天發生在民進黨政權身上的事，不就是活脫脫太平天國經驗的重演嗎？

太平天國是個抄襲基督教的半調子政權，除了幾句口號外，事實上只不過是最傳統的農民政權，一旦取得大片江山後，就像流民團體般分封「天王」，而統治者則任意胡爲，既無章法，又無能力。於是很快地就樹倒猢猻散，每個「天王」也各奔東西，沒個下場。

而民進黨政權，本質上由它的意識形態，可看出它其實是個以「民主」爲名的準革命政權，只有程度之別，並無本質上的差異。民進黨政權抄襲「民主」這個口號，和太平天國抄襲基督教如出一轍。因而它們有了權力之後，所做所爲都和它們的口號完全不相干，而是和中國式的帝王政治如出同門，現代式的太監當道，收賄弄權和李蓮英沒甚麼差別，甚至連做個好一點皇帝的企圖心也都蕩然無存。於是分官如同分贓，有能力的忠良靠邊，宵小握有大權。一個胡天胡地的政權即告出現。當它被證明甚至不如它想打倒的對象，那麼它還有甚麼價値？於是，大家散夥吧！等著懂民主、有理想、有能力的人再來吧！此刻民進黨這個現代太平天國內亂方殷，民進黨的有識者豈能不趕快設法自救呢？

善變是罪之最大！

古人說，知錯能改，善莫大焉。但若天天都在改，這豈非意謂著從來就沒有對過？而一件事從來就沒有對過，豈不等於根本就無對與錯，一切都只不過是爲了利益而在「善變」而已！

而「善變」之人，的確最可怕也最可惡。「善變」意謂著心中無是非對錯，有的只是隨著情勢而天天在變的利益，當利益優先，其他都只不過隨便說說的理由，這種人豈非已是奸滑小人兼惡徒？十七世紀美國主要廷臣，雷伯利的赫伯特伯爵（Edward Herbert of Cherbury 1583-1648）就這樣寫道：

善變沒品乃是一切罪裡的最大
它不會有善終，善始就更別提啦；
它造成了我們所犯的全部過錯
而同樣的錯，下次又會重新來過。

而台灣修憲一本帳，其鬼鬼怪怪，荒唐離譜，讓人歎爲觀止，不就是這種善變沒品的最佳例證嗎？教科書裡說「憲法是國家根本大法」，這句話刪了吧！

如果我們回顧那些善變沒品之人長期以來的修憲說詞，當可發現：

在解嚴前，看起來他們似乎和總統寶座無緣，於是那個時代扯來扯去，就是要削掉總統權，內閣制被說成是天下最好的制。

而解嚴後，時代變了，利益當然也變了。於是一堆過去說內閣制天下第一的嘴，立刻改吹總統制天下第一的調，憲法就修吧，一次兩次搞不完，就搞個六次七次，非修到有權無責的大總統出現不肯罷休。在他們眼裡，憲法不過是個呼之即來，聽他們使喚的器皿而已。

但搞完了嗎？時代再變，形勢大好，拿到總統寶座後，接下來已想壟斷國會。於是醜化國會的「政黨惡鬥論」與「國會亂源論」出現，他們當年天天在立法院打架時才是「惡鬥」與「亂源」，卻被他們忘了。配合這兩論，又出來一個莫名其妙，無學理，無章法的「國會減半論」。在他們當時的算計裡，減半和單一選區制，這乃是最有利於他們控制國會的捷徑。

但這樣可以了嗎，還早得很啦。他們過去修憲出來的有權無責總統制，終於出了一個政商勾串，貪腐濫權集大成的大總統，於是人心散去，革命形勢逆轉，立委難選，而總統可能落到別人家，怎麼辦？憲法再修吧，於是國會減半又要修回去。內閣制又舊調重彈，當然別說還有人要藉修憲再搞基本教義了。

這就是舉世最獨特的，善變的台灣修憲亂象。今天的總統府成爲台灣亂源，是他們修出來的；今天台灣體制混亂如泥，也是他們搞出來的。他們隨時根據自己的利益，要把憲法和法律變得合乎他們需要。憲法如毛坑，只供他們排泄之用，如此而已，如此而已！

無尊嚴者不配談尊嚴

阿扁的「謎航外交」，坐著豪華專機到處找地方加油，如此大費周章的「維護尊嚴」，儼然成了世界外交史上最大的洋相。台灣的洋相已不限於島內，更出到了天上！

台灣每個人都知道，這次布希總統震怒，拒絕再給阿扁過境美國本土的優惠待遇，乃是「廢統」、「終統」的後遺症。因此，這不是布希羞辱阿扁，而是阿扁的辱由自取。當阿扁在那裡把美國當做冤大頭般的耍來弄去，搞得布希已對這個人痛心疾首，厭煩至極，這時候，阿扁自己就已變成了沒有尊嚴，不値得信賴的小丑。自己先把自己搞到沒尊嚴，又怎麼有資格來談「維護尊嚴」？阿扁倒果爲因高唱「維護尊嚴」，而後藉著空中流竄演出一場被打壓的新型「苦肉計」，希望藉此賺到一點殘餘的同情，俾轉移貪腐無能這個焦點，當然也就難以奏效。

因此，無論從島內政治的變化到國際政治的消長，我們都可以說陳水扁已玩完了，島內的爆料揭弊仍在持續，不但顯露出第一家庭及其親信的問題，並已愈來愈直指陳水扁本人。由民進黨黨務革新會議，更可看出它的眾叛親離已難避免。而在國際社會上，經過「謎航外

交」這一鬧，他那種任意胡爲的本性已被更多國家知曉。他往後還會有多少空間，已不必算命就會知道答案了。陳水扁的這種處境，就讓我想到英國羅契斯特二世公爵（John Wilmot, Earl of Rochester II, 1647-1680）針砭昏君查理二世的詩句：

天佑我們善良尊貴之國王
他的承諾無人會予以相信；
他從未把不經大腦的蠢話亂講
也從沒做過任何一件對的事情

當一個領袖把自己對內對外的承諾天天變來變去，又成天在搞機詐權謀，每次講話都是算計，他又怎麼做得出對的事情呢？

然而，就在舉世都把謎航外交當做笑話看的時候，我卻對他這次充分顯露出其人格特質的行爲更加憂慮了，因爲：

第一、由這次謎航外交，阿扁那種任性胡爲，不顧一切後果的特性已再次尖銳的暴露了出來，這顯示出他是那種會把人民福祉和國家前途一次全部賭掉的人物。在二〇〇八年五月二十日新任總統就職前，他還有兩年大權在握，他還會搞出甚麼比謎航外交更離譜的事？

第二、台美關係一向深厚，而今他卻爲了求爽而如此剝削美國人民對台灣的感情，並招致自取其辱，但台灣仍難免被阿扁害到。

唉，還有兩年要捱

明天是阿扁執政六周年，意思是說我們還有兩年要捱。已經過去的六年，無論多麼的不堪回首，它畢竟已成過去，只是想到還有剩下的兩年，許多人難免會心驚膽戰。未來的兩年，對台灣而言，已成了惶惶的威脅，予人一種不知大禍何時會臨頭的戰慄不安。

無論公司、團體、社會、國家，甚至更抽象的歷史，它們的發展都有一種鐵律，那就是當大家夠努力，情勢一片樂觀，它會有一段緩緩的上坡期，所有的潛在能量會在這段期間累積，而後在某一特定時刻，能量爆發，緩緩的上坡變成急速竄升。但若腐化、無能、因循當道，它則會先經過一陣緩緩的下坡，累積負面能量，最後由下坡變成自由落體。這也就是說，我們不要以爲每天起床都和昨天一樣，就以爲永遠如此。因爲在某個特定的一天，或許有可能在起床後，我們會發現到怎麼全都變了！

因此，阿扁執政六年，不管支持度跌到百分之五點八或百分之十七，這個數字在近代全世界，只有自動滾蛋的前俄國總統葉爾辛差堪比擬。猶憶阿扁就職之初，支持度超過七成五，可見我們社會無論藍綠都給過他支持與鼓勵。而今他的支持度差不多已到了個位數，這是孰令致之？對我們的善意，他回報的又是甚麼？

如果我們回顧過去的六年，一步一腳印，每個腳印可說都是走在反淘汰的，倒退的方向上。他沒有能力，他缺乏治國的熱忱與用功。除了權謀機詐、挑撥分化、賤買國產、分贓A錢外，幾乎一無是處；於是台灣遂進入了長長的下坡路。最近弊案多如牛毛，它們其實都非個案，而是水果裡面爛掉後所浮現出來的疽塊，駙馬爺的台開案不可能停損，未來兩年裡，更多違法失職，利益勾結，夥同A錢的弊案必將一一爆出。

面對政權腐敗無能，俄國前總統葉爾辛看到自己民調支持度快到個位數了，立即自動下台。最近英國首相布萊爾支持度跌到二成六，選舉也告大潰。於是工黨議員聯名發表公開信要他滾蛋。我們社會對公共事務的覺悟度低，政黨也封建性格極強，因此俄國與英國這種情況不太可能出現。因此面對讓人提心吊膽的未來兩年，我們已必須嚴肅考慮：

（一）必要時，台灣的民間已必須發動公民罷免案，俾免台灣這個水果爛到無可救藥的程度。

（二）則是執政黨必須從內部凍結總統及其家人親信的濫權，也採取一切必要手段讓政府進行改革。而在野黨則要用盡一切方法，阻止台灣進一步的在貪腐無能中惡化。台灣要平安度過未來的兩年，可不是件容易的事情啊！

不是貪腐，是竊盜統治

最近弊案醜聞愈鬧愈多愈大，這時候，我們已必須來談一個比較理論性的問題了，亦即替「貪汙腐化」（Corruption）和「竊盜統治」（Kleptocracy）來正名。

如果我們對國際媒體和專業組織的用詞變化有點敏銳，就當會發現以前大家都普遍用「貪汙腐化」，但從一九九〇年後半期開始，使用「竊盜統治」的頻率已逐漸增多，這是個微妙的轉變，爲甚麼會這樣？

對此，耶魯法學院的法學教授魯斯・威奇吾（Ruth wedgwood）倒是在稍早前做了相當縝密的討論。「貪汙腐化」指的乃是傳統式的賄賂，收回扣等現象。但「竊盜統治」則不然，它指的是統治者利用公權力，藉著各式各樣的操作，把國家資源和金錢送到少數特定人士的手中。這是「偷」。在古希臘，「小偷」被稱爲Klephtes，它延伸出動詞「竊盜」（Kleptes），再延伸出了Kleptocracy，威奇吾教授說，這乃是「竊盜統治」（Government by thieves）。

因此，今天我們談阿扁政權的權力濫用，諸如「貪腐」、「弊案」、「A錢」、「非法炒股」、「利益輸送」、「政商勾串」等觀念，可謂都已過時了。隨著掌權者愈來愈聰明，愈來愈懂得耍手段，過去那種小鼻子小眼睛的「貪汙腐化」早就成了低級班，他們則是研究所和博士班，懂得明目張膽的去偷去搶去騙：

例如，政府受人民付託管理國家財產，它就應替人民顧好財產，而今他們卻利用這種權力，低價變賣給特定集團，這不是偷又是甚麼？

再例如，政府管理財產、制定政策、監督股市，這等於是老百姓把公家的鑰匙交給他們保管，而他們卻藉此搞圖利特定人士的貸款和內線交易，這豈不等於他們把鑰匙交給了小偷們，形同一堆人明槍執仗的夥同竊盜嗎？

又例如，任何國家的公共採購，都是集體消費或集體投資的最大宗，政府理應公平公開爲之，而他們卻違法授受，這不是偷又是甚麼？

因此，西方專業領域會用「竊盜統治」這個新名詞新觀念，它比起我們仍用「貪汙腐化」，可謂寫實並明確多了。西方國家發現到當今世界上奸猾的領袖愈來愈多，而偷國家錢的本領也愈來愈大，因而才會出現愈來愈綿密的反貪工作網。前代愛爾蘭政治思想家艾德蒙·柏克（Edmund Burke）曾說：「搞政治是無本生意。」我們古人說「監守自盜」、「竊國者侯」。在這個搞政治即取得偷國庫的「竊盜證書」的時代，這些話都已獲得驗證。

今天的台灣已淪爲「竊盜統治」，他們偷了六年，還要再偷兩年。由於台灣人太善良，台灣的反對黨太無能，他們才愈偷愈大膽，一個總統府已形同「竊盜中心」。而台灣人民啊，是不是到了站出來終結這個竊盜政權的時候？

拼圖「黑暗隱形王國」

看台灣的弊案，自如玩拼圖遊戲。每個單一案子，都是拼圖的一小塊，當案子愈來愈多，整個拼圖的圖形即開始由暗而顯，由隱晦而大白。到了今天，台灣的弊案拼圖，所露出的乃是一個「黑暗隱形王國」，它像八爪魚一樣，君臨這個島嶼之上。

而我們不但已由拼圖看出了那個「黑暗隱形王國」的形狀，甚至還看出了它的運作邏輯。那就是「一妻」乃是這個王國的主帥，「二秘」則是在王國大營參贊機要，運籌帷幄的「黑暗核心」，駙馬爺則因年青力壯、活力無限，率領著一竿子豬朋狗友，業界的野心之士，扮演著第一線野戰司令、衝鋒達陣的角色。至於阿扁本人則率同他的「二秘」，既掌握這個「黑暗隱形王國」，同時又根據其權力，控制著那個正式的政府，一隻手打一種牌，兩隻手交叉運用，來來往往，那個「黑暗隱形王國」才可以有活水一直灌入，利基無限。至於所謂的SOGO禮券，所謂的日本置產，兩家人只沾親帶故，都可以撈到一堆領錢不辦事的高薪顧問，或者大大小小都有超級名錶可戴，不過是這個「黑暗隱形王國」的附贈品而已。

也正因此，這個「黑暗隱形王國」的出事，會由駙馬爺這個第一線的野戰司令開始，也就不足訝異了。他所涉及的內線炒股，特權炒地皮炒房屋業，那是「黑暗隱形王國」之事；他所涉的特權貸款，賣官，以及各種人事關說，則是腳踩在黑白兩個王國之間。由於駙馬爺是所有拼圖裡最重要的色塊，如果檢調人員夠努力，夠魄力，未嘗不可以由此而像牽香腸一樣，把兩個王國間的運作邏輯牽出來，或者就是像滾雪球一般，讓人看到那個雪球的全貌。駙馬爺所涉弊案之所以特別重要，絕對不是因爲他的「身分」，而是他在「黑暗隱形王國」裡所佔的「位置」。他所處的「位置」，當然會讓他第一個出事。他的「位置」也可由此而串出整個貪腐的大結構，這也是他們無論應對和辯護策略都拚命在那裡「切」，但又注定不可能「切」乾淨，因而顯得捉襟見肘，到處都留下斧鑿痕跡的原因。

因爲種種朋友和學生的關係，我早就知道台灣有個「黑暗隱形王國」的存在，因而從「五一一」駙馬爺弊案被揭發，每天在憤懣中讀報，同時也做著拼圖遊戲，也就格外佩服尼采曾說過的那句名言：「最危險的追隨者，乃是那種他的背叛即會讓整王國爲之崩潰的人物，而這種人物也是最好的追隨者。」而駙馬爺的角色功能及位置，在整個「黑暗隱形王國」裡，不就是最忠誠但又最危險的人物嗎？只是無論他是否會背叛，我們都必須去查清楚搞明白，讓那個「黑暗隱形王國」被攤開。負責此案的檢調人員，可不能疏漏了駙馬爺的「位置」問題！

陳水扁走，民進黨活

危機的出現，有可能是更大危機的開始，但也有可能是新的機會之窗已被打開。在阿扁已動了全民公憤的此刻，民進黨成員如何去做選擇，正考驗這個黨有沒有「做出對的事情」的能耐與智慧。如果它做對了，民進黨將不難恢復舊觀；如果它做錯了，就會被阿扁拖著，一起走進政治的墳墓。

阿扁六年，其濫權貪腐，不但搞壞了國家，也搞壞了民進黨，相信民進黨內每個有份量有主見的人，大家都點滴在心。因此，阿扁爲他所犯的錯負責到底，自動下台，這不但有利於國家，也有利於民進黨。就台灣政治發展而論，這也是爲更好的責任政治創造先例。

但今天的整個發展，由於指揮棒仍在阿扁手中，因而他爲了挽救自己所指揮出來的，卻是一個不符正義、沒有是非，純以權謀爲主的混亂大合唱。整個民進黨已成了「相助匿非」的道具。他一方面搞「鞏固領導中心」，一方面利用幾個天王的矛盾搞「恐怖平衡」；另外則是利用一些近臣搞卸責、玩悲情、扮可憐，並進一步企圖將自己的貪腐無能轉化成藍綠對決。當這些事一路搞下去，最後的結果就是台灣更亂，而他則站在民進黨的屍體上繼續那最後一抹被咀咒的權力興輝。

因此，民進黨若繼續在指揮棒下演出荒腔走板的「挺扁大合唱」，乃是大錯事。除了讓人民看破民進黨無是無非的手腳和封建性格外，毫無其他意義。民進黨諸天王及立委民代，理應公開而善意的要求阿扁自動下台，這才是最對的事情：

（一）讓台灣老百姓知道，民進黨是個有大是大非的政黨。相信由此一來，民進黨即可取得道德制高點，它在台灣社會的信心與支持度必會很快竄起。走了陳水扁，才可能活了民進黨。

（二）阿扁自動下台，政權仍在民進黨手中，這也是整個台灣社會所付成本最低，對民進黨也最好的選擇。大家都知道呂秀蓮很麻煩，但我們有理由相信，呂秀蓮扶正後，她胡作非爲，自擅自專的可能性微乎其微；只要蘇貞昌不犯大錯，她也動不了，她想要干預游錫堃，也沾不到邊。這也就是說，阿扁下台，其實是在爲民進黨的多元民主、多角領導、和衷共濟的新模式創造機會。只要這個新班子守法守紀，大開大闔，察納雅言，調整政策，別說北高市長和明年立委選舉還來得及，縱使二〇〇八年是誰家天下，也猶未可知。

因此，阿扁在那裡「切」，是錯誤的「切」。真正要去「切」的，是民進黨。切掉阿扁，民進黨重來。整個政局也才有可能復歸正常，民進黨也才有復甦甚或成長的希望。民進黨的天王們，立委們，趕快去做這個最對的事情吧！

上 開場

群眾為何被綁架？

連日以來，阿扁透過黨國機器誓死展開「保位」之戰，整個民進黨，它的立委黨團，甚至選民，都被一人所綁架，一大群人，你監視著我，我監視著你，不滿的話只有二三好友私下才敢講，公開則每個人都把上面交代的那些話一再重覆。

這實在是個非常可惡，但也很有趣，同時也非常值得做理論探討的嚴肅問題。而要回答這個問題，我們就必須從後來出任美國總統國安顧問的學者布里辛斯基以及哈佛教授杭廷頓的那篇經典論文〈辛辛那圖斯及黨國機器控制者〉說起，這篇論文可以非常準確地解釋今天發生在民進黨身上的現象。

布里辛斯基和杭廷頓合寫的這篇論文，發表於一九六三年十月份的《世界政治學學報》上。這篇論文是在比較美蘇的政黨制度。

美國的政黨制度，其內在機制是在學「辛辛那圖斯」（Lucius Cincinatus, 519-439BC）。辛辛那圖斯是羅馬帝國時代的執政官，他受命為官，解救國家的動亂，達成任務後就解甲歸田，恢復老百姓身分，這兩位著名學者以他為象徵，強調美國及民主社會的領袖及公職幹部皆各有專業，搞政治是「半職業性」（Semi-pro）。因而進退自如，也有極大的自主性。控制政黨的人別想去控制同僚和同志，想控制也不會有人去鳥他。

但我國及半民主國家的政黨，它們搞政治的都是「黨國機器控制器」（Apparatchik），這是一種終身職業。他們的利益和身家性命都在這個職業裡。因此他們必須搞意識形態，搞動作，搞權謀，以及整肅異己，藉以維持「領袖—黨—公職人員—群眾」的一條鞭。他們必須時時刻刻都有敵人，沒有敵人就必須去加工製造敵人，否則這個一條鞭的體制就會渙散。當運作成了習慣，它就具有了自動相互監視的功能，不一樣的聲音根本不可能出現，愈愛領袖愈效忠的惡徒愈容易得到獎賞。布里辛斯基和杭廷頓把這種「黨國機器控制者」稱做現代專制政治下的「教士階級」，他們和宗教改革前神權時代的教士官僚，無論角色、功能，以及表現都一模一樣。

當我們理解到「黨國機器控制者」的這種角色後，近年來的許多事情就都有了答案。「三合一」大敗，領袖的正當性岌岌可危，黨國機器一動員，急獨牌一打，全體一被意識形態鎮壓，立即就鞏固了領導中心。而今他的正當性更危險，於是又祭出「本土」法寶，大家不管喜不喜歡，全都被迫要力挺貪腐。「黨國機器控制者」的厲害，乃是他有本領讓所有的同志群眾都在籠罩下，暫時讓良心之門全都關閉，成了共犯。

因此，綠色的天王們，立委們，群眾們，大家有必要為了一個人而活得如此委屈，如此卑賤嗎？

似乎有理，卻是不對

我們常常可以聽到看到許多「似乎有理，卻是不對」的事情。瞎子摸象，每個人摸到一部分，他們說的似乎很有道理，但卻當然不對。

阿扁的「向人民報告」，以弱者、被欺壓者的姿態現身，走軟性本土訴求，坦白說，我聽了後確實有一點感動，也對他的辯護策略深爲佩服。聽到最後那將近二十分鐘的告白時，我期待他能流下眼淚，但卻沒有，否則不知道會有多少人在電視機前哭成一團，更加義憤塡膺！

但聽完「向人民報告」，再細心想一想，那種「似乎有理，卻是不對」的冷靜感受卻跑了出來，在這裡，就讓我們來談一談「似乎有理，卻是不對」的問題，由於阿扁出身律師，我們也用一個美國律師霍華（Philip K. Howard）做爲切入點。

多年前，霍華律師寫了一本引起討論的小書《常識的死亡：法律怎麼在窒息美國》，書裡指出，美國法律多如牛毛，許多符合常識的事已做不出來，而若要按法律辦事，就會出現荒誕結果。這本小書的延伸價值是：不僅法律，尤其在政治上，一旦條條框框多了，在條框裡的人說起話來頭頭是道，而條框外的人聽來，則覺得它完全不對和違背了常識。就以美國爲例，自立國以來，每逢重大變化的時代，都會有人以《常識》爲名發表改革著作，這也證明了，一切的爭嚷詭辯，最後都要受到那種自在人心「常識」的檢驗。當人們覺得「似乎有理，卻是不對」時，就表示那個講話的人，如不是在硬拗說謊，就是已和社會完全脫節了。

阿扁的「向人民報告」裡，有「悲情牌」、「統獨牌」、「族群牌」、「被迫害牌」、「撇清牌」、「自己都對，別人都錯牌」。這些牌對基本盤群眾，等於是大家又重聽了一次高度精神、戰鬥動員的政治佈道。但對中間民眾而言，由於他們心中沒有這些牌，一定覺得「卻是不對」。吳淑珍沒見過陳由豪，這不對吧！你說政績很好，不對吧！你說美台關係很好，你說沒有操弄族群，你說金改很好，你說「三一九」，你說吳淑珍當年的車禍，你替那幾個問題大官辯護，大概都不對吧。阿扁兩個小時的講話，關起門聽都「似乎有理」，但打開門來檢證，就是會讓人覺得「卻是不對」。而最不對的，就是他既然「向人民報告」了，又一再讚美「偉大的鄉親耆大」，又說他的去留「交給二千三百萬人決定」，話都講到這麼好聽了，何不乾脆下令立院黨團對罷免案棄守，就由人民用「偉大的公投」來決定？否則一堆「偉大」豈非都是騙人的話！

人的講話，有時候話本身並不重要，說話的態度以及話語背後的價值才更重要，林肯這個偉大的演講家即說過，演講是要讓自己和別人被「心中更好的天使所觸摸」。阿扁這次用了兩個小時做了一次動員演說，人們沒看到他心中有天使，只予人「似乎有理，卻是不對」的印象。這兩個小時太可惜了！

下次卑鄙會是甚麼？

諾貝爾獎作家馬奎斯在名著《百年孤寂》裡有個難得見到的正面人物蒙卡達將軍。他尊敬對手，拒絕濫用權力，最後甚至被他占領地區的人民都站到了他這一邊。他曾對他那個不擇手段的對手說了這麼一句話：「人生的理想不值得這麼卑鄙的去追求！」

蒙卡達將軍的這句話，有如當頭棒喝，也敲到了台灣這塊卑鄙盛行的土地上。卑鄙和說謊相同。說了一次謊，下次就必須用更大的謊來掩蓋第一次謊所造成的後遺效果。做了一次卑鄙的事，下次就拚著老命也要做出更卑鄙的事，否則卑鄙即難免穿幫。卑鄙和說謊最後會變成對自己的咀咒，讓人們等著看他會在第幾次卑鄙和說謊裡把自己埋葬。

因此，阿扁這次便盡一切手段來「保衛本土政權」。由於我們的立法院乃是兩年前選出的，它代表的是「老民意」，而「新民意」則有五成四希望他下台。阿扁用「老民意」來否定「新民意」，這筆帳最後當然會記到民進黨的立委頭上。我們不妨等著看，到了二〇〇七年他們會有多少人因爲無法當選而失業，並且可以保證，他們一旦失業就會失業很久。

阿扁這次拚了命也要「保衛本土政權」，他不能把政權交給呂秀蓮。因爲眾所知悉，呂秀蓮對「三一九」槍擊案最想知道真相。一旦繼任，重查「三一九」，不知道會讓多少人坐牢。呂秀蓮缺乏政治資產，必定會藉著查弊而累積聲望。阿扁會用「吃人夠夠」來罵呂秀蓮，可見阿扁怕阿蓮的程度是多麼的深。

在民進黨全力動員，用「老民意」來打壓「新民意」之下，我早已指出阿扁這次保衛政權當可帶著人們的笑罵與咀咒而僥倖過關。只是前面有著「三一九」的卑鄙，現在又有了一堆弊案和謊言，除非阿扁可以號令民進黨永遠掌握政權，否則即難免卑鄙穿幫。弊案捅出真相，這也就是說，這次保衛政權乃是永遠保衛政權的開始，更大的不擇手段，更不可思議的卑鄙，都必將在可見的最近陸續出現。

因此，這次打著「保衛本土政權」而使盡一切不可思議的手段，由於早已知道它會僥倖過關，因而我根本不認爲它多麼的重要。而只是把它視爲二〇〇八保衛政權的前哨戰。屆時不管選民票要怎麼投，他們都必須贏。面對這樣的困局，他會怎麼辦，做票到底，然後司法調查，證明沒有做票？或者乾脆把威脅對手暗殺掉？或者隨便在島內搞個破壞或在島外製造出衝突，即可改變一切？反正國民黨也搞過戒嚴和延後選舉，這都是理由，在「保衛本土政權」的口號已經喊了出來的此刻，一切的卑鄙都在「本土」之名下有了理由，我真的很想知道下一個卑鄙會是甚麼？

阿扁活，民進黨死

全世界都在看，陳水扁的這一齣「保衛本土政權」野蠻荒誕失格劇。他使盡一切欺騙的、煽動的、威脅的、不堪聞問的、不知羞恥的手段。終於杯葛罷免成功。阿扁政權勉強活了下來，但他真的贏了嗎？稍微有點常識的都知道，他的存活是向民進黨借未來的生命。阿扁活了下來，民進黨的生命則在被阿扁借走後，將走向死亡。

早在六月六日，我在專欄裡指出阿扁其實是有更好的路可走的，那就是「陳水扁走，民進黨活」。六月七日我又指出「等待漂亮的揮手離去動作」。因爲，當阿扁知錯而下台負責，爲民主開先例，我們不但會原諒他，甚至會感謝佩服他。這也是他以自己的離去爲民進黨加分，報答民進黨的栽培之恩。

但阿扁真的不是心中猶存一絲善念的人，他棄這種利己利黨利人的選擇，而要自己一個人全贏。他搞煽動搞說謊搞硬拗，召喚著綠色群眾心裡最惡劣的成份。每個人都看得出來，他假裝凶猛，心裡其實虛弱無比。他孤注一擲「向人民報告」，但卻不敢讓人民投票，這是最典型的色厲內荏。而最最最離譜的，乃是他不但不敢讓人民投票，甚至於還不敢讓自己同黨的立委投票。硬是把同意立委集體綁架起來不准投票。因為他們害怕不用集體綁架這一招，難免會有一些立委良心打敗黨紀。這種集體綁架的賤招，全世界縱使最爛的國家也都不可能做得出來，陳水扁可真是替台灣揚名立萬啊！

民進黨把同黨立委集體綁架不准投票，靠著這招阿扁終於保住了位子，但這個最後的高潮，卻也更加顯露出它那種跡近黑道幫派的手法。老百姓看在眼裡，明在心裡，這個人這個黨已差不多了，它已成了台灣政治發展過程中的一堆垃圾，只等著一個掃垃圾的動作而已。

因此，「阿扁走，民進黨活」的反面是「阿扁活，民進黨死」。未來的問題已不是跛鴨不跛鴨的問題，而是如何掃垃圾的問題。

民進黨裡一大批不甘於變成垃圾的人，他們的不滿能量已開始出現。這些不甘於被掃進垃圾桶的人，必將會有一些繼起的動作，與其坐以待斃，不妨另造時勢。

而最值得注意的，當然還是老薑李登輝的出手，和民進黨搶道德領導權及本土領導權了。有人說等到立法院開議，台聯串連民進黨一些立委主攻倒閣議題的可能性已不能排除。這也就是說，當扁政權已失去了道德正當性，民進黨的中青代已必須去找自己的道德基礎了！

因此，阿扁靠著集體綁架同黨立委而倖存，這不是贏，而是道德上的全面大敗。別說國民不會再尊敬他，甚至民進黨內也都不會再尊敬他。他的倖勝是更大失敗的開始，也是為民進黨敲響了報喪的鐘聲。這段下坡路，我們等著看吧！

阿扁清白日，司法死亡時

有些人已氣到不讓他們家都去坐牢，就覺得沒有是非公義。我當然不會那麼極端啦。可是看著我們的司法檢調已由「察查不法」淪爲替有權力的人「證明清白」的工具，我已警覺到，當阿扁被證明爲清白之日，也就是台灣司法死亡之時！

這也就是說，當這個台灣大多數人都認爲已不該讓它繼續存在的政權，仍想歪纏濫打保住位子，它就注定要把許多東西都拿來陪葬。爲了阻擋罷免，它已賠掉了台灣的政治道德，賠掉了民進黨的信用；而往後的一兩個星期，他爲了「證明」自己和妻子的「清白」，也爲了「證明」自己是多麼的愛女兒，而讓駙馬爺涉案告一段落，可以獲釋回家幫忙做月子。台灣司法的信用就會被賠得信用全喪。

任何稍有常識的人，由一連串弊案發展迄今的過程，都可清楚的看出，我們的司法檢調辦起案來，已不止是泄泄沓沓，偷偷在放水而已，簡直更是在揣摩上意，配合演出一場「證明清白」、「避重就輕」的政治戲。由於這已顯然違背了檢調當有的職責，因而自然啓人疑竇的穿幫失格，辦案方式的違背常理等遂告不斷。

例如，包括法務部長和調查局長，都顯然藉著主導偵辦來向當權者示好，於是案子會怎麼辦，要怎麼辦，都有熱線直通。當要被偵辦的人已成了掌控偵辦全局的人，坦白的說，它會有甚麼樣的結果，不必問也就知道答案了。

於是我們遂看到，他們辦起案來，總是陰陽怪氣拖著死狗，爆料到那裡，案子才辦到那裡；有時候當爆料爆得太有殺傷力，檢調部門甚至還會跳出來幫忙澄清或誘導偏離話題。除了角色錯亂外，他們辦案也大違常規，該搜索的不搜索，該取證的不去取證，而只是將重點放在每個人的自白和相互間的對質。口水一堆，硬證據很少，這不是替放水預留空間又是甚麼？台開聯貸案是何等弊案，連查都沒查，找個部長來問，對方說沒有，他們就認為沒有，這哪是在辦案，而是在幫忙脫罪了！太百股權案和SOGO禮券案的疑點一籮筐，反反覆覆的說詞至少已有五、六個版本。但御醫出面一肩挑，儘管破綻百出，實在兜不攏，但他們似乎已決定就這麼唬弄過去。司法檢調淪落至此，這已不是藍綠問題，而是它的信用破產問題了。

目前繼罷免案阻擋成功後，司法偵辦的阻擋也到了尾聲。駙馬爺涉案部分將切割處理，嚴重的聯貸、中介買官賣官和炒作土地開發部分都將放進括弧內；問了御醫後，禮券案和太百案也就打住。他們都清白了，但台灣的司法卻真的變黑了。台灣絕大多數人都不相信會透過司法得到真相。老百姓早就知道了：阿扁清白日，也就是台灣司法死亡時！

黑資料的道德政治學

前兩天，《中國時報》報導，阿扁曾多次用黑資料恐嚇王金平和李登輝，我和絕大多數人一樣，真的很想確實知道是些甚麼黑資料。因爲把黑資料當做政治勒索的工具實在太惡劣了，它讓人想起了用這招最成功的前美國聯邦調查局局長胡佛（J. Edgar Hoover, 1895-1972）。

人非聖賢，難免都會有一些狗屁倒灶的把柄。而黑手黨就最懂得用黑資料向人敲詐勒索。胡佛是個同志，早年曾被黑手黨徒藍斯基（Meyer Lansky）設下圈套狠狠的敲詐過，於是他後來發跡，一九二四年出任局長之後，就把蒐集黑資料列爲重點。他局長做到一九七二年死爲止，四十八年任期換八個總統，沒有一個敢動他。有人說過：「你別想開除一個上帝！」

因爲，當你手上抓著別人的黑資料，你就的確成了上帝。胡佛局長任內會動員特務在高級場合偷聽偷拍。他在空軍一號專機裝了錄音機，甘迺迪總統和情人美腿紅星安姬狄金遜在機上做愛，他有全程錄音帶；美國民權領袖馬丁路德金恩博士召妓，他的人馬在床底偷裝錄音設備，甚至錄到了三P場面。

尼克森是個狠角色，以「水門案」下台，胡佛卻掌握到更多比「水門案」還嚴重的違法濫權黑資料，他也讓尼克森知道他手上捏著這些黑資料，因而尼克森有次和胡佛的上司——司法部長米契爾談話，尼克森大罵：「有甚麼辦法讓這傢伙滾蛋，他真該下地獄。讓他滾蛋已成了該死的困難問題！」米契爾的答覆是：「他不滾蛋，誰也不可能讓他滾蛋！」

胡佛實在太神勇了。從總統到部長高官，參眾議員，他全有黑資料，誰有婚外情，誰是同性戀，誰做了什麼違法的事，他全都一本帳，放在自己家裡。他不把政客涉及不法之事用來辦人，而是挪爲私用，做爲必要時敲詐勒索的籌碼和閒著沒事幹時取悅自己的材料。

一九七二年五月他死於自宅，立刻就來了一部卡車，一堆人翻遍房間，黑資料被全部帶走，這些人是誰？黑資料到了哪裡？已成了近代美國最大的神祕懸案，當然胡佛也千古留臭名。

掌握特務權力的人，可以弄到別人的黑資料；而他做了再多壞事，由於黑資料別人得不到，於是最不道德的人卻彷彿成了最有道德的人。因而用黑資料進行政治勒索遂成了政治道德上最嚴峻的悖論。統治者愈是利用黑資料做道德恐嚇，政治反而愈來愈不道德甚至愈卑鄙。

而要解除這種悖論現象，只有一個方法，那就是在道德判斷上確定一個最高原則；手段的不道德乃是不道德之極，也是罪之最大。我有黑資料，但你用黑資料來恐嚇勒索才是最黑，一切攤開後，我可能會受傷，你保證死亡！

因此，王金平和李登輝不用怕，統統講出來。台灣需要用這個案子，把特務權力濫用問題，政治手段卑鄙問題，人們的道德判斷問題搞清楚了！

國民黨都在幹些什麼？

今天的全球化理論，其核心乃是經濟上的新自由主義。儘管這派思想引起過許多討論，但我們不能不知道，它乃是美國民主黨淪爲在野政黨時的產物。也正是靠著新自由主義經濟，柯林頓始能捲土進白宮，八年任期替美國開創了罕見的經濟成就。

新自由主義經濟，在民主黨卡特總統任期快結束前，即由白宮顧問，著名的社會思想家伊茲歐尼（Amitai Etzioni）率先提出。當時民主黨有遠見的智慧和新興領袖已警覺到時代改變，民主黨在經濟思維上已落後於共和黨，因而民主黨若不思振作，將來即難發揮領導性。後來民主黨淪爲在野黨，這股新力量遂告集結，要角有大牌參議員宋嘉斯（Paul Tsongas）、哈特（Gary Hart）、經濟學家梭羅（Lester Thurow）、瑞奇（Robert Reich）、馬嘉辛（Ira Magazine）、政策制定專家彼得士（Charles Peters）、銀行家羅哈定（Felix Rohatyn）等。他們在共和黨雷根總統第一個任期結束前，即完成了民主黨未來經濟思維的整編和奠定了新方向。雷根的第二個任期，整個美國的產業政策有一大半都由民主黨在主導。前面所列這些人物，後來都成了柯林頓時代的要角。

在這裡特別提到民主黨當年這一段故事，目的是在闡明一個道理，那就是一個在野黨有時候必須比執政黨更加努力，更加走在時代前面，始可透過領導性的發揮爲再執政做出準備。坐等執政黨爛掉的在野黨是個消極的在野黨，只有學一九八〇年代上半期的美國民主黨，才是真正積極的在野黨。

根據這樣的標準來看當今的國民黨，就難免讓人感慨萬千。今天的台灣早已百孔千瘡，執政的民進黨一塌糊塗，這已無須再論，但國民黨對現狀，對未來，發揮了什麼作用呢？一點也沒有。汽油漲價，民進黨用補貼來替選舉綁樁，它沒有對策。台灣企業界對綠營日益不滿，經續會可能都會開得亂七八糟，但國民黨又提出了甚麼願景呢？台灣財政惡化，國民黨的中央及立院黨團也沒有政策；台灣水患日益嚴重，國民黨也同樣沒有對策。在野黨並非執政黨，但這絕不意謂它對任何問題即可毫不用功的假裝沒看見。對各種問題都不懈怠，一方面可以制衡，另方面也可讓人民有更好的願景，第三則是一旦時機成熟，也可立刻上手，不必再去重新摸索，浪費時間。

我對民進黨失望至極，但對國民黨也同樣極不滿意，原因即在於除了三通這種陳腔濫調外，它對台灣幾乎所有的問題都不用功。國民黨已必須拋棄以民進黨的失敗爲自己成長動力的消極態度，而應透過自己對每個問題的努力來證明自己，這才是積極的在野黨之當爲。當年美國民主黨奮起的故事，值得借鏡！

更嚴重的事還在後頭

半民主國家，經常政權愈腐化愈岌岌可危愈失去正當性，也就愈可能鋌而走險孤注一擲，藉著製造更大的對立與危機，來遮蓋原來的危機。

因此，去年底「三合一」選舉前，幾乎所有外國媒體及觀察家皆認爲民進黨敗選，必將在兩岸政策上鬆綁。當時我即指出不會，反而是敗得愈慘，愈會往更獨的方向移動。後來的發展大家都已看見了，不必再述。

而今阿扁弊案叢生，已嚴重到天地難容的程度。雖然我們都善意地希望他自動下台，替民進黨留一點後路，但其實我們每個人都心裡有數，縱使要他走的民意大到八成九成，只要沒有排山倒海的群眾湧現，他是絕對不會下台的。而是藉著對內打更大的分化對立牌，對外打更大的急獨牌，用內外更嚴峻的對立，來延續政權的生命。

因此，面對罷免，他就打「保衛本土政權」。「本土」這個神主牌一亮，綠色的人還有哪個敢多講些甚麼話？不都乖乖的成了替貪腐背書的共犯！有權力的人可以竊取占用各種符號，該符號在被竊占後即意義改變。今天台灣的「本土」已成了貪腐的最後避難所，「本

土」淪落爲一則笑柄。

而親綠的人士聯名要他走，雖然在形象道德上威脅較大，但其實更容易對付，幾個獨派頭頭找來，「正名」「制憲」的急獨口號一呼，大家不同樣又告噤聲。「三合一」選後，不就是這一招嗎？民進黨有著一堆緊箍咒，「本土」是咒，「正名」「制憲」也是咒。當咒語一唸，一切問題即告解決，再大的貪腐非法也都可得到庇護，這時候要他下台，真是高估了他的道德可能性。有個獨派頭頭唸咒一流，陳水扁不能走，因爲「台灣二千三百萬人不能被中國統治」，這是甚麼跟甚麼啊！當咒語唸到這樣的程度，主張陳水扁下台的人，簡直已成了中共同路人！

因此，無論再說甚麼都已是白說，現在與其擔心弊案對台灣的侵蝕，還不如去正視另一個即將陸續上演的更大危機。目前阿扁內憂不斷，又有阿輝這個外患，在未來的一年多，一方面爲了緩和政權危機，另方面更爲了「保衛本土政權」，必將更凶猛地去打「正名制憲牌」，藉著內外對立的激化，讓台聯切不動民進黨，也讓所有內部的噪音全部消除。反正搞到今天，他可以得的也都得到了，已不會再失去更多，就把台灣賭下去吧！

我不擔心未來一年多台灣的空轉；也不擔心台灣的錢還會被A掉多少，真正擔心的是在未來一年多裡，更多不可思議甚至更卑鄙可怕的事情，都會在「保衛本土政權」之名下被做出來。我們已必須警覺到，經過一連串的發展，其實已透露出了他們那種「爲了保衛本土政權可做任何事情」的邏輯，對此，我們大家可要小心了！

小團體思考與反智主義

我們都知道，有些會其實是開假的。所謂的開會，不過是在營造一種氣氛，讓所有的人都附和自己。阿扁找了幾個天王開會，問他們是否他應辭職，這是個狠招，他用了這招逼一堆人表態，他當然又贏了一次。

由阿扁這一招，我就想到近代學術界裡有一派頂尖學者所做的「小團體思考」（Groupthink）之研究。

第二次世界大戰後，西方學者最無法理解的，乃是納粹做了那麼多惡事，爲甚麼一向非常優秀的德國人，幾乎都沒有說不？於是，一個以史瓦斯摩學院教授艾許（Solomon Asch）爲首的學派即逐漸形成，後來在研究「共犯」問題上享有大名的米爾格爾教授（Stanley Milgram），在研究心靈封閉與反智問題上出類拔萃的羅吉奇教授（Milton Rokeach），以及在決策上的「集體災難」（Fiascoes）上提出創見的雅尼斯教授（Irving L. Janis）等，都是其中的佼佼者。

這派學者察覺到，在一個權威的體制裡，由於同儕的潛在壓力，人們都有話但不會說，

甚至還刻意的關閉心靈去附和政治正確的意見。後來雅尼斯教授寫了一本名著《小團體思考：政治決策及大災難的心理學研究》，對甘迺迪總統任內慘敗的「豬灣事件」決策過程進行調查，發現所有的人都在講老闆希望他們講的話，縱使明知不對也照講不誤。小團體會自然而然變成一個效忠團體。因而雅尼斯教授遂在該書結論裡指出：「小團體內的心靈封閉，以及一群人相互助長的過度自信，使得大家相互附和，最後會帶向心智效率，理解現實之能力，以及道德判斷等方面的蛀壞，這就是所謂的小團體思考。」因此，「小團體思考」乃是反智主義的起源之一。

在理解了所謂的「小團體思考」的本質後，最近的許多事就有了答案：

例如，阿扁找了一堆天王來開會，那是個非常獨特而封閉的場合。會場有會場的強制性，而出席者彼此之間又相互監視，大家在那樣的場合除了附和之外，還能講些甚麼？難道要公開的大家撕破臉嗎？而且我們別忘了，這些人的位子可都是得自阿扁的賞賜。於是，外面的現實如何，自己的道德判斷如何，全都可以暫時關閉起來，你要我附和我就附和，你要我背書我就背書。「小團體思考」是一種以「附和」（conformity）爲主要目的之思考方式。

除了阿扁的開會是「小團體思考」最鮮明的例證外，最近民進黨內一群保皇黨的表現，更把「小團體思考」的那種「反智」色彩盡現無遺：親綠學者是「做秀」是「發黨難財」，「阿扁辭職解決不了問題」「阿扁形象已受傷，辭職也補不回來，所以不必辭職」，……。他們可以不講話，但卻講出這種不知所云的話，「小團體思考」的這種反智特性，不正是在替民進黨更大的失敗災難做著準備嗎？

阿扁曠世長文的詭異

當代愛爾蘭女詩人伊芳．波南（Eavan Boland, 1944-）曾寫過一首〈漂亮話〉。她說道，人們拚了命的拗扭著言語，而言語則痛苦的翻滾折騰，最後是所有邪惡的東西都被隱藏在漂亮話裡，它們蹲踞著、伺機、準備展開反撲。詩裡說道：

我們將活在，我們已活在
那被語言所遮蔽的地方，它充滿危險
我們將成為，我們已成為
那邪惡匿藏的國度之子民

因此，活在這個政客愈來愈巧言善變，愈來愈懂得藉著折磨語言而將他們自己匿藏起來的時代，我們其實已像伊芳．波南所說的那樣，活在語言所遮蔽的危險中。而要逃避危險，只有一個方法，那就是對政客的漂亮話提高警覺，注意它到底暗嵌著甚麼邪惡可怕的東西。

而毫無疑問的，阿扁在民進黨全代會前夕的那篇〈民主困境與政治道德〉，就是詭異至極的一篇作品。文章裡，我們見證到了一個人他無論甚麼都不相信，只相信權力時，連他的語法也都顛覆掉了人性的常識。於是，這段才說「不止一次，有過就此告別政壇、遠離是非的念頭」。但他是要辭職嗎？當然不，因爲緊接著又有「賜我力量，繼續承擔，完成未竟的使命」，語言的常規，是與不是的分界，全都在這種詭異玩弄的修辭詭辯術裡被消除。

再例如，他這邊才說「我們不能讓仇恨的語言與情緒繼續蔓延下去，不斷腐蝕台灣社會賴以爲繼的互信基礎」，看了這樣的說法真讓人感動的想痛哭流涕，但且慢，因爲立刻又跑出「國家認同分歧是威權政府埋下的種子，現在還有很多暴行未處理，只有徹底追究，正義才能伸張」。

坦白說，這些讓人看了不知所云的說法，其實也就是英國文豪歐威爾在《一九八四》裡所說的「雙重言說」——那就是真理即說謊，愛即恨，戰爭即和平，善良即邪惡，反之亦然。當所有的是非真假全都被抹除，權力即一切即可望成真。

而最可怕的是這一段：「舊有的政權挾著過去所擁有的龐大權力基礎，不時對新政權進行全面的抵制與挑戰，拒絕承擔正常民主國家忠誠反對黨的角色，藉由癱瘓政府的運作，製造社會的動盪以遂行奪權之目的，所呈現的不是民主的深化，而是民主的衰退。」

這是我自出生以來所聽過的最邪惡謊言，他企圖用新舊二分對立來遮蓋其貪腐濫權，他所謂的「正常民主」就是A錢也不能有意見的民主，否則就是陰謀，就是奪權，甚至連揭弊的媒體也都被隱射進了舊政權的「權力基礎」中。

在看完這篇文章後，我已真正理解到甚麼叫做邪惡，爲甚麼今天台灣會搞到如此千瘡百孔的局面。有了這樣的領袖，台灣還需要敵人嗎？

他們已做不出對的事情

有人問，爲甚麼全台灣都在罵阿扁和民進黨？他們做的難道都是錯事嗎？難道他們不可能做出對的事情嗎？這實在是個好問題，我的斬釘截鐵答案是：對，他們絕不可能做出對的事情來！他們凡事必錯、凡話必謊！

在英文裡，有「不管怎麼做都不會錯」（Can do nothing wrong）和「不管怎麼做都不會對」（Can do nothing right）這樣的說法。這兩種說法，非常值得玩味。

當一個人或一群人氣勢正旺的時候，由於霸權強大，當者披靡，因而無論是附和或畏懼，不管他們怎麼做或做甚麼，都不會有人會有或敢有意見。這時候，即可說他們處於一種「不管怎麼做都不會錯」的情境之下。阿扁的第一個任期，就是不論他怎麼做都不會錯，甚至根本就沒人管他錯不錯的黃金階段。民進黨初度執政的光環，國民黨淪爲在野後驚嚇得發呆，知識分子社群出現「批判空窗期」，而媒體也都在偏愛下對他格外寬厚不挑剔，這都是「不管怎麼做都不會錯」的組成原因。

可是，權力世界存在著太多盲點。所謂「不管怎麼做都不會錯」，根據上面的分析，可知它乃是情境因素所致，但對當權者而言，看著大家都沒有意見，他們卻會因此而自認天縱聖明。於是，在「不管怎麼做都不會錯」保護下，各種自以為是的濫權貪腐即告出現，甚至於連甚麼可做，甚麼不可做，這種最基本的道德分界線，他們都視若無物。終於有一天，出現某個臨界事件，人們大夢初醒，於是另外一個「不管怎麼做都不會對」的階段遂告開始。這也就是說，「不管怎麼做都不會對」，其實是從「不管怎麼做都不會錯」這個母體裡生長出來的。對扁政權而言，兩個階段的臨界事件乃是泰勞暴動所引發的高捷案。此案喚醒了沉睡中的人們，我們進入了爆料揭弊的時代。而他們則跳進了「不管怎麼做都不會對」的漩渦。

他們當然「不管怎麼做都不會對」。因為在那個「不管怎麼做都不會錯」的階段，他們做了太多肆無忌憚，把自己當皇帝的違法濫權之事，以致於到了今天，除了不斷說謊硬拗要遮蓋那不可能遮蓋得住的醜聞弊案外，即已不可能再做出任何有意義之事。他們開口必謊，而且必然愈謊愈大。他們只要出手，不是企圖封別人的嘴，就是搞基本教義。國務機要費和發票的謊被扯得原形畢現，經續會開得一場糊塗，為了搶NCC而搞得惡形惡狀。諸如此類的事還會不斷，而且可能更離譜更荒唐更難看，因為啊，他們早已連根都錯都爛了，怎麼可能做出對的事情來！如果在全代會之前阿扁就下台，事情或許還有得救，但全代會開成那樣，經續會開成那樣，現在他們的確已到了永不可能再做出對的事情的程度！

等待綠營的最後之怒

近代美國詩人希松（C. H. Sisson）寫過一首〈金錢〉，講的是撈錢A錢的過癮和報應。撈錢A錢，其得意有如美女投懷送抱，當人們披上一付「責任的不誠實臉孔」，真是快活賽神仙。但最後呢：

突然間你到了床單撕開有如裂帛的床上
金錢這美女已現出未著晨褸的原形
她抓緊你靠向那下墜的乳房和稜稜骨架
以一種無恥但你活該的擁抱。

而除了撈錢A錢，最後醜態畢露外，近代詩人安普森（William Empson. 1906-1984）還寫過一首警世詩，要大家不要搞東搞西，因爲最後一定矛盾百出，甚至連說謊都兜不攏各種紕漏：

真正怪異的事情會造成深沉的虛空
你搞的事情愈多，你就愈
說不清記不明真相是甚麼
最後是矛盾蓋住了全部
說來說去也都只是偏離主題
這時你已無需到瘋人院去看它的情形。

而到了今天，由「假發票，真核銷」的國務機要費案，我們已可看出與阿扁有關的各種醜聞弊案，過去的那些或許都和他有關，但因那些案子皆有外圍的流程，只要有人承擔責任，對阿扁而言，就等於有了防火牆，可以不致於直接燒到自己身上。許多弊案的防火牆是陳哲男，有些的防火牆是趙建銘，而太百及禮券案的防火牆則是黃芳彥。這也是儘管那些案子鬧得天大地大，阿扁仍能躲在牆外怡然自得的原因。

但國務機要費案則完全不同了。這些錢法定是「供總統行使職權使用」，因而它直指阿扁本人，沒有任何防火牆存在的空間。此案在引爆後，府內的確也知道該案是阿扁的「七寸」，因而預防工作早已展開，包括對審計部和監察院施壓、亂扯「南線專案」，企圖將責任推給屬下承擔，只是該案的假發票搞得過了頭，再怎麼扯似乎都注定了脫不了干係。阿扁在任上可享刑事豁免，但無論彈劾去職或任滿離職，將來坐牢的可能性已大增。

因此，隨著國務機要費醜聞和被審計部移送，這是不是壓死阿扁的最後一根稻草，迄今仍難預知，但至少棄扁反扁倒扁已可能進入新的階段，前面的那些案子因爲有防火牆，綠營中人遂寧願躲在牆外自欺欺人，現在無防火牆可躲，自欺已沒有了理由，還有一點殘餘良知的，又怎能不發出「最後之怒」呢?當代詩人梅瑞爾（James Merrill）鼓勵人們要有切的勇氣！

我用盡一切託辭
以維護你，你的謊言，疲倦和熱情
而今我已知別無辦法，除了徹底切乾淨
而我寧願承擔這種切的罪過。

在國務機要費案之後，民進黨會有甚麼反應呢？

台灣需要一場「彩虹革命」

當代政治自從一九八六年菲律賓人民用「人民力量」的群眾運動，發起「黃顏色革命」，趕走了特權貪腐的獨裁者馬可仕後，「人民」在促成歷史及政治改變上就日益成爲真正的主角。

賡續菲律賓的「黃顏色革命」後，接著有一九八九年捷克的「天鵝絨革命」，二〇〇三年格魯齊亞的「玫瑰革命」，二〇〇四年烏克蘭的「橘色革命」，二〇〇五年黎巴嫩的「香柏木革命」，以及今年發生在泰國的「正黃色革命」。這些革命統稱爲「顏色革命」，它的主角都是「人民」。

或許有人會問，前述「顏色革命」的國家，多半都有了民主或半民主體制，爲何體制不能解決問題，最後還要勞煩「人民」上火線呢？這時候我們就不得不談到近代政治上普遍存在的「體制被綁架」的問題了。

在傳統政治裡，無論政體爲何，人們都相信要做一個稱職的領袖，就必須有三個R：指的是有「責任感」，對問題能做出「反應」，並能和其他人進行「互動」。但到了近年，這

上 開場

些古典的原則卻在許多國家都宣告破產。許多政治領袖日益迷信權力和權術、控制政黨、司法與媒體，在綁架了體制之下而貪瀆腐化濫權無所不爲。他們對人民的聲音根本不屑理會，而對自己的貪腐無能則玩法卸責或藉著挑撥離間而諉過他人，甚至還會經常做出各種爲達目的而不擇手段之事。當政治演變至此，該社會就等於陷入了「有惡但不能除」的困境。政客綁架了體制的結果，也等於綁架了全體人民的福祉和未來。這時候也就到了「人民」以主人的身分站出來，收回曾付託出去的權力的時候了。

如果我們回顧這段時間的弊案發展，任何稍有良知血性的人都不可能不義憤填膺。他們大錢小錢都要A，玩法弄權及挑撥硬拗則簡直到了令人歎爲觀止的程度，最近用一個莫名其妙的「轉型正義」，竟然堂而皇之的要合理化貪腐起來，其喪心病狂的程度已曠世僅見。這是台灣之恥，人民當然有權從他身上收回權力。

因此，於情於理於法，百萬人倒扁都絕對具有終極的正當性，這不是「體制外」，而是「人民主權」的行使，也是台灣人民終極良心的奮起。

可是我們也必須憬悟到，愈是天怒人怨的夕陽政權，它爲了自保亦必然會更加的不擇手段，日前「民盟」的遭到暴力反撲即是證明。也正因此，在這個百萬人倒扁已發動之際，主事者已必須深體成事不必在己，良心不分藍綠的基本原則，擴大參與，妥爲籌謀，俾讓已被統治者切割得四分五裂的台灣，出現可以團結的新契機。無分藍、綠、橘、紫，我們需要的是一個光譜寬廣的彩虹聯盟，讓彩虹的繽紛多元，替台灣創造出一場「彩虹革命」。上街頭、救民主，我們已沒有時間再蹉跎下去了！

間接＋被動＝最佳劇本

第一家庭弊案纏身，但因他們身處上層，案情要發展到他們頭上，都要拖一段時間，因而他們遂能以靜制動，慢慢去喬他們的劇本，當最無懈可擊的劇本已被喬定，縱使你明知他們在說謊，但也拿他們無可奈何。

稍早前的ＳＯＧＯ禮券案就是最有說明力的案例。該案發展的過程中，府方的說辭變來變去，陸續有過四、五個版本之多。但當律師出身的畢竟不同凡響，當發現拿了禮券這一點已跑不掉，於是在「直接」「間接」這個漏洞裡一鑽，用黃芳彥當防火牆，最完美的終極劇本即告出現。不但頭過了，整個龐大的貪瀆身體也跟著一擠就輕鬆滑過。「中國時報」每年一度金驢獎，在「最佳改編劇本獎」這個獎項上，已不可能還有別的競爭者了！

ＳＯＧＯ禮券案的「直接」「間接」，在過了那一關後，發現的確好用，根據所有的訊息，我們已可確定目前的國務機要費案，它必定將會第二次繼續披掛上陣。意思就是說，上次阿扁表示「我的家人沒有直接收過ＳＯＧＯ禮券」，而後用黃芳彥當防火牆，至於這次的劇本又要怎麼編呢？根據民進黨擔任傳聲筒人士陸續的放話，目前仍在編造的劇本裡，「被

動收到發票」似乎已成了主要內容，「直接」「間接」，「主動」「被動」，他們編製劇本的能耐，我們可千萬別太低估了。

如果我們回顧六月份以來，整個「國務機要費案」的發展，當可看出此案初爆之時，他們姿態極高，似乎認爲只要壓下審計部，此案即會自動消失。只是他們沒有料到審計部還真的當個正事來辦，這也是阿扁會向民進黨立委抱怨審計部失控的原因。於是，在審計部失控並向高檢署檢舉下，國務機要費案以及未了的ＳＯＧＯ禮劵遂告復活，加上李慧芬的返台提供各種發票資料，這時候阿扁就已必須修改劇本，不容再否認假發票之事。可是我們也知道要用「假發票，真核銷」來鎖定陳水扁和吳淑珍，卻也不是那麼容易，因爲檢察官必須證明扁珍用了假發票報了帳，而領到的錢最後進了他們或親友的戶頭。如果不能在金錢帳目上證明，他們就會有狡賴閃避的空間。據了解，這也是檢察官目前偵辦的最大重點，只要這種事一被證明，阿扁下台即成定局。只是扁珍的財產有親信和會計操盤，要證明貪瀆絕非易事。

而於此同時，他們當然仍在隨時修改劇本之中。可能的劇本是他們承認已賴不掉的發票，但否認「直接」拿了發票，發票進入國務機要費的帳目是「間接」「被動」，由「工作人員」拿來報帳，扁珍並不知情。只是目前我們仍不知道誰會是那道防火牆！看著他們在那裡「直接」「間接」，「主動」「被動」的編著劇本，我們人民也必須覺悟到，他們可真是厲害啊！

陰謀理論與妄想修辭

當代政治學理論，已出現兩個新的重要分枝，一個是「陰謀理論」；一個是「恨的政治學」，這兩個分枝有很大一部分相互重疊。

所謂「陰謀理論」，指的是一種心態，一種談問題的方法；當一碰到手足無措，黔驢技窮的問題，最後即往「陰謀」上去扯，宣稱有個龐大的陰謀集團在對付善良純潔的他們。當代研究「陰謀理論」的先驅賴特教授（Peter Knight）即指出，這種招數在許多地方已成了一種應付問題的萬靈丹，當一用「陰謀理論」，就等於「討論停止」。當代女性思想家修瓦特（Elaine Showalter）也指出，這是一種歇斯底里的談問題方法。她說：「陰謀理論摧毀了對證據和真相的尊重。」「陰謀理論」侮辱了所有人的理性與智商！

而為甚麼有人會用「陰謀理論」談問題呢？一種可能是由於「恨的政治學」所造成的被迫害妄想；另一種則是發現這招很好用，而故意假裝自己被迫害。用我們的老百姓話來說，「陰謀理論」因而是一種「扮可憐」的型態。動輒會搞「陰謀理論」的人，他等於是在說：「我好可憐喲，他們都在陰謀對付我！」當「陰謀理論」一被祭出，是非對錯即已不再重

要，只剩下論敵我、分立場。這也是爲什麼所有惡劣兼失敗的政客，都喜歡把「陰謀理論」當做最後庇護所的原因。「陰謀理論」之所以好用，乃是可藉此模糊掉是非，並可以增強並合理化「恨的政治學」。十七和十八世紀的西方，還沒有「陰謀理論」，但當時的人已知道有人會用這種可惡的方式談問題，因而稱這種人有一顆「黑暗的熱情」（Dark Passion）。

而最近這幾天，我們即看到這種「陰謀理論」和「恨的政治學」已開始排山倒海般展開。阿扁說「錯在二〇〇〇年他不該當選，不該政黨輪替，還錯在二〇〇四年兩顆子彈爲什麼沒有把他打死」。他的這種詭譎的修辭，就是「陰謀理論」與「恨的政治學」最好的證明。他靠著這種充滿欺騙與煽情的說話方式，把「因爲他貪腐，所以人們倒扁」硬是倒果爲因的說成「因爲人們恨他才倒他，因此才說他貪腐」。會用這種黑暗的方式來說話，這個人的黑暗程度已可想而知了。有些研究「陰謀理論」的學者用精神異常的觀點做解釋，認爲這是一種「偏執狂」（Paranoid），而其談問題的方式則是一種「妄想修辭」（Rhetoric of paranoia），可真是不錯啊！

而把「陰謀理論」扯到令人爆笑程度的，則要算游錫堃了。他表示這次倒扁是中共的大陰謀。中共這個「藏鏡人」統合了在野黨、泛藍和媒體，才造成了這次倒扁風潮。我不知道聽了他這種理論的民進黨桃竹苗黨工會不會生氣，因爲他會講出這種話，簡直是在侮辱那些人的智商！搞「陰謀理論」，扣人紅帽子，也要有點程度，把全台灣的人都當成ＩＱ零蛋的賤招真應該省省了！

「倒扁」「挺扁」風格大不同

不知道各位朋友有沒有注意到一個很有趣、很本質，但也很警惕的現象。那就是「倒扁」「挺扁」搞了那麼久，這兩邊真的非常不同。

在「挺扁」這一邊，雖然阿扁及民進黨只剩十八趴，但它們可真是堅硬如鐵板一塊。它們敢拚了命的用黑資料來抹黑別人，也敢用一切煽情的謊話來繼續矇騙。它根本不必管什麼國計民生、是非對錯，就舉黨一致這麼搞下去。至於台灣在對峙中會有什麼後果，則全都不在它們的考慮中。「挺扁」是一場不計手段也要打贏的戰爭，「挺扁」的人裡面，不會有人出來說某項手段太卑鄙，某個謊話太離譜。反正卑鄙習慣了就不是卑鄙，謊話聽久了就成了每個人都可以琅琅上口的口號；「挺扁」的這十八趴乃是民調統計上的少數，但它們無論多扯多離譜，這十八趴就是個整體，因而也就儼然有了很大的分貝。

在「倒扁」這方面，從所有的民調看，它都是絕大多數，由一人百元最後匯集到超過一億，也可看出其勢頭之強勁，但「倒扁」與「挺扁」相比，真的就是行動上的多數嗎？這點我可真的沒什麼把握。因爲聲稱也「倒扁」的人裡面，有許多人總是思慮太週到：天天都

上 開場

在「倒扁」，國計民生都沒人管，這怎麼可以！那麼多人「倒扁」，萬一出現衝突怎麼辦？「倒扁」會有一堆後遺症，爛固然不好，亂更可怕！「倒扁」是「體制外」，還是「體制內」較爲穩當，民主不能有「體制外」！就這麼七嘴八舌，「倒扁」還只在暖身，就已被潑得冷水滿身。既然「倒扁」似乎不民主，又是發生動亂的原因，又要背個不管國計民生，甚至還有妨害凱達格蘭大道交通的罪名，「倒扁」能夠撐幾天，也真讓人不敢樂觀。

由「挺扁」「倒扁」這樣的構造，我就不由得想到過去六年多以來台灣朝野的行爲及思考模式。我們在朝的一方。在A錢濫權時是執政黨，一到談責任時，就立刻變身成了被欺侮的昔日在野黨。而今天的在野黨每次碰到問題，都會以大局爲重，避免藍綠衝突，它儼然又成了過去的執政黨，朝不像朝，野不像野，難怪今天的台灣才會出現A錢不必負責任，亂政也可推諉掉的一片亂局。

而「挺扁」「倒扁」不也一定程度反映了上述那種角色的錯亂嗎？人們「倒扁」就是因爲國計民生不好啊，怎麼變成了「倒扁」就是不關心國計民生呢？所有的群眾運動會不會亂，主動權都在統治者手中，怎麼抗議者要爲動亂負責呢？一個不怕動亂，甚至刻意要動員它的群眾來強化對立的統治者，不是更該下台嗎？至於「倒扁」是否「體制外」，這個理論問題我們找機會再談吧！

「挺扁」的十八趴，敢打敢衝敢扯，甚麼都敢；「倒扁」的多數卻有人顧忌這個，顧忌那個，這很「民主」，但它就像淝水之戰，已先敗了！

啊，台灣政治失樂園

台灣的人，氣已氣得差不多了。而在憤怒的同時，更深層的應該是悲傷。而我們又怎能不悲傷呢？當我們看到防火牆一塊塊被砌好，他已能得意的說「司法燒不到我」；當他們鋪天蓋地大動員清算抹黑叛徒施明德，搞到最後他竟敢公然殘酷的宣稱「不用寫求饒信給我」；除此之外，一大堆讓人不知如何說起的謊言，如「阿扁下台，共產黨就來」居然也會由以道德見稱的挺扁大牧師口中跑了出來。所有的這些，都是公然的玩法弄法且以此沾沾自喜，同時也是陰鷙殘忍以及說謊騙特性的顯露。當我們看到這些畫面有如走馬燈般一再出現，難免懷疑起來，難道這就是我們的民主？當我們的政治連最後那一層人性面具都已可公開的撕下踐踏，我們留給未來的將是多麼可怕的荒蕪？權力再大，也不能大過最底限的道德與人性啊！

目前倒扁聲浪日盛，我衷心祝願這些心聲能被國際社會聽聞，也希望這種聲音能打動綠色政治人物和群眾未泯的良心。因爲從一個更深的義理來看，倒扁的意義打從一開始就已超過了倒扁本身，而是在替台灣守護住最後的道德淨土，讓台灣從這裡重新開始。

由倒扁的道德與人性意含。這時候讓我們來看那個很有一點浪漫書生氣，但卻爲世所重的捷克前總統哈維爾的睿智觀察與反省力行了。哈維爾在「後共黨時代」出任元首，他非常清楚的知道，「後共黨時代」的民主化絕對不是新樂園，而是更大的失樂園，因爲當過去的威權專制扭曲了人與社會，驟然的民主化只會讓道德荒原上長出新莠草。這也是他在後期以國家的「道德守護人」角色自居的原因，他厭惡意識形態和權謀實用的政治，主張善良正直人性的復歸。哈維爾沒有留下偉大的建設，但他的道德與人性啓示都更可供子孫們分享，他在〈失樂園〉一文其中說道：

「當自由回到一個道德混亂的社會，必然會產生一些事務，這是我們預料中的。但產生的事務卻比任何人預見的更嚴重。形形色色，凡是想像得到的惡習慣，像一個巨大光團般眩目的爆炸開來。……的確，社會解放了自己，但某些行為比原來在枷鎖之下更糟。……還有更嚴重危險的症狀，各民族間的仇恨、猜疑、種族主義、甚至法西斯主義的跡象；惡毒的煽動、陰謀、故意撒謊、搞政治權術，純然為了某種利益而進行毫無節制的，輕率的鬥爭，對權力的熱中，赤裸裸的野心，各種想得出的狂熱。」

「後威權時代」的政治，因而是道德與敗德的競爭，是誠實善良人性的被喚醒，「精神革命」的重要性甚於一切。否則，我們不但回不到樂園，反而更可能掉進新的深淵。也正因此，倒扁運動其實更應稱爲台灣道德的重生運動啊！

誰來幫阿扁最後一個忙

我們常說「壓死駱駝的最後那根稻草」，可是我們從沒想到駱駝看見那根稻草的反應：牠已經揹了滿身的稻草，呼吸都已很困難，這時看到最後的稻草，必然更加慌亂昏瞶，那最後的抗拒其實已非抗拒，只能算掙扎，讓人不忍，真想幫牠解除重擔。

因此，儘管只有百分之八點三的人認為倒扁可成，但相信在阿扁越洋自爆後，這個比例必然會大幅提高。因為他的反應就像駱駝看見最後的稻草，已到了宣布辭職或不辭職的最後門檻。由他越洋自爆的畫面和言語肢體動作，我相信阿扁此刻已到了他畢生最痛苦的時刻，如何帶著最後一抹尊嚴離開，而不是在叫罵聲中下台，似乎已成了他最大的難題。看著阿扁在越洋自爆時那晦暗的神情，以及那其實已說不上是雄辯，只能算是不得不這樣說的言詞，真的很讓人興起物傷其類的悲憐。或許我們社會上那些尚未在倒扁挺扁問題上說過話的賢達人士，以及綠營的高層，甚至在野領袖，都應該嚴肅的為阿扁不屈辱的走趕快去設想了。也只有如此，我們才可解開他的痛苦和我們集體的重擔，並不讓社會產生更大的裂痕。

阿扁的問題，鬧了已快一年。如果他夠自省、夠自覺，問題其實是不至於演變成今天這

種局面的。可惜的是對權力的迷執，我們南部鄉下人常有的那種頑強，以及對政治的認知不足，遂使得過去半年裡，他把問題愈搞愈糟，許多機會之窗也被他自己關閉。他每次做出重大的反撲，所造成的結果都反而是更大的惡化，以及更難站住腳。到了這次越洋自爆，他已被迫承認「假發票，真核銷」，而在禮券案上也更進一步的承認來自李恆隆的姊姊。

阿扁的這些承認，人們當然可以認爲是新的防衛版本，但我看到的，則是隨著情勢的一再逆轉，他其實已等於敗退到了最後一線，所有的其他談話，都已變得不見實質意義，只能算是不得不這麼說的「意氣話」而已。他不這麼說，又要怎麼說呢？再怎麼談民主、談法治，我們畢竟是東方人，東方人搞到最後常常都只剩「意氣」，而「意氣」通常也是最危險的東西。我相信阿扁真的很痛苦、很艱難。

也正因此，在倒扁聲中，我對阿扁總統其實非常悲憐同情。情況演變至此，他應該已自知處於最後的位置，但又無法接受被倒這樣的事。包括他、整個台灣都在等一個漂亮的句點，他可以安靜而帶著尊嚴離開、脫離這些煎熬，我們正面反面的情緒也能安靜散去。這個句點畫得好，全台灣都將受惠；畫得不好，則這種亂局將不知伊於胡底。我愈來愈不喜歡「倒」這個字，而寧願用「請」。但願我們社會那些還有最後分量的人，在「請」字上幫台灣一個忙，幫阿扁一個忙！

經過「九一五」和「九一六」，再加上「九一八」高雄的紅綠衝突後，坦白說已可看出阿扁的強弩之末最後頑抗。但因呂蘇謝無法同心，民進黨的團結自清畢竟還是不可能。在這個政局有失控之虞的時刻，坐觀虎鬥已久的李登輝終於出手了。李登輝一向最崇拜德川家康的謀略，他提出「二次罷免」，國親受制於「道德邏輯」，當然不敢反對；再加上民進黨立委有人會在「大勢已去」的考驗下，在二次罷免時轉向，這意謂著只要李登輝一出手，以他謀略運作之純熟，扁的下台即難以挽回。由於呂王一向被公認是李的盟友，三人結盟，由李操盤，勢必造成這樣的結果：一、台聯、民進黨、國民黨的部分本土派集中，泛綠在收編藍營人馬後一統天下，「大本土」出現，這也圓了李登輝徹底支解國民黨的未竟之業。而台聯則可藉此擺脫將來單一選區兩票制下，小黨可能消失的命運。二、倒扁運動以倒扁爲訴求，只要扁下台即告解散。群眾在這次運動後，將會有很長一段時間不易再被動員。這也意謂著往後的政局將全部由「權力邏輯」主控，不會有太大的阻力。二次罷免一過，李呂王即將主控「後扁政治」，馬與蘇將成爲扁的陪葬品，當「大本土」出現後，不但蘇將出局。二〇〇八馬英九同樣不會有希望。而國民黨也不能怪別人，它以最大政黨之尊在倒扁局勢裡自動邊緣化，就已注定了如此結局。三、由於李呂王三結合形成「大本土」，獨派將很快就向它靠攏，泛綠並不會因此而持久內訌。兵不血刃一統台灣天下，還是李登輝第一！

「倒扁」是個潘朵拉盒子，它會釋放出許多我們想不到的精靈造成意料之外的結果。誰會想到倒扁也倒掉了馬與蘇呢！

下一步更瘋狂？

十八世紀，今天這種醫學還未誕生，「瘋狂」這個概念比較不精確，但卻更有現實性，舉凡太不可思議的離譜，太張狂的邪惡政治，或把話講到可怕的胡言亂語之程度，皆是「瘋狂」。

因此，當時英國的文人知識領袖薩繆爾，約翰遜（Samuel Johnson, 1709-1784）遂在書裡寫道：

「當胡思亂想，胡說八道超過了常識理性，就已是一定程度的瘋狂。如果我們能在別人看見之前即自我控制壓抑住，這還算好。但若管不住自己，這種瘋狂就會變成語言和行為。……當某個時候，思想變成有如固執念頭的一列火車，則所有其他知性就會被棄而不顧，最後就會把假當做真，他的心就會被錯念愈綁愈緊，他的人生也就變成虛構的狂喜與悲傷交織的夢境。」

因此，看著連日來阿扁的那些奇怪言談和表現，真的已給了人們一種「瘋了，他瘋了」的感受。

先說阿扁又意圖搞制憲這個題目吧，長期以來阿輝與阿扁之間始終維繫著一種奇特的關係，阿輝既是阿扁的保護傘，同時又是最大的在背芒刺。這也養成了阿扁平常時候表現出一付弒父情結的模樣，而每次一出問題卻又急急忙忙奔回門下以求庇護。他沒事時會說「四不一沒有」、「不可能就是不可能」、「做不到就不要自己騙自己」；但每次一有危機，就立刻急轉彎，把「正名」「制憲」當做白衣神咒來使用。這是自我這個主體失落後所造成的習慣性說謊，一次半次沒關係，搞久了就是一種病！別說放羊的小孩說謊兩次後就再也不靈光。這次由於「貪腐」的問題位階高過「統獨」，用「統獨」不但蓋不住「貪腐」，反而更凸顯出打「制憲」的荒謬。他的牌已愈打愈亂、愈瘋。我真的怕他下一步不知會做出什麼更瘋、更難以用理性來解釋的事！

曾經做過比利時總理，後來當聯合國大會主席的史巴克（Henri Spaak）乃是聯合國成立初期的要角之一，他對政治曾感慨的說：「我們看到了政治上過去那些賢人們的功業，而到了現在，它已被瘋子們接管。」當習慣性的說謊家、充滿惡念的挑撥家、煽動家、陰謀家在控制著我們這個美麗之島，這個島嶼不跟著發亂就已很僥倖了，又怎麼可能再保持它的美麗呢？

統能否履行承諾，是考驗其領導能力，以及保護台灣利益，對外關係，維持台海和平穩定的能力。」這段話講得客氣，但「承諾」、「能力」這種字眼卻是很尖銳的刺，它的話外之意是：「我們懷疑你的誠信與能力。」

而九月廿八日，另一發言人麥考馬克的發言就更值得玩味了。他在宣告了美國立場及台灣過去的承諾後明言，這將是對阿扁「領導能力、可信任程度，以及政治家風範的考驗」。這句話在語言表現上可以歸之爲「反諷」，我們的說法即是「說反話」。它真正的意思是「你這個人沒能力，無誠信，純屬小政客」！國務院的發言人乃是中等官吏，不被賦予講重話的權力，但我們可以想像他的老闆在交代他要發言時，他們私下的談話一定非常難聽。

也正因美國兩度小官講重話，才會有「九三〇」民進黨高雄大會上陳水扁的急轉彎。他原先已一再宣稱將在「九三〇」大談制憲，現在不敢談了，改而開出一串新的笑話支票，像贏得北高兩市選舉啦，明年立委拿五十席啦，贏得二〇〇八年大選啦。在可見的將來，制憲這種話，將派給游錫堃。只是美方的話早已放了出來，無論黨綱或憲法草案，不管是誰說的，你都必須概括承擔！阿扁這次要玩制憲牌來轉移焦點，還沒玩出來就已玩完了！

因此，目前美國對阿扁的信任已到了最低點，開始對他的能力與人格把持一種懷疑的態度，這種態度當然和台灣內部的倒扁密切相關。美國對台政策必須廣蒐情資，順應島內民意的消長。這也意謂著若台灣情況真的發展到二百萬人天下圍攻，美國爲了防止台灣動亂而出手，其實是很可能的！

無恥與自我感覺良好

前幾天整理舊雜誌，又重讀一九九二年八月十日美國「新共和週刊」上，由已故主要思想評論家，當時羅契斯特大學教授拉薛（Christopher Lasch）所寫的長篇評論〈捍衛知恥〉。它的主旨是，當代的人為何愈來愈無恥？

無論任何社會，「知恥」都是精神文明的重要起點。「羞恥」指的是有一個更高更好的標準，當人們達不到或抵觸了該標準，覺得自己不如人或對不起自己，就是產生了「恥感」。在史詩時代，因為羞恥而自我放逐，去做贖罪修行，即是很多英雄的風格。「恥感」是「榮譽感」的反面。「榮譽感」讓人積極向上，「恥感」則讓人消極向上。它們雖然表現不同，但讓人提升向上的目標則一。

那麼，這種「恥感」為甚麼到了近代卻逐漸消失了呢？拉薛教授指出，它主要是被一種無差別的相對主義一點一點的蛀蝕掉了。

例如，希特勒對猶太人極盡迫害，要讓他們以生為猶太人而恥，由於深受這種「恥感」之害，戰後遂有許多猶太裔學者認為「恥感」是一種迫害的形式，於是他們不再談「恥

感」，而用「自尊」加以取代，這種談問題的方式在文化人類學、心理學，尤其是教育和性別問題上最爲普遍。

以教育爲例，主張自由放任者即認爲對學生區分等級，會讓差的學生覺得羞恥，影響心理健康。因此教師對學生的態度與評語，不能造成學生的羞恥，要鼓勵學生「活出自己來」、「肯定自己」、「自己對自己的感覺最重要」。這種態度與價值也影響到更大的人群，人們普遍認爲「要用自己的眼睛看，不要透過別人的眼睛來看」。認爲羞恥之心是一種歧視與迫害，自尊和自我感覺才重要的趨勢，美國「新聞週刊」即稱之爲「自我感覺良好運動」（Feel-good movement）。

羞恥之心確實有些不盡合理，它也會讓人感受到壓力。問題在於，人類的進步和每個人變得更好，它本身就有極大的張力。多少偉大的人物不是從失敗和蒙受恥辱中提升出來的嗎？而今爲了消除羞恥所造成的不愉快壓力，乾脆把「恥感」丟掉，而去強調「自我感覺良好」。

用無恥來治療羞恥，治病的藥比病還更可怕，當人們丟掉了羞恥之心，只是在搞「自我感覺良好」。當然不可能長進，蒙受到的羞恥也就更多了。

而今天的台灣，不就是個「以無恥來治療羞恥」（To cure shame with shamelessness）的社會嗎？統治者做了讓自己蒙羞的事，卻拒絕負起責任，反而去做盡「自我感覺良好」的無恥之事。

例如用自己的檢察官裁定自己無罪；自己一堆人硬去牽拖修憲制憲和去搞內部對立。要用無恥來治療羞恥，結果是愈來愈蒙羞，而無恥手段也愈來愈嚴重。當人把羞恥之心澈底丟棄，就會做盡最無恥之事，最後不但太平洋的水洗不淨他的羞恥，甚至台灣也將淪爲「無恥之島」，最近這段期間，台灣發生的一切，除了不斷而且愈來愈大的「無恥」外，還有別的內容嗎？

民進黨的「囚徒困局」

蘇貞昌出來談當前台灣政局，這應該是多數民眾都樂於見到的事。我不認爲他這麼做是爲了二〇〇八，他不是那種機關算盡的人物。我倒覺得這是他那種愚蠢的正直所致。他是綠營大人物裡唯一是非清楚，完全不懂得硬拗鬼扯的鄉下善良人，將來如果有一天民進黨被這種人領導，那將是民進黨的福分。

但令人傷感情的，乃是蘇貞昌才剛剛站出來，連話都還沒講，就已遭到同志們一陣圍剿。如果他多講幾句，怕不和施明德一樣受到圍毆。由蘇居然受到這樣的待遇，民進黨當今那些人物墮落可怕到甚麼程度也就不言可喻了。

這時候我就想到了所謂的「囚徒困局」（Prisoner's Dilemma）這個有名的悖論。「囚徒困局」是在說，人們在做選擇時，常常會因爲精打細算的理性，反而錯過了對己對人最好的可能性，最後做出的卻是最壞的選擇。今天整個民進黨，其實就像是一堆被阿扁綁在一起的囚徒。除非更多人像蘇貞昌一樣的站出來，否則注定沒救。

所謂的「囚徒困局」，指的是兩人犯罪被捕。他們的下場有三種可能：一、一個認罪，一個緘默，則認罪者可獲自由，緘默者關十年。二、兩人皆認罪，則各關七年，合關十四年。三、兩人皆不認罪，則改以輕罪處置，各關一年。

而你認爲他們會做出最好的第三種選擇嗎？多半不會，反而是兩人各關七年，合關十四年的可能性最大。因爲：一、A會想，若B認罪，他緘默，他就虧大了，要關十年，因此在這種情況下，他的最好選擇乃是認罪。二、A會想，若B緘默，他的最好選擇當然是認罪，這樣他就可獲自由。三、因爲A和B都同樣理性，會做出相同的判斷，最後當然是兩人都認罪，得到各關七年，合關十四年這種整體最壞的結果。

因此，「囚徒困局」乃是精打細算這種理性所造成的惡果。但他們兩人有沒有可能做出各關一年這種最好的結果呢？並非沒有，但卻有前提：（一）兩人都非常愚蠢，愚蠢到毫不懷疑猜忌。（二）兩人有過多次類似於此的考驗，能摸索出最好的選擇。只是這兩種前提都太難了。

我會由蘇貞昌想到「囚徒困局」，乃是當今的民進黨早已變成了被阿扁所綁的囚徒，他們彼此你看我我看你，相互盤算著對方的出手，而後計算自己的利益，它就和「囚徒困局」裡精打細算的理性一樣，最後已不可能做出突破，誰先冒出頭，誰就先遭殃。「囚徒困局」之所以會成立，其實是有一種很微妙的內在恐懼性在焉！

也正因此，看著蘇貞昌被圍剿，這是人善被欺，它理應得到多數民眾的聲援和力挺。因爲只有如此，才可以打破民進黨的內在恐懼性，讓善人不寂寞，他們也才可從「囚徒困局」裡得到解脫！

台灣社會資本崩壞論

從一九八〇年代後期開始，歐美誕生了一個新興並日趨重要的「社會資本學派」，它在「金融資本」、「人力資本」等之外，把整個「社會構造」（Social fabric）也視爲一種資本的形式，並一步步尋找關鍵的量化指標。「社會資本學派」的企圖之一，就是要探索經濟成長與財富累積背後那些社會、制度、感情的要素。「社會資本」在解釋「競爭力」上，比其他說法更有前瞻性。

例如，這個學派的教父，哈佛教授普特南（Bob Putnam）長期唱衰美國，筆戰不斷。他主要的論據即是美國的社會資本長期流失，人與人的相互冷漠惡意，宣傳體系的自大顢頇，教育和人力素質的下滑，國際形象的惡化，都造成經貿成本增加和經營日益困難。今年「世界經濟論壇」的競爭力排行榜，美國由第一跌到第六，普特南教授的說法已得到了佐證。

我最近讀劍橋大學教授，英國首相智囊哈爾本（David Halpern）新著《社會資本論》，由書中的許多論點，也顯示出北歐中歐諸國，如瑞士、芬蘭、瑞典、丹麥、荷蘭、挪威、冰島，爲何會在這個全球化時代竄起的道理。那就是這些國家的社會資本皆強大無比。其中有一個「信賴」指標，它們皆高踞全球之首。這些國家的人群彼此互信與支持，各類配套良好，做事成本極省，其他國家也都歡迎。它們不必講競爭力就有了競爭力！

亞當斯密在《國富論》裡說過：「在一個施政完善的社會，我們可以看到全部的財富。」整部《國富論》的核心即是在探討進步與國富的關係，只是它有關社會進步的那個部分，都被後人忽略了，而「社會資本論學派」即是要把這被遺忘的部分重新找回來，也讓經濟重新戴上人的面孔。

近年來，無論「瑞士洛桑國際管理學院」或「世界經濟論壇」的世界競爭力排名，台灣都在持續下滑。如果不是台灣主要產業還有一些技術優勢，因而「企業效能」這個因素還撐得住，否則一旦技術優勢消失，我們的競爭力排名即難免一瀉如注。日前「世界經濟論壇」的排名，我們由第八降到十三，是落體已在加速的驚兆。

台灣競爭力持續下跌，「社會資本論」的觀念最有解釋力。「社會資本論」是在強調支持經濟活動的一切非經濟網路。它涉及政府效能，社會整合的情況及價值變化等。今天台灣政治貪腐無能，公共建設已成政治綁樁的工具，國家事實是靠著舉債在維繫；整個社會則人們相互憎恨與敵視，人對人的相互義務感已告失去，工商紀律也日益蕩然，工商活動的風險成本及非經濟成本大增，社會上進心當然不再。總歸而言，這已是社會資本大崩壞的時代。我們社會這個容納財富的容器已在快速變小之中。我們已可相信，未來兩年內如果台灣沒有大幅度的調整與進步，台灣跌到二、三十名之外，也不會讓人奇怪！

十月，殘酷的十月！

廿世紀最偉大的詩人艾略特（T. S. Eliot 1888-1965）曾有「四月是最殘酷的季節」之句。因爲歐洲的四月不冬不春，夾纏著冬天那惡劣的記憶和對未來的模糊渴望，而大地仍然一片死寂，紫丁香的芽苞則仍未甦醒。四月之所以最殘酷，乃是它介於死生之間，是折磨著人們的灰色時刻。

而對我們台灣人，今天的十月已毫無疑問的將是最殘酷的季節。以前我們稱這個月份爲「光輝十月」，但今年它不僅光輝散盡，充滿惡兆，甚至整個台灣都已變成了超大型的壓力鍋。人民新的渴望正在翻滾，大家都知道現況已必須改變，否則台灣已不可能還有希望，但我們整個政治仍有如一片死地，甚至還在不斷的火上加油。這個壓力鍋會不會砰然爆開？或者它會以什麼方式爆開？的確已成了台灣人民最殘酷的折磨與等待。

因此，看著愈來愈多被暗示及鼓動的暴力已相繼出現，我們真的爲台灣的民主悲哀。台灣號稱民主，講穿了只不過是地盤主義而已，我的地盤不准你來，來了就要打回去。整個民主已被操弄到這樣的程度，坦白說不只是一個警察會過勞死，全台灣的警察都勞累而死光，也將無助於民主品質的改進。為了挺一個貪腐的個人，而把全台灣都賭下去，這個人的狠已不言可喻了。

局部的暴力衝突隨時有擴大之虞，這是為壓力鍋火上加油；而不去面對問題，仍兀自在玩弄著權謀和司法，這可能解決問題嗎？當然不會。你以為多放幾天假，圍攻就圍不起來。但事實卻可能是大家看破手腳，義憤更增，讓更多人去參加圍攻。你以為在這時宣布偵結禮券案讓吳淑珍脫身，就可以平撫一切，但人們看到北檢發言人講出「間接收到禮券」，能夠不笑到岔氣的幾希，「間接收到禮券」這個版本阿扁早就說過了。禮券案的偵結只不過再次賠掉司法，也反而會有火上加油的效果。

因此，在這個民心已變，統治者已不再有正當性的此刻，無論任何手段，都已注定不可能解決問題。這種型態的政治危機，我們翻遍人類歷史，簡直可以說從無先例。而要解決這個問題只有唯一的方法，那就是統治者停止一切的操弄，重新接受人民公投的考驗。蓋只有如此，所有的群眾才會解散。民主的價值才有可能突顯。我一直不懂的是，他會向人民報告，會在自己人面前高唱人民如何如何，但一碰到真正的人民卻虛弱到讓人民去投下罷免公投的一票都不敢，他視人民是什麼東西啊！

今年十月，台灣凶險無比，我們極有可能因一人而毀了全部。在壓力鍋愈來愈翻滾的此刻，我們已必須憬悟到，這個十月將可能非常殘酷！

黑經濟下的鍍金世代

許多人可能都還記得，世足賽期間最大的花邊，乃是英格蘭隊隊員的嬌妻、女友，在貝克漢老婆維多利亞領頭下，一票人妖妖嬈嬈的到德國精品名牌店殺進殺出，一小時內店家關起大門專程侍候，刷卡刷了八萬英鎊，合台幣約五百萬。那種架勢比男的在球場上衝鋒陷陣，還更風光犀利。

而就在當時，英國More雜誌特別針對廿一到廿五歲的女性做了一項她們最艷羨的女性人物測試，列名的有美國國務卿賴斯、緬甸反對領袖翁山蘇姬、《哈利波特》作者羅琳等。最後排名第一的是貝克漢老婆維多利亞，第二是歌星凱莉米洛，第三還是歌星珍妮佛安妮斯頓。而同時英國「每日電訊報」也對兩千名婦女做了調查，一半都欠了卡債，平均負債額三千八百英鎊，合台幣廿多萬。

英國婦女的這些價值轉變，其實非常值得研究。因爲它顯示出過去長期以來，人們鼓吹的「女性自主」，早已在這個「金錢掛帥」和「名人崇拜」的時代煙消雲散，婦女最羨慕貝克漢的刷卡老婆，已不明言的說盡了許多事。

而女人畢竟是弱者，再怎麼不長進，也只不過到此爲止。但男子卻不同了。我最近讀英國作家希布魯克的近著《世界貧窮問題》時，他在談到當今的「新富」問題，提出了一個很驚世駭俗的歸納式觀念，即是目前全世界每個國家都已出現了叫做「黑經濟下的鍍金世代」。

甚麼叫做「黑經濟下的鍍金世代」（Gilded Children of the black economy）？它指的是目前全世界每個國家的第二代政商階層，他們都已不再相信甚麼是非善惡，只有金錢權力才是他們唯一相信的價值。他們出入名車，身穿名牌，對人頤指氣使，他們是新的特權階層，出入國門有如走自己家的廚房，他們擅於玩各種金錢和法律邊緣的遊戲，包括貪腐賄賂在內。「鍍金時代」乃是十九世紀後半葉美國貪腐特權盛行，許多人都活得風光亮眼，有如披了金光，但因它缺乏了真正的含金量，故稱「鍍金」。而現在則是這種「鍍金世代」又告重來。由於他們的圖利走的是另外的路，故稱「黑經濟」。

當我讀了書裡所寫的這一段，心中頓時怵然以驚，今天我們台灣的政商權貴，不就是這種「黑經濟下的鍍金世代」嗎？由太子爺駙馬爺的名車名牌，穿金戴玉，風光華麗；到企業第二代那些人物，這個玩著插旗，那個玩著內線交易，每玩一下，都是輕輕鬆鬆幾十幾百億落袋。人們崇拜貝克漢的老婆維多利亞，因爲她可以刷卡如流水，如果問男人羡慕誰？大概絕大多數人都羡慕那些政商「黑經濟」下那些金光閃閃的要人們吧！

反綠風轉成反藍風

台灣的政治風水輪流轉。從去年底到今年前三季，風水轉到馬英九。今年九月到十月初，施明德則成了人民英雄，而彼時也，藍橘紅全都加起來反扁。阿扁成了最大的過街老鼠。

而從現在開始，施明德這個人民英雄竟然一變而成到處都不歡迎的人物，而阿扁磨蹭磨蹭在千罵萬罵中過了關，又是生龍活虎一條；最新的戲碼則是藍營家裡失火，個個灰頭土臉，綠色橘色紅色這種不可能的組合卻又攜手倒藍。根據這種大趨勢，別說今年的北高兩市藍營會由必勝反轉為敗，未來的將近一年半裡，指揮棒也將不會回到藍營手中。

這就是台灣的政治風水輪流轉。沒有甚麼叫做是與非，也沒有甚麼叫做敵人和朋友。大家各憑本領看情勢做算計，都在爭自己的風水和一片天。台灣的政治風水輪流轉，就讓我想到西方文藝復興大師伊拉士摩斯（Desiderius Erasmus, 1466-1536）在《愚神禮讚》裡談到「朋友」這個問題時的一些雖然諷刺但卻很寫實的段落。伊拉士摩斯被有些人尊稱「文藝復興之父」。我簡稱為伊聖。

伊聖指出，這個世界由愚蠢所造成，如果沒有愚蠢，人人精打細算，怎麼可能有朋友？因此要做朋友，一定要對朋友的缺失假裝沒看見，甚至要把朋友的最大缺點當成是優點來愛來辯護，就像有些男人特愛他情人身上的瘡疣痣那樣。這很愚蠢很變態是吧，但怎樣，我就是有朋友。從這個意義看，阿扁無疑是台灣朋友最多的人。

但有另外一種很嚴肅被認爲是賢人的人，「因爲沒有友誼把他們結合起來，以致經常憂鬱、缺乏魅力，他們即使有朋友，也就極少幾個」。他們偶爾會聚合，但因這種人過度敏感又急躁，因而他們的友誼極不穩定，總是在鑽別人的缺點，兩三下就翻臉。今天的藍營搞到禍起蕭牆，不就恰恰好證明了伊聖的觀點嗎？

而由伊聖的論朋友，我又想到英國文豪王爾德損另一文豪蕭伯納的名言：「蕭伯納，他實在太棒了。他沒有一個敵人，但所有他的朋友都討厭他！」

其實，藍營風水輪流轉，昨天在自己家，今天又到了別人家，這種情況早已識者皆知。藍營缺乏主動性，當然無法在主動中強化內聚力，在重大問題上也總是判斷失準。由於缺乏主動所造成的內聚力，當然內部疙瘩反而大過外部挑戰，一堆假朋友每次都一挑就破。馬王關係惡化，馬宋形同水火，這些都非一日之寒，從十月底打藍打馬打到二〇〇八，看看藍色還會留下多少餘暉！

一個黨再怎麼爛，它就是有朋友，一個黨再怎麼溫良恭儉，它就是沒有朋友。天下大勢還有得說嗎？

上 開場

等待新領袖

我不知道未來的歷史將用什麼筆法來寫台灣的二〇〇六年，但對生長於此的我們，它卻無疑的是「崩壞之年」。由於政客要保護非法利益，台灣任何可以下刀切割處，都被這樣那樣的理由恣意切割撕裂。於是從政治、司法、教育、媒體，甚至整個社會，無不混沌錯亂，充滿了痛苦、憤怒、不信任，甚至嗜血的慾望。它顯露在人心上的，則是亢奮、悲觀、無奈、得過且過的虛浮，以及由此而支撐出來的奇特繁榮。這是一種漏斗型渦狀下墜社會的景觀，它失去了意義，只剩權力和貪慾。

而歸根究柢，這當然是台灣的領導出了問題。哈佛大學公共領導中心研究部主任芭芭拉・凱勒曼（Barbara Kellerman）說過：「差勁的領導，不只是差勁領導者的錯。我們每個人，全都參與其事。」當一個社會愈來愈多元複雜，它必須用更好的方式來領導，這時候反而更容易產生舊式的壞領袖，藉著簡化一切，製造摩擦而圖利於己，整個社會的上升可能性也就因此而被壓抑和剝奪。凡企圖挑撥和利用人性弱點的即是壞領袖，只有良善存心，希望喚起人性優點的才是好領袖。當代「領導學」大師之一的伯恩斯（James M. Burns）即指出：

「領導出現在領導者及跟隨者將彼此的活力及品行都提升到更高境界之際。」

因此，看著二○○六年台灣的亂象日深，社會在被切割撕裂下也更加的凡事皆開始雙重標準化。而由人類的普遍歷史，我們都知道任何社會一旦雙重標準化，其實也就等於不再有任何標準，是與非也將混淆不分，而一旦走到這個地步，整個社會都將付出慘重代價。而要化解這種咀咒，人們慎選好的領袖也就變得日益重要，近年來，由於全球政治普遍惡化，煽動型領袖普遍可見，因而「領導學」遂在警惕中興起。這門新興的學科所要告誡的，就是如何分辨領袖，以及一個好的領袖的當爲是些什麼。曾任美國辛辛那提大學校長的當代「領導學之父」華倫·班尼斯（Warren Bemmis）在《領導者該做什麼》這部名著裡就再三指出，好的領導者要以創造願景、超越撕裂、提升大眾爲目標。而當代另一「領導學」教父馬克·葛容（Mark Gerzon）也在《調停者》裡指出，好的領導者不利用衝突來圖利自己，而要穿過摩擦來圖利大眾，當代「領導學」有太多啓示值得我們這個煽動家太多，好領袖太少的社會來借鏡，也提醒我們國民對代價將由我們支付的壞領導要特別提高警覺。

從二○○六到二○○八，台灣的泛政治化將隨著北高市長、立法委員、總統三項選舉而到達不可思議的緊張點。誠如游錫堃說過的，「民主政治就是自作自受的政治」。我不知道我們會如何的「自作自受」，只能在休筆的此刻，祝台灣幸福！

第二部（2008.8～2009.12）
馬政權虛驕登台

和解，不容成為鄉愿的代號

當今的政治，由於權力的運作更複雜更龐大，因此權力濫用，貪腐和壓迫等也有增無已，這也是政治上的道歉認錯、寬恕、和解等現象的研究，會成爲當代顯學的原因。

而「道歉」、「寬恕」、「和解」乃是三位一體的觀念。它所指的乃是人們的「寬恕」，必須以犯錯者的「道歉」爲前提或補充，而後始有可能達成「和解」——它指的是大家縱使不能親愛如家人，但至少也能相互謹慎，不再動輒怒言挑剔及鬥成一團的境界。可是，儘管人們都喜歡「和解」，但在現實上它卻甚爲稀少難見，政客多半有鬥雞性格，一個社會如果有創痕醜聞可以當做政治的提款機，誰會真心的去搞「和解」？

「和解」這個詞在台灣早已成了鬥爭論述的一環，我鬥你可以，你鬥我就是破壞「和解」，當「和解」已歪曲到這樣的程度，它除了是個空洞的符號外，已不再有任何意義。除此之外，波士頓大學哲學教授葛瑞斯渥（Charles L. Griswold）在今年剛出的新著《寬恕：一個哲學上的探索》裡更指出，人們在追求「和解」時的另外一些偏差：

例如，有些人或因愚蠢，或因認識不清，「對任何不義之事皆採取寬恕的態度，這種假

和解裡，只讓人看到他的無是非和無脊樑」。

例如，有些人會以宗教上的自我完美主義爲起點，主張「無條件寬恕說」，但這種自我完美主義除了滿足自己的道德優越感外，對世界其實不但沒有幫助，反而因此讓是非對錯，別人所犯錯誤的真相等原本可以弄清楚的問題變得更模糊；而可能更糟的，乃是這種無條件的寬恕，由於脫離了現實，反而讓犯錯者得以合理化自己的錯，最後是他原本想要獲得的「和解」更加不可能達成。最後是在一片渾沌裡，讓真相、正義、和解，以及自己的尊嚴全都淪喪！

葛瑞斯渥在他的新著裡指出，「和解」在人類的歷史成長上乃是一個重要的過程。人在政治上容易因爲時代侷限，心靈的恐懼和貪婪等而犯錯，因此「和解」乃是讓加害與受害雙方聚合在一起，透過「寬恕」和「道歉」，而後藉著一種有方向性和理想性的新說法，讓真相被說出、被記得、被超越，從而始能讓它不會被再犯。這才是「和解」會促成進步的真義，「和解」必須「清算」，但不是「鬥爭式的清算」，而是「超越式的清算」！「和解」也必須有人「道歉」，否則它就成了「獨角戲」！

因此，「和解」不能只是自說自話的空洞口號，也不能淪爲過去鬥爭換個新標籤而無休無止的繼續下去。但非常讓人遺憾的，乃是新政府成立迄今已逾七十七多天，在這七十多天裡，它把甚麼「藍綠和解」不斷掛在嘴上，從它的用人開始，一直到特別費案和國務機要費案，我們都可看出它其實是把「藍綠不分」和「是非不分」當成了「藍綠和解」，所謂「和解」已與「鄉愿和稀泥」無異，馬政府真是糟塌了「了解」這個對台灣原本會極有意義的觀念。葛瑞斯渥教授指出，無是非無原則的「和解」，乃是「懦弱無脊樑」（spineless）的代號，可說就是對這種台灣式「和解」的針砭！

馬政府上任迄今，行情一路下跌，演變到現在，已出現這個政府無論做甚麼事都必然招致反彈，而有了反彈它必然收回修正的局面。用顧及顏面的說法，這是「俯順民意」；但真正深刻的去看，則是這個政府已陷入了一種「怎麼做都不對」（Can do nothing right）的窘境，而一個政府會陷入這種困境，關鍵即在於政府所賴以存在的道德權威已嚴重失去，它自己把發言權的正當性拋棄，政府不再有領導性之後，已淪為被領導的救火隊而已！

而追根究柢，這一切根源，或許就是那認識不清但又自以為是的「和解」觀念所造成的一錯再錯所致，無是非的「和解」，反映出它的懦弱無脊樑，當它為「和解」而可放棄一切是非、對錯、核心價值，最後就會失去人們尊敬與信賴。最後不但「全民總統」不成，反倒成了「四分之一民總統」！

上 開場

阿扁A錢時，你在哪裡？

人們通常都有一個最大的劣根性，那就是出了大災難或大問題，就把那個最重要的當事人打成過街老鼠，人人都趕來踹上兩腳，在打過街老鼠裡，一切問題似乎都告解決，大家複雜不安的心情也得以安頓。

而現在，阿扁無疑的已成了台灣最大的過街老鼠，阿扁由A錢到洗錢，的確罪無可逭。但看到那些昔日阿扁的長官、戰友、死忠挺扁的名嘴和群眾也來趕這場打過街老鼠的遊戲，卻給人一種雖然欣慰但卻難免不安的感受。因爲他們應該面對的問題，不是藉著打扁而劃清界線以自保，而是該更深刻的去面對「阿扁A錢時，我在那裡？」這個道德與政治上的難題。看著一堆其實並沒有資格批扁的民進黨人物在那裡忙著劃清界線，卻閃避了他們在政治上與道德上可能的「共犯」問題，就覺得這些人實在可悲。

其實，任何個人或群體的大惡大錯，都不可能只是一人的犯錯或偶然的偏差，當年納粹的暴行，不可能只是希特勒一人的殘酷暴虐，而是德國人心裡千千萬萬個小希特勒在那裡造勢助長；過去馬可仕貪贓枉法，也不能只怪罪他們夫婦，而是龐大的政治黨派長期相互朋分，遮蓋及聲援所致。這就是政治上和道德上的「共犯結構」。當問題爆發，撇清和自保並不可能讓這些人從此就被洗清。只有誠實面對自己過去的助惡行徑而深自懺悔覺悟，才是自己成長和集體進步的契機。

阿扁由三級貧戶起家，當權後整個家族的風格日益奢華腐化，最後演變成大胃口的A錢洗錢，權力讓人腐化固然是原因之一，但在扁家弊案陸續被揭露的過程裡，整個社會裡許多人「只管立場，不論是非」的挺扁到底，或許才是更大的關鍵。

有些所謂名流，不管他的弊案和治理無能，硬是要「再給他一次機會」；許多名流名嘴和同黨，在他的弊案被揭露後，二話不說的就往「藍綠惡鬥」，「國民黨搞清算」，「中國人欺侮台灣人總統」上做文章，搞轉移焦點及泛政治化，當護短護到如此程度，其實已等於不管他如何違法妄為，都會有一個龐大的鐵衛隊在撐腰。

阿扁由不錯的政客墮落到A錢和海外大規模洗錢的程度，他的膽子愈來愈大，不正是那一大群鐵衛隊所變相鼓勵出來的嗎？當阿扁A錢時，他們的「只管立場，不論是非」已使他們成了道德及政治上的共犯。坦白說，這次他利用家人身分在海外洗錢，幸好是瑞士聯邦檢察署所揭露，整個阿扁的鐵衛隊過去那種護短的論調才無用武之地。

如果這個案子是台灣特偵組或任何司法檢調系統捅出來的，保證「國民黨清算」之類的護短說法會取代目前輿論發展的方向，而讓問題又兜回到意識形態的惡鬥中。在冥冥之中，瑞士真的可說是在無心中拯救了台灣日益墮落的政治！

阿扁海外洗錢已無任何再說辯的空間。洗錢追蹤到A錢及貪腐賄賂，對台灣嚴重失責的

司法檢調單位，將是嚴峻的考驗。而在政治上，由此案的爆發，其實已把台灣民主真正致命的缺陷澈底的顯露了出來。台灣的民主缺乏嚴格的規範，再加上它的泛民粹風格，於是所有的政治是非都不再有客觀的基礎，而只剩下立場上的黨同伐異。於是奸滑者可以藉著煽起民粹情緒而遮蓋自己的貪腐，同志們爲了立場的團結而可以指鹿爲馬，明明是貪腐也一路曲意維護。這是一種相互的綁架。今天在那裡大罵阿扁斷送民進黨前途的人，其實並不是無辜的，真正斷送民進黨的，是那個護短和硬拗早已成了習慣性的龐大共犯結構。他們過去鼓勵出膽大妄爲的陳水扁，如果不把那種護短的積習改變，誰知道將來不會再鼓勵出另一個同樣惡劣的領袖呢？

目前舉國都在打阿扁這個過街老鼠，但由這起洗錢案，我們也應看到它對目前的政治文化及風格，實在深具警示意義。阿扁從未丟民進黨的臉，丟臉的是過去挺扁到底的整個共犯結構。阿扁A錢時，你們在那裡？問問自己吧！

洗錢案子是這樣辦的嗎？

阿扁海外洗錢案爆發後，牽動出一股熱潮。許多人視洗錢案爲可以連結阿扁所涉一切弊案的終極案件，這樣的觀點也左右了辦案的方向，於是從最早的ＥＴＣ案、ＳＯＧＯ禮券案、二次金改案，到最後的巴紐案全都被掀了出來，檢察官似乎也想證明這些弊案與洗錢的關係，設若能找到這種關連和更大的帳戶，阿扁所涉的一切弊案即可一次解決。

問題就在於，貪汙洗錢乃屬於難度極高的案件，如果洗錢金額大到一個程度，不必舉證即可判定是貪汙，這當然最好。否則就必須像大海撈針般查人頭帳戶，查貪汙證據，查金錢流動的軌跡。這需要龐大而高超的追查人力和良好的國際合作關係，它其實早已超越了台灣辦案人員的能耐，過去十天以來，特偵組像沒頭蒼蠅般約談這個那個，姿態大而毫無收獲；另外則是精神喊話，要賄賂嫌疑人自首，這種方式的辦案，有媒體效果但無實質意義，它甚至連阿扁所設的「選舉結餘款」這道防火牆都穿不過。這種大陣仗的無效辦案方式，等過了一兩個月辦不下去，不就證實了阿扁「政治追殺」的這種說法！此案究竟該如何辦，可能已需全面重新檢討了。

人們已知道，無論來源是貪汙、公司及個人逃稅、犯罪和恐怖組織、或某些國家的特務系統爲了祕密活動，凡將金錢在國際租稅天堂繁複如網的金融隧道中頻繁搬動，藉以隱藏形跡，俾達到漂白或躲藏目的者，皆稱爲「洗錢」。近年來由於全球反貪反恐及反逃稅，這個隧道已有一些部分開始見光。但因它仍受到銀行保密的庇護，加上洗錢運作乃是高智力高報酬的生意，因而抓洗錢遂成了是個魔高一丈，道就必須高兩丈的競賽。

就以近年來美國的反逃稅專案爲例，美國富人擅於逃稅，估計一年稅收即損失千億美元，因此司法部、聯邦調查局和國稅局即決定抓逃稅洗錢。但這些機構雖然專家雲集，但自忖仍難敵境外銀行洗錢高手，於是遂大筆徵召全美六大會計事務所的做帳查帳頂極專家協查。此外聯邦調查局也加強「珠寶洗錢」走私的查辦，最後終於迫使瑞士最大的瑞銀（UBS）屈服。在對瑞銀施壓的過程裡，美國證管會還一度揚言要撤消該銀行在美國銷售歐洲債券的「GI特許權」。

如此多管齊下，瑞銀終於同意配合美國所需，提供美國公民的銀行資料。由人才濟濟的美國辦反逃稅洗錢都如此吃力，台灣的檢察機關又如何？一旦目前這種大動作的約談師出無功，今天受到喝采的這些大動作，即難免遭到極大的反彈。海外洗錢案爆發後，阿扁建起一道道的防火牆，他在等的就是案子辦不下去的那一天！

因此，目前那種把洗錢案視爲終極案件，要把一切弊案都往上堆，希望證明弊案與洗錢相關的辦案邏輯，其實已走錯了方向。阿扁所涉弊案，國務機要費案已進展了相當長的時間，不能因爲洗錢案的爆發就被叉開。

其次，海外洗錢案，由於洗錢事實確鑿，它毋須證明貪汙，所涉的逃漏所得稅、贈與稅、和逃稅罰款，以及違背金融管理規定等罪名即已成立。補稅加上罰款，其數額就極龐大。將這筆錢收歸國庫後，用來設立了一個「反洗錢研究中心」不是更有意義嗎？

當然這絕不意謂對其他弊案的擱置，反而是經過最近這段期間的發展，我們已可看出台灣對外銀管理監督鬆懈，地下通匯管道猖獗，本國人逃稅洗錢也相當普遍，這不但影響到國家租稅的自主權，也爲貪汙開啓了一個祕密隧道，往後這方面的例行監督已變得格外迫切。這個問題已超過現行體制的能力，尋找跨國合作，培訓反洗錢人才，對未結的弊案採取低調的態度繼續追查，或許才是更恰當的做法吧！

政策制定，豈能抓進籃子就是菜

俗語有「抓進籃子就是菜」這種說法。它指的是一個人對問題不研究、不理解，對甚麼是菜或不是菜也無法分辨，於是只好到處亂抓，只要抓進籃子就當成菜。這句俗語意思就是「亂抓」。而「抓進籃子就是菜」，不正是當今的寫照嗎？

就以最近夸夸而言的開放陸生來台念大學爲例，近年來香港爭取陸生不遺餘力，今年北大清華的狀元全都去了香港。但香港的經驗可以在台灣複製嗎？當然不！

因爲香港有八所公立大學，每年招收新生一萬四千五百人，均限本地人，以保障香港人的受教權。而香港大學的平均每個學生教育成本爲一年廿萬港幣，其中的十五萬八千由政府支應，學生自己只出四萬二千。近年來香港爲強化教育和學術競爭力而決定招收陸生，由於不能讓陸生侵犯到港生的受教權和政府的教育投資，遂另闢管道，讓有意招收陸生的大學自籌資金來獎勵陸生。

以港大、中大和科大爲例，它們校譽佳，募款易，因而可以用獎學金的方式招到大陸最優秀的狀元級學生。學校必須爲這些學生繳交教育成本費用，還視情況每年付給陸生十萬至廿萬港幣的零用金。由於求學不必付錢，又可在雙語環境下進優秀大學，難怪香港可以招到北大清華的狀元了。目前港大中大每年各招新生三千，百分之十爲外來生，其中二百五十人爲陸生。今年起，外來生的比例已增至百分之廿。

而除了投下巨資招大陸最優秀的學生這個管道外，有些募款較難的大學，也可以自費方式招收付得起學費的富裕家庭一流陸生。由於香港政治單純，學生及其家長在大陸和香港間往來容易，家長們自然也願意讓子弟赴港求學，由於香港招收陸生的政策邏輯條理清楚，因而它並無政策後遺症，這也是外來學生比例得以加倍的原因。

而這樣的條件在台灣並不存在。陸生若要來台，只會想念台灣的最好大學，這些好大學有可能釋出名額及支付像香港那麼高的獎學零用金嗎？加上台灣政治複雜，若對陸生優惠，怕不早就扣上「媚共」的帽子了。而且台灣校園統獨糾葛，陸生來台必然受到干擾，他們自己和家長也不會願意。

這也就是說，招收陸生對香港是好菜，但對台灣，卻連菜都不能算。希望藉開放陸生來解決台灣的大學招生不足問題及提高教育競爭力，這已不是「抓進盤子就是菜」，而是夢幻得太超過了。馬政府的政策裡，有太多「抓進籃子就是菜」的例子，那是完全不進入情況的一廂情願，陸客觀光每天三千人的支票已徹底跳票，陸生來台屆時只不過是笑話又增一個。

以陸生來台這個問題切入，只是要驗證這個政府欠缺方向，對問題不求甚解，因而造成的「亂抓式」決策風格。過去三個多月裡，全球經濟日益吃緊，稍有警覺的政府早已對補貼、濟貧、紓困及經濟結構重整等展開部署，但這個政府卻始終泄泄沓沓。當國際公私機構

已在不斷下修台灣成長率時，我們的領導人卻對七月入超、國民負所得、貨幣供給負成長、出口及消費趨於停滯等無所措意，仍兀自在那裡宣稱「今年應該還可以有四・八%的經濟成長率」。

除了對經濟大環境缺乏理解而一廂情願的樂觀外，最近已連續九個月景氣燈號向下，遂有了急就章式的「保四大作戰」。但那些亂抓的解藥又有何用，只不過徒然顯露其慌亂無措之態。它只是把一堆不是菜的東西抓進籃子裡當做菜而已。當然更別說賦改談了好幾個月，其畏首畏尾，招致各方普遍性懷疑。

馬政府百日，幸而有了洗錢案這個救命神丹的幫忙而挽救了下跌的滿意度，也讓「百日怒吼」群眾遊行遭到塗抹。但我們卻也不能不警惕到，經過「八三〇」，其實已等於新政府幫助民進黨找回了已消失的舞台。隨著洗錢案效用的遞減，以及九月中旬立院新會期的開議，馬政府的更大挑戰即將開始，而它又會端出真正的菜了嗎？

有本領，就來抓我啊！

近代美國第一名騙阿巴格納蘭（Frank W. Abagnale），將他縱橫四海，靠騙走天涯的生平，寫成自傳《有本領就來抓我啊》（Catch Me If You Can）。「騙」乃是一種奇怪的罪，人們在指責騙子的同時，多少都會對他的聰明厲害表示佩服；而被騙受害的人，卻很少得到同情，反而會被嘲笑爲愚蠢。阿巴格納蘭因而名聲大噪，「有本領就來抓我啊」因而成了流行的名言。

而今美國學者也不得不承認，「有本領就來抓我啊」這種態度，即濃縮了一九九〇年代至今的時代精神。美國的公司裡，至少三分之一做假帳交易和搞逃漏稅，諸如恩隆等大公司所搞的騙，其手筆之大更是古今罕見。除了公司搞騙之外，美國各級學校的學生，也都擅於考試舞弊，而且是成績愈好的愈舞弊，因爲他們相信大家都舞弊，不舞弊就不公平，會吃虧；有七成學生認爲用假學經歷謀職並沒有什麼不對，當然更別說，九〇年代末開始的官吏及國會貪腐弊案叢生了。

「本領」取代了「對錯」和「守法」，「本領」也模糊了是非以及當爲不當爲的分際，

這種現象當然令人歎息。但這種新現象，其實與社會價值的變遷有著密切的關係。當現代社會的政經以及行業競爭日益尖銳，而且也愈崇拜「成功」，於是強者邏輯即主宰了一切並改寫了價值，道德和法律有時候也不得不在強者面前低頭。強者不需要過去士紳騎士所倡導的「榮譽」、「教養」、「博愛」等品質；他們只需要能穿過道德和法律這種障礙的「本領」。當「本領」夠大，違法但卻讓法律逮不到。不服氣，有本領就來抓我啊！

對於扁家的海外洗錢，我並不認爲這是簡單的貪汙洗錢，而寧願視之爲強者邏輯的顯露。他當權時違法妄行，由於司法檢調本來就是工具，因而這和違法不違法無關。至於道德和政治，他自然有龐大的民粹群眾鐵衛隊來保駕。到了今天，儘管辦案及爆料的新聞不斷，但他畢竟嫻熟法律的巧門，能套招就套招，能變換劇本建防火牆就一再重砌防火牆。最近，他更專程到綠色堡壘地帶，直接訴諸群眾，這並不是最後的掙扎，毋寧是「有本領就來抓我啊」這種強勢態度的挑釁！

從去年扁家弊案相繼浮現，而後到了國務機要費案成爲高潮，也正是因爲這些弊案，遂使得百姓對「除弊」產生盼望。這乃是政黨得以再輪替的關鍵。正因爲有扁的妄行及濫權，「五二〇」後，台灣民心才會始終圍繞著「興利」和「除弊」兩個主軸在發展：

「興利」，指的是必須專業宏觀，爲國家及百姓興利，做中長程的規畫，而不能只是或者麻木，或者只懂得像救火隊般救房市股市。新政府在這個問題上表現不佳，不符人民「興利」之要求，這也成了新政府剛開始的挑戰。

「除弊」，指的是必須對大小弊案，快速而有效的結清，俾讓台灣政治能踩著乾淨的步伐快速前進。但「除弊」這一項，在過去三個月裡泄泄沓沓，有如牛步。

而今有了洗錢案做爲串聯的關鍵，所有其他弊案才開始復活，但在這將近一個月裡，儘管由於案情和爆料不斷，看起來鬧熱滾滾，而讓人民對「除弊」有了的盼望。但我們卻也不能不驚覺到，人民熱情是有時間的，是必須具體落實的：如果一個月，兩個月過了，一切都還是在各種消息面上打轉；或者只是像過去一樣仍在口水裡糾纏，則百姓在「除弊」無法落實後的失望，其嚴重程度將遠遠大過「六三三」！

因此，在這個「有本領就來抓我啊」的時代，「除弊」已必須有「除弊」的決心和能力，它不是炒新聞搞道德秀，而是要把證據攤在大家面前，不容許有任何模糊的空間。現在每天看著熱鬧的新聞，以及另一邊已把司法徹底的政治化和群眾化，「除弊」還要拖多久才會告一段落？「有本領就來抓我啊」，乃是「本領」的競賽，而時間已愈來愈急了！

上 開場

從美國金融國災到台灣政策災

美國財政部出手救「二房」，在股市上只有一日行情。緊接著第四大投資銀行「雷曼兄弟」，最大保險集團「美國國際集團」，以及更大的「美林集團」，都陸續再爆危機。金融信用系統的危機，已成了美國的「國災」，並繼續向全球蔓延。

當今全球經濟在金融危機帶頭下已沉痾難治。探其原因，當然是過去廿年金融權力無限擴張所致。金融體系透過所謂的「會計創新」和「金融創新」而從事金錢遊戲，操縱財務槓桿將債務包裝成各種衍生性金融商品，並鼓動出美國甚至全球的房市股市投機潮。

而到了今天，這個最大的泡沫已告破裂，全球資產則大幅縮水，目前等在人們面前的，其實已非前階段人人談虎色變的「通貨膨脹」，而可能是更嚴重的通貨緊縮，在目前這個善後的階段，人們終於發現兩個最嚴酷的事實：

一、原來金融體系，竟然已成了一個「利潤歸私，代價則社會化」的體系。這些大投資銀行、房貸公司、信保公司，在享受到泡沫化階段的利益而闖出大災難後，全都由國民來埋單。

二、在金融泡沫形成的過程中，整個經濟的話語權已被房市股市分析師和投資顧問們所壟斷，他們創造出一種似是而非的經濟「通行見解」（Conventional Wisdom），美國前輩經濟學大師高伯瑞就明言這是一種看起來「無罪的詐欺」。當這些人的角色取代了真正的經濟學家，反映到各國經濟政策面的，則是國家經濟資源的錯置和貧富差距的日益絕對化。

而開發中國家受到這種經濟話語權的影響，在制定經濟政策時，當然也同樣嚴重的資源錯置。那就是逐漸失去了「國家經濟策略」，而使得整個政府淪爲只替少數人所謂的「市場」服務，與房市有關的土地市鎮開發及周邊產業得到鼓勵，而攸關整體的重要設施則嚴重的在資源排擠下落後。

這是一種「政策災」！美國的「國災」，實在是以「政策災」爲其條件。

由美國的金融危機談到「政策災」，就必須一提印度的經驗。近年來印度跟隨著那種似是而非的「通俗見解」而制定政策，都市及衛星社區一片榮景，但人民福祉、道路橋梁、教育設施，以及公共飲水等則毫無進展，甚至每下愈況。因而印度學界遂出現要求有自己的「國家經濟策略」的聲浪。

由美國談到印度，再來看我們台灣。過去台灣在蔣經國時代，確實有著把台灣做爲一個自主體系的「國家經濟策略」，因而有層次分明的產業結構，完整體系從中央到地方的基本設施，這乃是台灣從一九七〇到九〇年代初成爲亞洲四小龍之首的憑藉。但進入九〇年代中期之後，台灣的經濟政策已愈來愈向那種似是而非的「通俗見解」靠攏，當今的經濟措施以救房市救股市爲重點，所反映的就是這種習性甚或是惰性。

台灣各地方很重要的基本設施如道路、橋樑、堤防，以及山岳地帶的護坡，早已年久失修，由於資源排擠而得不到重視。特別是在民進黨時代，除了在都市地區圖利財團而虛耗國力外，在縣市地區則爲了政治綁樁而大搞各式各樣的蚊子建築物和豆腐渣工程。看著遍布台灣的危路、危橋、危堤防、危山坡，再對照虛耗金錢於救股市房市，以及各地的蚊子館和豆腐渣新工程，豈不讓人浩歎？

因此，這次辛樂克颱風的水災，由於后豐大橋斷落慘劇的橋災，其實已將台灣基本設施嚴重落後老舊的問題突顯了出來。

基本設施的完整健全，乃是一個國家全方位經濟能量的基礎，由這次的水災橋災，我們政府在拚經濟之際，可能已需要有真正的「國家經濟策略」，而不能只是在股市房市這些「通俗見解」上打轉。

而對基本設施做出大幅的更新，這也是減少災難，以及爲經濟再出發打造基礎的必要工作。水災橋災不可怕，政策災才更嚴重。或許，我們的「九萬兆」，已必須在「國家經濟策略」上多所思考了。

把拚經濟提高到國安事務層級

今天的美國國防部長羅伯蓋茲，一九八六年被雷根任命爲中情局局長。他的首要任務，即是「把經濟視爲國家安全的首要事務」。

如果我們今天回顧雷根時代，當會知道當時雙赤字嚴重、通膨加速、美國貿易競爭力大幅落後於歐洲及日本。因此，雷根時代遂將經濟層級拉高，最先將對日經濟定位爲「國安事務」，接著又將歐洲納入。今天美國商界朗朗上口的「對公司好，就是對國家好；公司好，對員工就好」，就是雷根拉高經濟層次的核心口號。除了有策略，有口號之外，更重要的乃是有一系列的動作。

這些動作裡，包括把總統職位定義成「國家最大的推銷員」，雷根及後來的老布希多次帶著整個專機的大老闆們到主要國家招商及推銷商品；中情局海外工作人員及總部分析師，皆將經濟情報收集和分析列爲重點，這些情報都直通白宮與商務部，而商務部則轉達給相關業者。這套情報連結系統即是羅伯蓋茲最重要的貢獻。

而最極端的，則是中情局利用美國軍情局全球電訊監控系統，掌控主要國家洽談中的重

上 開場

要契約，而後中間插入搶奪商機。法國達梭航空集團與沙烏地阿拉伯正在洽商高達六十餘億美元的契約，美國得知後立即攔截插入，最後搶奪成功。爲此美法兩國還公開交惡，法國因而出現一波反美潮。

今天來回顧一九八〇年代後期至一九九〇年代初這段故事，美國利用情治、特務系統來搶奪商機，手段確實太過卑劣；但雷根爲了救經濟，而把經濟事務視爲國家安全最高層級的大事，將總統職位定位成「國家最大的推銷員」，將政府的情報資訊及商務部門整合做爲企業及國家競爭力的後盾。這幾個重點倒是對一九九〇年代的全球化競爭做了先行的示範。

因爲，誠如美國主要評論家札卡瑞亞（Fareed Zakaria）在剛出版的新著《後美國世界》裡所述，從一九九〇年代以迄現在的世界，儘管表面喧鬧混亂，事實上則是近代最和平的階段，但也因此，國際的競爭如經濟、文化價值，以及各種軟實力的領域，也更加嚴峻。將其引申，也就是過去那種以軍事來定義的「國家安全」早已不切實際。

就一個國家而言，經濟實力與活力乃是一切的根本，當經濟都沒有了，還談甚麼國家安全?雷根把經濟定位成「國家安全事務」，把自己定位成「國家最大的推銷員」，他不是把總統這個職位做小了，而是把總統這個職位的責任擴大了。當總統的，就天經地義的必須走到最前線拚經濟，沒有甚麼可以推諉或假客氣的空間。

由美國過去把經濟事務升高成爲國家安全層級的事務，我們已經可看出，不論各國政治體制爲何，但在這個經濟競爭日厲，全球經濟變動也更爲快速的此刻，幾乎每個國家皆明言或不明言的由最高領導人親自擔綱提調在拚經濟。各國領導人在經濟事務上被逼得必須親自披掛上火線，最重要的原因乃是當今經濟與形勢變動快速，如果還用過去那種「部門自主」的老招，金融的只負責金融、產業的只管產業，貿易的只貿易，那就難免手忙腳亂，愈搞愈糟。現在的拚經濟是在拚整體，做法當然要一條鞭。

而今天台灣雖然口說拚經濟，但卻始終煽不起人們的信心。我們拚經濟的那個架構就疊床架屋，讓人不知所云。有的有權無責；有的地位高則高矣，但卻只管諮詢；有的權力雖大，但給人的印象則又好像很外行。一個胡亂湊合，提不出方向感的拚經濟架構，難怪拚得支離破碎，像是救火隊般只看到一堆人在那裡東奔西跑了。

因此，要拚經濟就得像當年雷根政府那樣，把經濟拉高到國家安全事務這個層級，發揮高度統合的能力。讓「九萬兆」成爲一個整體，否則只是「九、萬、兆」像個三頭馬車，還拚甚麼呢？

政府的失職要用司法來救濟

全球金融危機方興未艾，但就在大家關心美國七千億美元救市方案之際，卻似乎都忽視美國司法部及所屬聯邦調查局已進行半年的嚴打房貸及金融詐欺專案，迄至目前，不但主要的金融機構全都列入調查，甚至已有四百人以上被逮捕或遭起訴。

對於次貸風暴和金融危機，人們都概念認爲乃是華爾街貪婪文化所致。但事實運作上，則是有許多涉嫌詐欺的成分：許多房貸公司或金融機構向購屋者惡意推銷房貸，有些金融機構則用不實的訊息向存款戶或投資人推銷品質不良的衍生債券及保單。這些都已構成了詐欺的要件，它已不是客戶與金融機構間的民法契約個案，而是刑法上的詐欺。

在各種詐欺裡，有一種是在利用所謂的「掛鉤式金融理財」（Stapled Financing）。它指的是幾乎百家投資銀行，都利用法令鬆綁的孔隙，向存款部門的客戶鼓其如簧之舌，拐誘他們將積蓄轉到投資部門。美國早在一九三三年有一項「格拉斯—史蒂嘉法案」（Glass-Steagall Act），這項法案乃是有鑒於當時商業銀行與投資銀行角色不明的禍害，遂嚴格區分兩者，不得重疊。但因該法案嚴重壓縮了金融系統操作的空間，於是金融體系遂自一九八七年起以蠶食鯨吞的方式逐步修正該法案，最後於一九九八年予以廢止。

這項法案的結束，等於金融機構有了極大的空間，使得存款戶變成投資戶。存款與投資掛鈎到了一起，不但金融詐欺增加，也使得金融泡沫爲之擴大。日前法國總統薩科奇在聯合國大會演講，表示「我們應該研擬新原則和新規則，來管理金融市場，並懲罰那些使人們的積蓄陷入危境的人」，他所指的，當即是這種型態的詐欺。

由美國司法部門嚴打房貸及金融詐欺，特別是涉及「掛鈎式金融理財」的詐欺，這實在是值得肯定的政府作爲。美國自一九八〇年代以來，行政管理部門即在金融業者投入大量資金展開國會遊說下，一再屈服於「鬆綁」的壓力之下。易言之，這也代表了政府監督管控能力的棄權失職，這也是金融業者有了詐欺空間的最大原因。司法部及所屬聯邦調查局嚴打房貸及金融詐欺，這是對明顯傷害所做的最後救濟，這至少仍是一種負責的表現。當政府無能或失責，而讓無辜百姓受騙，政府的司法部門至少應擔起最後的救濟責任，否則一堆弱小的個別受害者面對強大的金融機構，又怎麼可能得到公平的善後？

由美國司法部及聯邦調查局嚴打房貸及金融詐欺，就必須提到台灣猶未了結的所謂連動債自救風波了。近年來台灣金管單位對美國的衍生性金融商品氾濫由於無知而毫無警覺，而多家金融機構也同樣無知和只知道推銷賺錢，於是連動債遂在台灣氾濫。許多退休老人本來只想存款保本，但在理專全力宣揚「比定存還好的連動債」下，也糊里糊塗被套。演變至今，最少也有五、六萬人受害而一生積蓄泡湯，總損失金額可能高達數百億。

在連動債風波裡，已可確定有許多確實涉及詐欺——理專人員和金融機構爲了拚業績，硬是將不實或複雜資訊用來唬弄客戶，而後草草簽下別人看不懂的文件。表面上它有了合法性，實質上則難逃利用他人無知，以不對稱手段及資訊誤導及詐欺之嫌。最近金管會要求賣連動債保單，必須電話錄音，也安排銀行公會及投保中心決定紛爭處理的原則。由這些，我們已可看出他們的確對所謂的詐欺可能性有所疑慮。

用協議審查方式解決問題，總比不理問題好，只是看著美國司法部及聯邦調查局在哪裡嚴打房貸及金融詐欺，我們的法務部卻對此類問題完全無所用心也完全沒有作爲。用私了的方式可以解決問題，但並不足以建立起專業規範及職業倫理；要防止金融詐欺，司法終究必須扮演最後的嚇阻及救濟角色，美國的作爲難道不讓我們羞愧嗎？

「債務隧道」深深深幾許！

在過去一個月裡，全球政府投入救市的金額早已逾兆美元，但整個市場卻彷彿像黑洞般讓這些龐大的金額悄悄的消失無蹤，而且似乎並沒有帶動出多少漣漪。於是人們不禁想問：救市到底要幾兆才夠？世界到底發生了甚麼事？

而這些難題似乎並沒有人知道答案。用當今專業圈裡的說法，那就是在全球的「債務隧道」裡到底隱藏著多少虧損及負債，它的總額仍無人知悉。「國際貨幣基金」夠權威了，四月份它估計為○點九四兆美元，九月估計一兆三千億美元，十月估計一兆四千億美元，它仍在且戰且走的看情況向上修正中。這種情況就像去年次貸風暴初現時，美國聯準會根本不以為意，認為它只是四、五百億元即可打發的小問題，但與時推移，才發現次貸的「債務隧道」深不見底，到了今年六月「國際貨幣基金」才估計稱高達○點九七兆。而到了今天，次貸問題早已被包裹進了更大的金融海嘯裡。由上述變化，探索這個「債務隧道」，或許才是重點。

根據法國會計金融專家佛隆（Nicolas Veron）及其同僚的近著《一家煙火公司的故事：

資本主義的會計詐欺》，我們已知道近十年來，所謂的「創造性的會計」當道，它透過種種「會計詐欺」（Accounting shenanigans）將虧損在全球隱藏，而後炮製出盈餘並因此而發展出各種衍生性金融商品，在金融市場獲利。股神巴菲特早在二〇〇五年六月在致他公司股東的公開信裡就已明言：「衍生性金融商品，已成了全球金融的大規模毀滅性武器。」

而當今美國主要金融評論家摩理士（Charles R. Morris）在剛出版的《億兆美元融解：便宜錢、高滾輪，信用大崩盤》裡更詳盡的將當今有如迷宮般的借貸市場，以及每種負債又被包裹成種種衍生性金融商品如CDO.CDS.CMBS…等做了細部探討。其中CDO方面估計至少十五兆美元，CDS至少四十五兆美元，加上種種其他擴散效應，整個金融名目資產高達五百兆美元。將債務透過層層包裝而變成可販賣的資產，在說法上是將債務的風險分攤轉移，但在操作上，則等於是將別人及他國拉來成為自己債務的最後墊背者。這也就是說，在各種衍生性商品裡，具有風險保險契約性質的CDS最可怕的原因。新興經濟體如巴基斯坦、土耳其、阿拉伯聯合大公國等介入較深的國家，都將中箭落馬。

因此，全球救市究竟要多少兆美元才足以支撐出它的底部？答案可能根本沒有人知道。冰島小國寡民，人口才卅萬，金融結構也最單純，因此它在全球「債務隧道」裡曝險的程度才最先得以透明化；它的債務居然高達總生產毛額的九倍以上。冰島國家破產，不是特例，而是具體而微的縮影。全球不知還有多少國家躲藏在「債務隧道」裡！

華爾街、美國三大信評公司、五大會計師公司（現只剩四家）在過去十年裡合奏出全球最大的金融泡沫進行曲，而今泡沫破裂，仍由出身「高盛」執行長的財長鮑爾森率班底救市。由美國救市策略的一再調整，它企圖穩定關鍵銀行，進而為股市築底。美國股市裡，佔最大比例的乃是聯邦、各州和地方，及私人退休基金，總額在十兆美元以上，目前這些退休基金至少已虧損兩兆美元，若再惡化，難保不引發更大的社會政治風暴。

只是「債務隧道」深不可測，近來美國動作頻頻，期盼擁有龐大主權財富基金的新興經濟體如中國、沙烏地等協助築底，但面對這樣的「債務隧道」，誰不惴惴難安？這乃是中國大陸至今仍舉棋不定的原因。

全球由次貸風暴而升高到金融危機，最後深化為金融海嘯，而其影響面，則由虛擬經濟終於將傷害落實到實體經濟上。目前歐洲已進入衰退，美國則從今年第三季起也將進入衰退，最保守的估計，不到明年第三季，將難有復原的可能。連帶的，全球貿易銳減，失業大增等病灶也將一一浮現。就整體結構而言，全球將因此進入一個痛苦的「美元時代的終結」的調整期。這個問題很快就會出現。如何面對全球金融債務可能擴大，經濟即將大幅衰退，以及金融秩序可能重整，或許才是台灣在救市的同時必須未雨綢繆的嚴肅課題！

「一〇二五」政治冰風暴撲面而來

一九二九年英國大選，工黨首次執政。當時英國文豪，以寫《查泰萊夫人的情人》而聞名的D.H.勞倫斯曾寫了一首〈變之詩〉。他是工黨支持者，但他指出，若一個溫和政黨做不好，就等於是在替左右翼極端政黨準備舞台，英國諾貝爾詩人葉慈在名詩〈二度降臨〉裡也說道，當中道守不住，就會各種激情奔騰出柙，替災難舖路。

而今天的台灣，其實早已走到了這樣的方向上。馬英九政府上台迄今，雖說國際形勢不佳，但它既乏見識，又無格局，一群白目、凸槌的官僚，把大家搞得信心全失。尤其是在兩岸關係上，他們更是把這個問題看得太簡單了，以爲「不統、不獨、不武」這種甚麼都討好的口號就立場安全，弄兩個綠官負責兩岸事務就太平無事；以爲亂開一些北京不得不回應的支票就可帶來無限商機。當他們刻意簡化，即原本那無限複雜的問題就會在防不勝防之處引爆。一個毒奶粉事件就把這個政府搞得慌張失智，雞飛狗跳。而民意支持度則降到百分之廿以下，由於馬政府的無能，其實已讓兩岸關係陷入了一種前所未有的危機中。「一〇二五」的綠營群眾運動，已有可能是兩岸關係倒退的分水嶺！

其一，目前各方都將重點放在阿扁是否會參加，是否該勸退的枝節上。其實，綠營儘管立委及總統大選失利，但它將近四成的群眾並未潰散，只是洩氣而已。而今由於馬政府無能，毒奶粉事件刺激，這些群眾已趨凝聚，再加上部分中間群眾對馬政府失去信心，因此「一〇二五」可被動員的潛在群眾只會多而不會少，「八三〇」遊行號稱卅萬，但實際人數當在十二至十五萬間，「一〇二五」大動員，由於是馬政府時代首次綠營大團結大動員，估計實際參加人數當在五十萬之間，或者更多。倒扁紅衫軍時號稱百萬，實質則為六十至七十萬。這意謂著綠家軍大動員，規模已能和紅衫軍並駕齊驅，其不容輕覷由此可見。

其二，過去台灣儘管有過多次以「護台灣」為名的大型活動，但本質上皆為政黨間的鬥爭伎倆，因而它是內部問題披著「反中」的外衣，而「一〇二五」則不然，它直接針對的是陳雲林，這是台獨有史以來第一次針對大陸高層官吏而引發的群眾運動，它已大大的增加了動員力度。以「反中」為對內目標，一箭雙鵰，一魚兩吃。當群眾造勢之局形成，馬政府今後的處境已將注定要更加困阨，聲望更難回升。

其三，台灣的群眾運動從紅衫軍起，已出現重要的質變，不但在動員群眾上務求絕對的多，形同搞群眾人海戰術，而在手段上也開始搞如影隨形這種追蹤示威。而這次「一〇二五」在動員模式及行動手段上即將紅衫軍那一套全面照搬，由綠家軍和紅衫軍的模仿互動，它其實已將台灣這種藍綠「五十對五十的社會」的對立形態大幅提高。這已預卜了一種可能，那就是將來的政治問題更傾向於去街頭表現。一個高度動員性的「五十對五十的社會」也將是更難安定與統合的社會。對這樣的社會，再想談甚麼擴大投資，追求經濟永續發展，已愈來愈成爲奢想。

因此，「一〇二五」在台灣政治社會及兩岸關係發展上，已極有可能是個具有轉捩點意義的群眾活動。對於一個內部嚴重分歧敵對的社會，必須統治者在目標上高瞻遠矚，在手段上精緻細膩，始能藉著創造新方向新願景而緩慢的化解對立，但馬政府卻全無這樣的能耐，而只是想藉著討好各方以保持安全，問題是政治上不可能有任何位子是安全的，愈想討好各方的愈是各方都討不到好；愈想找安全位子的，最後一定會發現自己所在的位子最不安全。經過「一〇二五」大動員，綠營必將士氣大振，馬政府手軟腳軟，軟腳蝦之局將更難逆轉；而兩岸關係也必將動輒得咎，終致毫無作爲。

而總結而言，則是「一〇二五」後，由於台灣內部矛盾更加尖銳化，原本有可能緩和的內耗格局也將擴大。形勢如此演變，誰應爲此負起責任？

經濟惡化擴大，政府全面改組吧！

人在受到挑戰或挑釁時，可以有各式各樣的反應；由反應的模式，反而更能顯露出他的本質。

因此，古代晉惠帝的「何不食肉糜」，其實並不是笑話，他長在深宮之中，過著有飯有肉的日子。因此，當百姓沒飯吃，他說出「何不食肉糜」這樣的話，其實是一種好心的表示。只是他不知道，由這句話，他那種高高在上，不知民間疾苦的本質即顯露無遺。

同樣的道理，人家「一〇二五」大遊行，我們的「九萬兆」卻到台北、新竹、台中，搞刺激消費這一套。當今人民實質所得遞減。而且估計苦日子還長得很，縱使明知錢愈存愈薄，但也不敢隨便拿出來用。因此，「九萬兆」以身作則鼓勵消費，這當然也可算是一種好心；但看在百姓眼裡，總還是覺得怪怪的。人們看衰經濟才不敢消費，當經濟的氣勢沒有搞上去，誰又可能把自己荷包的錢掏出來？這種消費秀的效果當然堪疑。

而在「九萬兆」的消費秀裡，最該譴責的當然要算劉兆玄了。他到谷關被人嗆聲，他可以選擇逆勢趨前的問候，顯露自己的泱泱大度；也可以交代所屬對當地問題特別研究以改善

民生，至少表示還有點苦民所苦的樣子。但劉兆玄的反應卻是；「那位先生顯然心情不好，到這麼好的溫泉來泡一下，心情就會好很多！」經濟不好心情壞，泡個溫泉就會心情好起來。這是哪一國的劉氏冷幽默？他的名言可以說簡直是晉惠帝的現代版。它和昨天經長尹啓銘在立法院表示，「馬上好只是口號」，簡直前後輝映。

當今經濟受到國際牽連而形勢不佳，這不是「九萬兆」的錯，人民也不是因這點而不滿。人民之所以對這個政府毫無信心，它的支持度之所以跌到百分之廿左右徘徊，乃是在過去五個月裡，人們只看到那種與人民有著嚴重隔閡的官僚性。如果真有本領，官僚一點大家也還勉強忍受，但他們真有本領嗎？他們無法洞見經濟惡化的趨勢，他們想不出長遠的願景。最近這一群人又在打郵政儲金的主意。已有專家指出，無論怎麼胡鬧，郵政儲金就是絕對不容被挪用，否則郵儲一旦擠兌，台灣經濟崩潰和全面性的社會暴亂就會出現。台灣政府基金的管理早已一堆爛帳，這不是「加強監督」這種空話所能防杜的。單單一個退撫基金今年上半年即虧損三百億。而居然無調查、無人負責，台灣幾乎每家人都性命所繫的郵儲，又怎禁受得起虧損的風險？

最近，台灣正栖栖皇皇忙著救股市救消費，殊不知一個更可怕的「通貨緊縮」已告迎面而來，日前美國聯準會也終於對「通貨緊縮」首次提出了警告。過去多年來，全球經濟擴張，只有「通貨膨漲」問題，可怕更甚的「通貨緊縮」早已被遺忘。所謂「通貨緊縮」指的是泡沫經濟大規模破裂，又無新的泡沫替代，於是資產縮水，需求降低，原物料及運費等大幅下滑，由於整個經濟收縮，於是生產與消費也都大幅縮水，再配合了諸如實質所得降低，大半的經濟活動也將停滯，於是過去生產過剩的局面就會出現失業潮及各式各樣的關廠關店風潮，所有的經濟要素如生產、投資、消費、貿易等，也都轉到負面。在「通貨緊縮」的時代，物價下跌不會刺激需求，只會更讓下跌加速。過去長期以來，「通貨緊縮」這個名詞早已在經濟裡消失，最近終於因爲虛擬經濟落實到實體經濟的惡化上而開始浮現。由於美國的最新數據已確實印證了「通貨緊縮」的到來，聯準會也才會正式提出警告。它是全球衰退的深化。也是更棘手問題的到來。

因此，在這個政府只忙著救股市救消費的時刻，「通貨緊縮」這個更嚴峻的挑戰已撲面而來，他們當然連準備都沒有，更遑論「準備好了」。面對情勢的將進一步惡化，台灣其實已沒有再拖延的本錢。這個五個月來一直白目凸槌的政府，除了全面改組，我不知道還有甚麼選擇！

上 開場

藍綠紅正合奏一首三輸交響曲

陳雲林抵台，這是大陸首次最高層版的準官方人士來訪。如果這事發生在五、六月間，當時兩岸開放是各界相當一致的盼望，它具有一定程度的正當性，陳雲林自必受到相當的肯定，甚至歡迎。

而今這樣的條件早已改變。馬政府執政迄今已近半年，由於風格、能力及表現不佳，其支持度已跌到只剩二成二、三；不支持的反而暴升到六成八、九。特別是在毒奶粉事件上處理得泄沓顢頇，於是「反馬」遂被轉化成了「反中」，再加上阿扁的推波助瀾，以及「一〇二五」的群眾造勢，這已使得陳雲林訪台之行，它激化台灣內部對立的作用反而大於增進兩岸關係，陳雲林已成了兩岸對立與台灣內部撕裂的矛盾集結點。

因此，無論陳雲林訪台五日簽甚麼協定，也無論「馬陳會」上他會在稱呼上送出甚麼禮物替馬政府加持，由於時間點的改變，各方勢力的敵對擴大，藍綠紅三方其實正聯手合奏著一首三輸交響曲。

首先就藍營方面而言，它自「五二〇」迄今即持續暴露出那種自大顢頇及反應永遠慢上不只一拍的官僚習性。它不能對兩岸問題做細膩的規畫與操作，以為開放就是萬靈丹，以為弄個綠官管兩岸問題就可封住綠營的嘴；以為無論如何只要陳雲林來即可得到加持。除了研判及能力問題外，更嚴重的或許是整個藍營都無法掌握住兩岸交往必須不卑不亢的道理。

就以這次陳雲林抵台為例，他在這個危機重重的時刻到訪其實至為不易，讓他多和各界有清望，受尊敬但也知輕重的人會面，這也有助於讓陳雲林得到人們的共感。但藍營卻不如此，而是如獲至寶般每日大宴小宴不斷，聽說最貴的還有每客五千元的龍蝦魚翅鮑魚宴，看在衣食堪慮老百姓眼裡，這不是在卑亢之間失了分寸嗎？沒有本領的會把好事變成壞事，藍營有違不卑不亢原則的種種表現，已使陳雲林到訪的正面被反面所取代。

再就綠營而言，它經過八年執政，早已知道兩岸問題不是只有統獨那麼簡單，而必須透過費心的交往與規畫。阿扁自己不就說過台獨不可能就是不可能這種話嗎？而今政權易手，民進黨不根據自己的經驗參與兩岸關係，反而是重拾舊路線，這其實乃是只考慮政黨鬥爭而不以人民共同福祉為考量的不負責態度。尤其是這次陳雲林到訪，綠營這一邊竟然把他們長期棄置的中華民國國旗，以及一九五〇年代那些冷戰時代的反共愛國歌謠全部當成了寶，這是嚴重的時空錯置，用一九五〇年的意識形態來面對廿一世紀的問題。民進黨要甚麼時候始能蛻變成一個真誠為台灣人民謀福祉，而不是耽於權力鬥爭的政黨？

而至於紅的這一邊，由陳雲林訪台超過萬人的軍憲警維安及各式各樣的喧囂，它已必須警覺到台灣不是只有那些每日一宴的藍營高官。大陸對台灣的看法必須有別於國民黨的觀點。北京其實並沒有加持台灣那個政權的能力，也沒有這樣的必要。

北京必須要用更多耐心和同理心，考慮台灣人民的福祉，「寄希望於台灣人民」也才不致於成爲官話與空話。北京對台灣一向有「政權歧視」，它會加持藍色政權，不加持綠色政權，這種「政權歧視」在過去或許有其不得不的情境原因，往後北京顯然已必須對此有全新的思考了。但無論如何，這次陳雲林抵台訪問，如此大陣仗的維安，以及被藍營奉若無上貴賓的那種排場，已使他其實是被拖累而嚴重的扣了分。而他不刻意要求和民進黨主席蔡英文見一面也是嚴重的缺憾！

因此，陳雲林訪台，無論藍綠紅都不及格，這是個三輸局面；它也顯示出藍綠紅這三邊其實都仍是在舊規格裡打轉。如果這種舊規格不變，兩岸關係將永遠不會有良性發展的基礎，台灣會輸，北京也不會贏。陳雲林訪台的喧鬧及種種失控，倒不妨做爲藍綠紅三邊再出發的反省基礎。

「馬英九神話」已告解體

有句話憋在心裡已很久，總是忍住不說出來，害怕會造成傷害。但眼看台灣形勢日益不堪，惡兆加深，這句話已到了不忍說，但還是不得不說的時候，那就是過去由於機緣湊巧而形成的所謂「馬英九神話」，現在已到解體的時候。馬政府甚至國民黨，如果不能對當今形勢做出痛定思痛的反省和覺悟，更加積極有爲，則台灣亂象深化與擴大，必將不知伊於胡底！

所謂「馬英九神話」，指的是馬英九過去賴以成長的各種元素所堆砌而出的人們對他的想像：他形象清新體面，不同於那些年齡太大的黨政官僚；他清廉節省與黑金大概沾不上邊；他也擅於透過媒體表達那種與都市中產階級相同的價值取向。這些想像使他成爲國民黨當政時人們對國民黨不滿意下的最好出路，於是他遂能在國民黨內迅速竄升；而到了民進黨執政後，對比於惡形惡狀的陳水扁，他的形象資本更加速累積，遂得以超高票當選。

但所有的神話形成都是過程，當神話達到高峰，這時候神話已高過使它形成的環境，它就必須靠自己來證明被人奉爲神話是值得的。易言之，諸如能力、擔當、膽識、決斷這些新

的元素就開始變得重要。特別是對像台灣這種嚴重分歧，甚至敵對的社會，這些新的元素就格外必須。這是個轉化過程，要從被別人「喜歡」，變成被別人「信賴」，使自己成爲國家未來方向感的凝聚點，這不能使分歧消失，但可使分歧轉弱，甚至將其轉化到有建設性的方向。

但非常可惜的，「馬英九神話」卻像近代許多國家一度神話的人物，都快速的被自己的表現脫掉了光彩。馬政府上台迄今不到半年，由於種種風格與能力的失誤，支持度遂快速下跌，迄今只剩百分之二十二、三，不滿意的反而暴增到百分之六十八、九。這已印證了一個道理，若一個人一度曾普遍被視爲大家的希望，則這種希望落空後所出現的失望就會格外快速且巨大。

而「馬英九神話」崛起之際，不但籠罩了台灣本地，它甚至擴散到港澳、中國大陸及其他華人地區，北京當局也因而認爲兩岸和平對話及雙贏也出現契機。但由陳雲林抵台進行兩岸協商的混亂失控甚至暴力有理，以及最後草草了事的「沒有馬陳會的馬陳會」，台灣之外所有的華人地區已開始懷疑台灣政府有效治理，甚至規範最基本秩序的能力。連續五天的暴力失控，打人有理，政府畏首畏尾的讓步，已使得「馬英九神話」的外部效應也告蕩然無存。

因此，今天的台灣，可以說已進入了一個新的危險期。由於當政者自己缺乏核心理念，而只會這個不得罪，那個也討好的和稀泥，這等於是主動的把台灣未來發展及兩岸關係的話語權袖手讓渡了出去。由於民進黨不費吹灰之力，就無抗力的主宰了話語權，於是它遂能隨機的製造日程表，例如民進黨自己執政時說「台獨不可能就是不可能」，現在則可高喊「一邊一國」；以及倒果為因的為暴力製造合理的理由。這是典型的台灣式的東拉西扯，結果則是造成台灣式的民主亂象與無政府暴力蔓延。

最近美國大選，歐巴馬獲勝。英國《經濟學人》在評論布希功過時，即指出布希任內最大的特色，乃是「敵人再也不怕他，朋友再也看不起他」。去年，美國談判專家，哈佛教授尤瑞（William Ury）出新書。他即指出，人在世上，無論為了討好或害怕，凡對自己不同意的主張曲意附和，這都是懦弱的象徵，它只會讓人輕視。人必須根據自己相信的進步核心價值，清楚的說出自己可感動人的主張及方向感，只有如此始能為人們的福祉創造條件。

被人「喜歡」可以造就神話，但造就不出社會的方向感與長治久安。因此，「馬英九神話」對內外皆告解體，這固然使人懊惱，但卻也未必不是個轉機。受人「喜歡」，可以當明星、可成偶像，但不能治國治事。當神話解體，可能才會重新自我省視，在智慧、能力、擔當、決斷，以及更有條理的話語權問題上努力。從這個角度看，神話解體，未嘗不是件好事！

看阿扁的臉，怎能不忐忑悲傷

阿扁被押，在禁食超過一百小時後，體況日壞而緊急戒護就醫。看著畫面上，他那虛弱臘黃而泛黑的面容，多數人大概都難免心情忐忑；一方面欣慰司法的究責，另方面也對阿扁今日的處境覺得悲憐哀傷。

這就是理性與感性的糾纏，這種糾纏與衝突主導了台灣的過去，也正左右著現在。它是台灣無法迴避但終究必須跨過的障礙。設若無法跨越，則台灣也就難免更加不堪。

任何社會都難免有歷史的傷痕、累積的矛盾等問題，它是人心裡必須用極大努力始能填補的破洞。但由人類普遍的民主經驗，卻早已證明了在民主化之初，利用及剝削這些破洞，始終是煽動家型政治人物的重要資產。煽動政治當道，判斷標準雙重或多重，可解決的舊矛盾被無限放大最後終致不可能解決，有的民主淪爲家族及地域的血仇相拚，有的則是黨機器淪爲暗殺機器，更壞的則是引發內戰，這都斑斑見諸民主發展史上。

而在台灣，阿扁在這些問題上無疑的有著梟雄級的地位，他嫻熟於將舊矛盾轉化爲新資產，這是他一路成長的最大動力。而他付出的代價，則是當他妖魔化過去，他就和被自己妖魔化的對象無異，而變得濫權貪腐，甚至較從前猶過之而無不及。今天深綠人口中，不就有許多公開或私下宣說「國民黨貪了五十年，阿扁貪又算甚麼」嗎？當感性已被扭曲到如此倒錯的程度，政治怎麼還可能有任何標準？

而今阿扁被押，憂憤及羞怒兼具，又再宣稱「政治迫害」、「司法冤獄」，並展開禁食。這其實仍是過去剝削台灣百姓感情的舊模式，阿扁禁食和蘇陳兩人的絕食，不能說沒有效果，但可以肯定的，隨著時代風向的變化，它的邊際效果已不若預期，而且它只會使政治對決更趨極端，這也不符當今民心的期待。

而真正更值得注意的，其實是民進黨這邊經過「挺扁」、「挺貪腐」這種尷尬的兩難立場考驗，終於已在把一切問題導向到「人權」這個層次上而找到了「停損點」。民進黨和阿扁切割嗎？當然沒有。民進黨還繼續「挺扁」、「挺貪腐」嗎？當然也沒有。這是一種高明轉移，把舊問題丟一邊，而在舊問題上找到了新課題。而這也的確向台灣司法檢調系統釋放了一個嚴重的訊息。台灣民主化的過程始終走得高高低低不平坦，這其實和司法公信力始終無法確立有關。

司法要確立公信力，除了要有職業尊嚴的道德堅持外，它還必須克服許多其他無形的障礙；例如台灣過度發達的名嘴文化，已足以在社會上形成「政治正確」，而這種「政治正確」不但會影響大眾，也同樣可能干擾到司法檢調甚或審判。如何堅守司法程序及事證的嚴格性，遂成了必須有的起碼警覺，否則一旦出現任何差池，不但有違人權及司法公信，甚至還會讓民主發展過程上司法應扮演的重要角色無法出現。蘇治芬案在這方面似乎就產生了爭

議。這也就是說，連日以來綠營所提出的「押人取供」、「輿論審判」這些課題，司法體系切莫以「這又是綠營在找題目做文章」而等閒視之。因爲它不是沒有道理的。

因此，此刻的台灣其實已進入了民主發展最重要的關鍵階段，由於卸任元首被押，政治上必將對立更深，再加上絕食禁食等風波加油添火，問題只會更嚴峻。而這種政治惹出來的問題絕不可能靠政治來解決。而必須靠司法以週延無懈可擊的程序，舉證與推理來決定。當司法公信力真能因此而建立，也就是台灣人權及民主有了新希望之時。

民進黨以「人權」爲訴求，找到了停損點，並解決了它的道德困境；但人權就是人權，設若又去扯甚麼「新二二八」和「新白色恐怖」，那又成了是在玩弄剝削舊記憶的權力語言遊戲，這當爲識者所不取。台灣以過去的矛盾爲政治資產的這種階段已持續得太久了，它對民主所造成的妨礙已讓大家都付出日增的代價。讓司法公義及人權這種理性面抬頭，讓扭曲的感性面逐步淡出，蓋只有如此，民主的路才可能繼續向前走下去！

扁案癥結：國家資本主義體系惹的禍

阿扁家族親信所涉弊案，在查到「二次金改」部分，才算真正進港。因爲這種以「金控減半」爲名的「改革」，其實就是賤賣國產，收受賄賂的一種對價交換關係。它所涉金額動輒一億兩億，甚麼國務機要費，機密外交費，全都成了小巫。

而有關「二次金改」這部分，如稍加追究，當會發現源頭乃是所謂「黨國資本主義體系」。過去的中華民國，和多數後進國相同，爲了加速資本累積而有「發達國家資本」這樣的策略方針。於是龐大的國營黨營事業體系遂告形成，它包括了油電、郵政通訊、交通，許多上中游重要產業，以及金融體系等。對於這樣的體系，我們不能否認它在特定時刻有其必要性。問題在於，這個體系的形成，它的資本來源是我們的納稅錢，因而每個國民乃是理所當然的股東，但實質上，則是由少數黨政官僚所操控。

而過去十餘年，就是這個「黨國資本主義體系」暴露其致命缺點的時刻。最先登場的是李登輝時代的國民黨大掌櫃劉泰英，而到了阿扁時代，以「金改」之名，讓民營銀行併吞更大的公營行庫及金控，而回扣賄賂則盡入私人囊中。除此之外，公營機構的股權釋出，因公

有土地的低價賤賣，也同樣弊端玄機重重。

「黨國資本主義體系」過去曾是民進黨在野時抨擊的重點，但轉個身它執了政，這個體系卻成了扁家提領超級巨額現金的大金庫。若干新興民主社會，都以民主改革之名瓜分國產，最誇張的是俄國，葉爾欽在九四、九五年間，以民營化之名硬吃國家，一年之內，俄國即平空產生兩打十億美元級超級富家，近百個一億美元級的大富豪。阿扁的「二次金改」，在手法上與俄國如出一轍！

因此，阿扁弊案的追查仍須努力。但由劉泰英到陳水扁，那個「黨國資本主義體系」的問題也不容繼續忽視。目前「黨資本主義體系」已形同消失，「國家資本主義體系」部分則雖被阿扁掏空了一些，但仍依舊十分龐大。由最近幾個國營事業鬧出「酬庸」的小醜聞，以及四大國營事業還在那裡要發四個月年終獎金這種讓人生氣的新聞，它至少已顯示出那個體系仍然是個高度「特權官僚資本主義體系」。這個體系若不進行體制性的徹底透明化改革，它做爲貪汙腐化最大誘因即不可能消除。

由於民營化乃是長遠的路，因此就現況而論，這個「國家資本主義體系」已必須：

一、在法律身分上須將有國公營企業定位爲國民所有，每個國民都是當然股東。依其性質統合成一或數個「國家控股公司」，除專業透明管理外，當然須受國會監督。

二、國公營公司，就是國公營的公司，政府按稅額對這些公司課稅，而取消過去那種破壞賦稅制度的「盈餘繳庫」的舊規定。國家財政除了集稅權外，即無其他來源。這也有益於賦稅歸賦稅後，讓賦稅正義不再被重重扭曲。

三、由於國家控股公司的當然股東是全體國民，公司盈餘自然必須每年分紅給國民。我們每個國民在每年年初完成上年度結算後，當然必須收到國家控股公司的盈餘分配支票。目前那種國營公司胡亂經營，虧損還發四個月年終獎金的官僚習性，當然也就不再有藏身之地。

四、國家控股公司只有透過這種改革，始有可能走向專業化經營，並杜絕政治分贓，政治關說等惡習。由於國家控股公司將政府一切經濟行為皆納入管理，那種官僚結黨，動輒找個名目，胡亂成立這個那個基金的亂象，也將受到遏止。而像阿扁這種賤賣國產，輸送利益到自己家中金庫之事，也才可能不再發生。

台灣的「國家資本主義體系」，其結構超複雜，不透明的黑箱遍布。有正牌的國營事業，一大批轉投資的公司，基金和法人，以及公款入股的機構，它藏汙納垢，都是我們的納稅錢，現在它真的到了要重新部署及調整的時候了。而第一原則必須確定：我們每個人都是等著領紅利支票的股東！

上 開場

扁家弊案背後的另一種潛規則

只有一個人或一家人，做不出真正大壞事。真正會禍延後代的大壞事，需要一夥人。因而當大壞事出現，除了要追究那一人一家外，更重要的或許是去反省那一夥。

扁家弊案發生到目前的首波偵結起訴，由於扁珍一家人的目標太大，因而成了聚焦對象，頂多也只延伸到民進黨的共犯結構問題。對於那夥，反而普遍被忽視。問題是，若那種成幫結夥的文化與價值不改變，將來又如何？

扁家弊案結構龐雜，那一大夥其實問題重重，計有：

一、最核心的當然是扁家，他們得勢後即成了人們眼中的「今上」、「王子」、「駙馬」，加上雞犬升天的一串皇親國戚。我們雖然口說自由民主，但多數人的心裡仍烙著帝王宮廷的那種價值，並透過互動將這種價值賦予扁家人，於是阿扁愈來愈像皇帝，扁嫂則愈來愈像皇后。扁家行事其實是有「潛規則」的，那就是古代宮廷政治的再現，也正是這種「潛規則」，只有身分而無權力的扁嫂，才能夠利用「非正式」的身分恣意干政。由此已可看出人們心中殘餘的帝王文化是如何深厚。

二、扁家弊案有多個穿針引線的關鍵人物，他們靠著同學同鄉關係進入那個特別權力的網路。十七世紀法蘭西學院院士拉布呂耶爾（Jean de La Bruyere）就曾說過，「大人物身邊一定會有若干惡徒，去做不能讓正人君子去做的事」。扁案裡的好多個就屬於這種現代版的惡徒弄臣：他們唆奸使壞、牽猴捉豬、做盡壞事。一個現代政府，最可貴的乃是決策分工清楚且透明，這叫做「權力正式化」，而出問題的國家，則多半「正式權力」被放一邊，只當橡皮圖章來用，而「非正式權力」則暗中主導。這種問題縱使到了今天仍極普遍，扁家弊案只不過用非常戲劇化和荒誕化的方式展現了出來。

三、扁家弊案有著另一個核心，那就是一大群企圖利用特殊政商關係而牟得暴利的商界鉅子。他們走後門，開小路，獻諂媚，送賄賂。這其實也是台灣長期以來政商勾串的另一側面。任何政府都是最大的買主與金主，但台灣在這方面從不制度化與透明化，才有財團富商忽焉投藍，又忽焉投綠，厲害者藍綠通吃的局面。而台灣至今仍未嚴格規範的政治獻金制度，則成了他們上下其手最好的政商勾串通路。

有關財團富商的這一塊，我們已可看出除了極少數是被敲詐勒索外，絕大多數都是心甘情願在玩他們政商勾串的遊戲。對這些兩面討好的財團富商，是否可以用事後招供來換取刑責豁免，已大有爭論的空間。而今後政府是否能改革並透明化，讓商人規規矩矩即可辦事，不必再藍綠之間勾串來勾串去，或許才是更重要的待行工作。

四、扁家弊案還涉及許多公務員。公務員理應崇法奉公，但在台灣，由於長期的政治風氣惡劣，我們早已形成了一種「公務員家臣化」的特色，其結果則是扁案中的「奉命違法」

及前調查局長的「主動協助違法」。一個公權力體系，必須對抗拒「奉命違法」者有保障及鼓勵，此即西方所謂的〈吹哨子法案〉（Whistle-blowing Acts），即〈檢舉法案〉。「奉命」和「服從」並不一定是美德，或許台灣已必須對此展開更大的立法改革了。

五、扁家弊案裡，另一個被起訴的南港展覽館案，有七名擔任評審的學者專家因受賄當橡皮圖章而遭追究，這是另一讓人痛心疾首的課題。學者專家一向被認爲有較高專業良知，但近年來這個群體早已淪爲權力附庸。許多政府機構在招標，ＢＯＴ，或環評問題上，也找「新御用」的專家學者來推卸及轉移責任，其弊端已眾所共知，學者專家的墮落，已成了台灣教育學術界必須嚴肅面對的課題！

以上所舉五端，乃是扁家弊案的「潛規則」，它違背了現代管治的準則，也不符正義要求，但它們卻是一套大家習以爲常而且運作方便的模式。「潛規則」乃是文化及惡劣體制的積非成是，在司法追究弊案時，這部分所涉及的，可是另一個更大的改革工程啊！

為二度無保釋扁說些公道話

台灣政治擾嚷不已，關鍵因素之一即是整個體制的上層，對許多重要問題，特別是具有「共業」性質的問題不去處理。例如政治獻金灰色無比，行政與立法部門就從未設法將其重新規範；國務機要費及特別費問題，檢察體系上層早該統一定義，但也卸責推諉至今：有些下級法院的裁定引起爭論，上級法院也只會推託發回，基本問題不釐清，那種惡質的政治擾嚷也就難以止息。

而這種政治擾嚷，最惡劣的乃是基本問題不釐清，那種灰色所助長的黨同伐異，找題目做文章，玩「陰謀論」，扣帽子等習性也就一直持續。這種事情在綠營固已司空見慣，在藍營也從不匱乏。藍綠如此相煎，遂使得有時候若有人做出超越藍綠，純粹就事論事的決定時，不是得罪這邊就是得罪那邊。阿扁二度被裁定無保釋放所引起的風波就是一個最好的例子。

扁家弊案，乃是台灣的世紀大案，因而許多人都巴不得把他抓起來、關起來，而後判之以重罪。這樣的社會氣氛當然有其道理，這也是他一度無保釋放即輿論譁然，二度無保釋放更群情激憤。有些人甚至於陰謀論出口，把「法官是民進黨暗樁」這種帽子扣上。

裁審法官是不是民進黨暗樁我不知道，但對這起世紀大案，由於它對台灣未來政治發展及司法威信具有至關重要的指標及先行意義，司法無論在程序及將來證據推理判定上，都不容有任何啓人疑竇的疏失，否則就難免造成更大的紛亂。這個案子不容有任何媚俗的空間！

或許正因有懷於這樣的歷史重擔，法官兩度裁定阿扁無保釋放，其實是很有司法高度的。檢察官辦案，可以調查、偵訊、國際司法協查以及說服某些當事人招供，所有這些都必須落實到證據上。正因一切已落實到證據上，所謂串供翻供也就不再有意義，法官稱「檢察官已就本案相關事證加以鞏固」，這是重要的兩面話；檢察官必須將口供落實爲事證，因而串供翻供已無意義，但若檢察官尚未將事證落實，仍擔心串供，那麼檢察官可得擔心了。

其次，扁案仍有大批金錢尚下落未明，這當然可以當做有逃亡之虞的理由；但換個角度言，阿扁其實有更多不會逃亡的理由：此案仍有可辯護之空間，何必逃亡？阿扁逃亡的後果比自殺還嚴重，他怎麼可能逃亡？因此，理由其實不重要。阿扁始終有隨扈跟隨，他的行蹤從來就是國安事務，怎麼可能逃亡？既無串供及逃亡之虞，只要強化回籠條款，使阿扁在往後這段期間被約束，不做出有違形象觀瞻的動作，其實也就夠了。

給予被告基本人權的尊重，貫徹無罪推定的原則，讓司法從原理原則起就更加進步，也可使法官本身更加心無罣礙，將來才有可能做出不必怕這怕那的判決，當事人也才沒有扯東扯西的口實。法官在司法程序上嚴守分際，這比媚俗的把他圍起來，已高明太多了。這種高度哪是動輒扣人帽子，只求爽的人能理解的！

由阿扁二度無保釋放，其實已出了另一個台灣尚少被注意的課題，那就是台灣公務員或非公務員，長期皆唯長官、主子、權力是從，貪圖僥倖。在事發後或因畏罪，或因良心發現而轉爲汙點證人。在世俗價值裡這是「出賣」與「背叛」。

這種人在得慶減低其刑時，也將同時受到過去密切交往的群體排擠甚至痛恨。他們面臨壓力之大，超過一切人的想像。這種型態的人，乃是政治及社會轉型，連帶著道德價值也同樣必須轉型時刻的「角色型」人物。這種人不值得被歌頌，但卻必須被體諒被保護，以免這種精神壓力毀掉他們後來的人生，並讓社會轉型因爲他們的不幸例子而受到阻礙。

有關汙點證人的問題，儘管不宜做爲再押阿扁的理由，但他或她們背後所隱藏的人性與道德問題，或許才更值得人們同情，並爲他們多多費心吧！

上 開場

不是不統、不獨，而是既統、又獨

「胡六點」發表後，各方解讀不一，而且頗多「選擇性的解讀」成分，有的避重就輕，有的則藉題發揮。其實，「胡六點」字字皆有針對性，他的話有一大半是說給馬英九聽的。由最近半年多來，兩岸四度高層放話，即可清楚看出整個話語的脈絡。

首先就馬的兩岸立場而言，他在大選前先是「終極統一論」，而後變爲「台獨選項論」，最後又變爲看起來最安全，其實也是最不知所云的「不統不獨論」。儘管對這種大幅度的搖擺頗有疑惑，但北京皆視之爲「選舉語言」，何況馬尚未當選，對此當然也只能姑且聽之。雙方真正的互動與揣摩，則要到馬蕭當選之後。迄至目前，已有了兩回合四度交手。

第一次是尚未就職前蕭副總統當選人出席「博鰲論譠」的「蕭胡會」，蕭啣馬命，做了十六字的放話，最先的四個字是「承認現實」。在馬的意識形態裡，兩岸分立是「現實」，北京必須承認這樣的「現實」。

第二次則是國民黨主席吳伯雄訪問北京時的「吳胡會」。胡也說了十六個字，前四個字是「建立互信」。這四個字看起來稀鬆平常，其實卻重若萬鈞。根據個人所知，北京認爲兩岸間有兩個現實，一個是內戰延續的「歷史現實」，另一個才是兩岸分立的「對立現實」，必須同時承認這兩個「現實」，兩岸才可能有「互信」，否則即和「兩個中國」、「B型台獨」、或稱「獨台」無異。胡的「建立互信」乃針對「承認現實」而發。胡對馬的疑慮已初步顯露。

雙方經過第一回合你來我往的話語交手，彼此的差異業已具現。當然也應相互調適而磨合，但情況卻顯然並非如此，於是有了第二回合的另外兩次話語交手。

第三次是陳雲林抵台，馬在接見雙方談判代表時，也說了十六個字，前八個字是「承認現實，互不否認」。這意謂著他對胡的「建立互信」無意理會及回應。於是就有了第四次的「胡六點」的出現。

根據個人所知，在那個其實並不算「馬陳會」的「馬陳會」後，北京已對「承認現實，互不否認」做了理解並定性；同時也對馬不斷投書放話在國際空間及飛彈問題上表態做了分析，因而決定必須做出更清楚的敘述，不再繼續玩那高來高去的十六字語言遊戲。「胡六點」第一點的第一個句子「恪守一個中國，增進政治互信」，其實就已把「建立互信」做了演釋；而在第五點國際空間問題上，則明言要「在不造成兩個中國，一中一台的前提下」。這已可說是北京對馬的疑慮已正式表示了出來。

因此，「胡六點」在具體問題如「綜合性經濟合作協議」、「兩岸文化教育交流協議」、「和平協議」、「軍事安全互信機制」等方面都做出正面承諾，也首次對台獨做出呼籲。而除這些之外，其他部分幾乎皆針對馬而發。

上 開場

據個人所知，北京之所以會在馬就職超過半年後做出這樣的決定，乃是在這段期間北京觀察馬的政治風格及其話語邏輯。認爲他其實充滿了兩面性，而他的兩岸日程表也都主要是基於內部，特別是基於選舉的考量，因而缺乏實際性。而可能更嚴重的，乃是馬並無領導台灣共識的能力與意願，只是在「終極統一論」和「台獨選項論」被兩端所批後，即找了最安全的「不統不獨論」，遇到重大問題時即以「尊重各類民意」做爲自己不領導的藉口。「胡六點」許多政治性的發言要點：可以說即是針對馬的閃躲而發，只是話講得委婉而已！

「胡六點」已確定將是馬任期內北京對台的基本政策框架。由這個架構及其預留的曖昧彈性空間，其實已顯示出馬那種「不統不獨論」，大概已到了難以爲繼，內外都無法再討好的地步。而盱衡兩岸的兩個「現實」，「既統又獨論」或許才有真正的交集，兩岸經過兩回合四次話語交手，球現在已被踢到了馬這邊。這將是個關鍵球，語言遊戲將不足以應付，我們等著看馬會怎麼踢回去！

人有七罪，也有七種壞領導

周末讀哈佛大學甘迺迪政府學院「公共領導中心」研究部主任芭芭拉・凱勒曼（Barbara Kellerman）所著的《壞領導》，一則啞然失笑，另則悚然而驚，它對我們的政治人物足堪警示。

凱勒曼教授在此書裡借用西方中古教會有關七宗罪的概念，認爲當今世上也有七種壞領導。依序爲：

「無能」（Incompetent）：缺乏意願和技巧來持續有效行動，而對重要領導能力挑戰，則創造不出正面改變。

「剛愎」（Rigid）：僵化且絕不認錯。雖然他們或許有能力，但卻不能也不願去採納新觀念、新訊息，去符合新時代。

「不自制」（Intemperate）：缺乏自我控制，並受到那些無意願也無能力有效干預者的幫助和慫恿。

「無情」（Callous）：麻木不仁，對別的群體，特別是臣屬團體成員需求和願望根本忽視或拒絕理念。

「腐敗」（Corrupt）：他們說謊，欺騙和偷竊，超過了規範許可，他們將自我利益放在公眾利益的前頭。

「褊狹」（Insular）：他們對自己圈外但仍必須直接負責的別人，根本小看或不理會其當有的福祉。

「邪惡」（Evil）：領袖及其徒眾人格凶暴，以痛苦爲權力之手段。他們對男女以及兒童的傷害極大，這種傷害包括了生理、心理，以及兩者兼具的各個層面。

上述七種壞領導，在我們社會裡從不匱乏，只要稍做對比，即不難找到人對號入座。其中比較特殊而值得特別注意，但卻常被忽視的則是「無情」，它經常也和無能、剛愎、褊狹等有關。

在正常且妥當狀態下，領導人及其隨從者須有著「真實的意見交流」從而形成有效的共同目的，這也就是所謂的「團隊建造」。而「無情」則恰恰好就是「團隊建造」的反面。它是一種獨特的自以爲是，孤芳自賞，踐踏別人，榮耀自己的領導方式。凱勒曼教授舉了如下幾個例證：

第一是檢察官出身的紐約市長裘利安尼。此人絕頂聰明，而且做秀出鋒頭本領超一流。他在當檢察官時掃黑抓人，就懂得放消息給記者，讓他曝光成爲掃黑英雄。「九一一」時他也做秀做得聲譽鵲起。但事實上則是此人冷血、跋扈、麻木，只懂得討好附和中產者的保守價值，而對進步價值毫無貢獻，他任內也是紐約警察暴力最猖狂的時刻。他是靠偏見及做秀而竄到市長的人物，但也到此為止，反而是後來被看破手腳愈來愈下跌。

第二個乃是一九八〇年前期有「紐約皇后」之稱的妞娜・赫姆斯蕾（Leona Helmsley），此女為高檔住宅銷售代理出身，後嫁紐約房地大亨哈利・赫姆斯雷。她遂大展鴻圖，興建高五十一層客房千間，豪奢無比「赫姆斯蕾宮酒店」。但儘管此人光鮮亮麗做皇后狀，她對下屬則刻薄粗俗無比，動輒「髒鬼」、「髒手」等髒話咆哮而出。最後眾叛親離，她也以逃稅、造假帳、賄賂、勒索等罪名而被判廿一個月徒刑，「紐約皇后」成了「卑鄙皇后」！

第三個則是一度紅遍半邊天的「紐約時報」總編輯雷尼斯。他當記者時聰明伶俐，因而遂被不次拔擢而當上總編。但他當了總編後即開始作威作福，任意壓榨同仁，擅做主張而不理會同事的反應；一切總以為自己英明，做錯決定也絕不更改，並總認為是自己賞飯給同事吃，他的這些作為社內稱之為「自大、專斷、獨裁、自認施惠、蠻橫」，最後是天怒人怨而下台，只幹了廿一個月。

最後一個則是上世紀九〇年代曾叱吒風雲的「陽光公司」CEO唐納普（Albert J.Dunlap），他用短線方式搞公司，用刻薄的裁員等方式來炮製業績，炒高股票，一度被捧為「最強悍的經理人」，但不旋踵，他舊招無效，只幹了廿個月即被開除，公司也被搞到破產邊緣。

領導人「無情」，只顧自己而不理會別人死活；做錯事也從不改正。這是另一種自認聰明者的下場。「無情」通常都會造成無能、剛愎及褊狹，能不慎哉！

上 開場

「復甦」這地方，我們已回不去了！

經濟有它專技的觀念和方法，但當用普遍話語來表示時，它的談論方式與一般說話並無不同。當代主要經濟史家黛德瑞・麥克勞斯凱（Deirdre N. McCloskey）就說過，經濟學的談話與說服，它在修辭上，其使用類比、隱喻、挑釁、煽情等方式，其實與別的說話方式並無二致。

而在當前，人們談論經濟時，就大量使用著一個意義非常曖昧模糊的比喻，那就是所謂的「復甦」。許多人說「下半年復甦」，「最慢明年復甦」等等。這種說話的方式，似乎是在講有那麼一個叫作「復甦」的地方，再等個半年一載，我們就可以回去了，而後繼續過著高出口、快成長、股市兩萬點、吃香喝辣的幸福日子。問題是「復甦」這個地方，我們真的回得去嗎？

過去廿年，全球的確擴張快速，而它的主要力道就是「債務」，這也就是專家所謂「債務帝國」結構性格局——美國以債養債擴張其似乎無止境的超前消費；而對內則信用寬鬆無比，以股市房市畸型繁榮支撐著未來，整個金融服務業的全球擴張，儼然已成全球繁榮推手。新興經濟體的出進口暢旺、消費勃興，其實都托庇這樣的結構。今天這結構所造成的超級泡沫業已破裂，我們當然可事後先見的宣稱是「華爾街肥貓惹的禍」、「全球早已成了超級老鼠會」，但指責後，我們又怎能指望那種結構再現呢？

在舊結構下，亞洲新興經濟體過去十年平均年成長率百分之七點五，爲全球其他地區的二點五倍；而去年第四季的成長大幅下滑，南韓甚至跌幅高達百分之廿一；至於日本則十二月分出口劇減三成五，台灣進出口則皆減少超過四成，工業生產則跌百分之卅二。如此驚人的數字，與其說是短期的景氣現象，毋寧更應視爲是與舊結構的訣別禮。許多人在談「復甦」，意思是說還有某種美好的狀態可以回得去，但回得去嗎？

去年十月以來，英國首相布朗和美國前財長鮑爾森都不只一次放話，希望中日俄及石油生產國將外匯存底貢獻出來，其思維模式其實就是企圖維繫過去那個「債務帝國」已不可能的結構；各國狂印鈔票救經濟，同樣是把致病之因當救病之藥。目前全球新說法之一，就是印鈔票救經濟，只不過是替無法預期的第二波金融海嘯做預備而已。

再以歐美漸興的經濟國家主義爲例，我們當然可以由現在的自由貿易觀點認爲它是保護主義在蠢動，但若我們回顧戰後「關貿總協」（GATT）成立以至後來改制爲「世貿組織」，當可發現今天的貿易秩序，乃是歐美逐步成長後將需求不足部分開始以配額制和自動設限制逐漸釋放出來所致，歐美的經濟國家主義漸興，只不過是它們自保的民粹鄉愁而已。由所有的這些動向，已可看出這其實是舊結構解體，新結構與新規則仍漫無頭緒的過渡狀態。美國新國務卿希拉蕊和財長蓋特勒都已明言，這是一種「典範轉移」（paradigm

shift）。

因此，「復甦」裡的「復」，遂變成經濟修辭上具誤導作用的比喻。它使人錯誤以爲，真的還有一個叫做「復甦」的地方或狀態可以回得去，但有這個地方或狀態嗎？

張愛玲的小說《半生緣》裡，男女主角相戀而歷經變故，後來又再相逢，但相逢又如何？女的說「我們回不去了」。他們當然回不去了，支撐舊狀態的所有因素都已成了過去，又能回到哪裡？既然緣只有半生，那後面的半生就只得努力，各自去追求幸福。而當前的經濟情勢不也相同嗎？舊結構所造成的狀態業已消失，我們其實已沒有一個叫做「復甦」的地方可以回得去。人們已不能等待「復甦」而是要努力的去創造新的方向與願景：我們有沒有本領去創發更新的知識性產業？是否能提升某些產業的附加價值？是否能在教育、醫療、社會服務、環境服務等方面創造更多非商品性的內需？在等待「復甦」裡浪費金錢和時間，將犯下最大的錯誤！

我們已沒有一個叫做「復甦」的地方或狀態可以回得去，我們只有努力去找路，這才是嚴酷但有希望的考驗！

比最後一名的，會變成最後一名！

在國際財經論壇上，從九七亞洲金融風暴後即有所謂的「最後一名的競賽」（Race to the bottom）之說。這說法主要是在描述許多亞洲政府及出口業界固定思維反應模式：一旦國際需求降低或生產供給過剩，而使得出口競爭趨於尖銳；或內部經濟出現困難而需要找到突破點，皆二話不說立刻想到貶值這個最容易的手段。

而一旦將競爭力窄化到只剩匯價差異，大家就會在匯率低估或高估上做文章，不願被別國賺便宜，這就是競貶之局，比來比去就變成了「最後一名的競賽」。

在經濟情勢嚴峻的時刻，由於貶值手段最容易而且也有出口商的「商粹主義」支持，它會讓人覺得似乎不無道理。但經濟不是只有出口而已。貶值在以爲可以得到出口利益的同時，也必須付出其他可能的代價；如它會增加進口成本，若某些進口項目爲民生關鍵，就會引發「進口驅動的物價上漲」，從而挫折了內部消費；如果政府或公司有以外幣計價的債務，那麼債務成本就會增加；啓動貶值，在目前的經濟秩序上，會被認爲是自私的經濟「麻煩製造者」，會造成國家形象的受傷甚至招致非議與抵制；貶值會整個降低了以國際貨幣計

價的國家經濟規模甚或大退步；貶值在資本市場上會被認爲是「不友善」的行爲，降低投資意願。

以上所述，都已是老生常談。因此貶值說說可以，但不宜輕啓。在有些情況下，它在未見其利之前，可能就已先見其弊。

由貶值刺激出口這種思維模式，就必須提到亞洲國家過去長期以來在經濟政策與經濟行爲上的一個重大瓶頸，那就是從戰後以來，以出口帶動成長這個模式就已根深蒂固，因此拚成長就得拚出口，這是一種單向的選擇模式。過去十年裡，亞洲出口在ＧＤＰ裡所占比重由百分之卅七已增加到平均百分之四十七；而相對的則是消費所占比例在廿年裡則由百分之五十八降到百分之四十七。這是一種極不均衡的經濟狀態。過度強調出口，而疏忽了內需的量與質的提升，其實也是整個台灣社會在質地上相當粗糙的原因。

其次，則是這種以出口爲主的單向思維，近年來已集中在資本密集，以全球市占率爲利基的電子產業。這種產業對就業的貢獻率極低，而在衰退時代，它的風險彈性也小，把精力全集中在這種產業，亞洲產業裡必須有高度工藝含量，高度服務品質含量，高度創意含量的部門遂全部都低度發展。今天全球需求銳減及資本密集產業供給過剩，台灣那些資本密集公司一季虧損就隨隨便便都是幾百個億；而其他產業的低度發展也使得台灣薪資所得在高低之間差距極大，由薪資的Ｍ型化，社會的Ｍ型化，全都是出口導向經濟思維的副產品。當一個社會的所得愈不公平，以內需來緩衝衰退的能力就會完全喪失。這也就是所謂的「雙衰退」——出口衰退的同時，內需也同樣比例的衰退。

因此，出口導向的經濟思維，將精力集中在資本密集科技產業的思維，可能都已到了必須重估，並將經濟往更加工藝及科技含量，服務品質含量，創意與文化含量等方面加以調整，或許才是更均衡，也是出口與內需並重的新思維。包括台灣在內的亞洲，依靠美歐的進口而成長的時代業已結束，最近美歐經濟出現危機，希望亞洲的內需能對當前的衰退提供助益，但他們都發現到亞洲的體制，幾乎完全提供不了幫助。美歐對亞洲的出口導向經濟已愈來愈有意見，並主張亞洲應該有更均衡的經濟策略，這種見解其實是相當有建設性的。

因此，處於這樣時刻，亞洲任何國家若因襲過去那種出口優先舊思維而有意啓起貶値這手段，已顯得更加不合時宜且被認爲相當惡意。目前全球衰退，貶値手段邊際效益已減，它不會有作用，只徒然讓「最後一名的競賽」者，真的變成最後一名！

上 開場

台灣的「民主赤字」無限大

過去幾年，美國《基督教科學箴言報》先提出，後來《紐約時報》及《經濟學人》也相繼廣泛採用一個新的觀點，那就是所謂「五十對五十社會論」（50-50 Society）。

這觀點乃是用來描述布希八年任內的美國內部政治，這八年裡共和民主兩黨惡鬥到了不可思議程度。共和黨要把「新右派革命」的國際單邊主義及放任的美式資本主義走到底，而理念清楚但宣傳手法拙劣的民主黨吃盡苦頭，甚至連「自由派」（Liberals）這個他們的道德標籤都被醜化成了「L字頭的髒字眼」（L-words），民主黨節節敗退也只好轉趨激進，以杯葛鬧事取勝。於是內部日益分裂敵對，成了典型的「五十對五十的社會」。其特性是：

一、兩黨的意識形態差距拉遠並互不讓步，古典民主所謂的「民主互動」及「彈性調整」那一套機制已完全喪失，以前因爲能互動彈性，政策得以微調；現在則已無微調可言，只剩巨調。美國的政軍經濟都是極端到搞不下去才在天怒人怨下喊停，留下一個超級爛攤子給人收拾。

二、由於長期兩黨惡鬥，這種惡鬥例行化已使得兩黨的政治語言及政治邏輯都已固定。

縱使共和黨已大敗，但它在國會及媒體仍大量使用著以前鬥爭概念和語言。這使得美國政治的鬥爭性格一直持續，而成了文化的一部分。

因此，儘管今天美國已政權輪替，但因那種「五十對五十的社會」架構及文化仍在，歐巴馬政府是否真能有所作爲，其實並不容太過樂觀。他的八千億美元救經濟方案爲了求快速通過而多方拼湊讓步，形同大雜膾；布希時代留下的財政爛攤子，至今仍無緩和的跡象，歐巴馬就職迄今，他的支持度已跌掉了九個百分點。由此已可看出「五十對五十的社會」所造成的副作用及政治殺傷力！

由「五十對五十社會論」，就可以進一步談到更早的「民主赤字論」（Democratic deficit）了，多年前就有著名公共財政學家諾貝爾經濟學獎得主布坎南（James Buchanan）率先提出此論並被後人延伸，用來指民主制度下，由於政黨、政客、政府各有其自身的利益考量，因而會造成財政赤字的無限擴張，以及民主投入與民主產出間的逆差。「民主赤字論」很可以解釋「五十對五十社會」的許多不正常的民主現象：如民意期待和政府表現的落差，政府總是花很多錢解決很少問題，政黨惡鬥使得民主投入與產出間的差距日增等。

在此提到「五十對五十社會論」和「民主赤字論」，目的是要借用來觀察台灣。自從去年底台灣經濟快速惡化以來，主張朝野攜手救經濟之聲就多次出現。去年底承「中華知識經濟協會」好意，邀我對此做了一次演講，我即指出可以有這種想法，但不能有此期待，原因是：

一、台灣是比美國還嚴重的「五十對五十社會」。長期以來皆政黨鬥爭而非競爭，因此

上 開場

「你的負債就是我的資產」，「你的問題就是我的籌碼」。過去國民黨在朝，民進黨如是；後來朝野易位，國民黨也如此；今天朝野再易位，民進黨還是如此。連競爭都不可能，談什麼合作！

二、台灣的政黨鬥爭文化已久，甚至連「合作」這種原本好意的字都被轉化成鬥爭詞語，還記得去年兩會復談，許多人主張「雙英會」，這個英說好啊，我們來談「反貪腐」；那個英則說好啊，我們來談「捍衛主權」。當人與人見面都急著要踩對方的痛腳，還談什麼？

三、台灣這種政黨鬥爭文化已籠罩了政黨政客和政府，還影響到各自陣營的媒體和名嘴，這邊眼中只有扁家弊案，那邊只有政府無能，這是台灣各類問題「客觀性」的失去。當一個社會已不再有任何問題是客觀的，而只有好惡厭憎，別說合作，連見個面都已多餘！

因此，二〇〇九年台灣除了經濟大衰退外，更值得注意的其實是「民主赤字」也將因此而更加的無限大。有人將更加搞衝突，有人則會更加畏首畏尾搞妥協，整個社會將更加零散而失去方向感。我們將很快就看到「民主赤字」的威力！

這張支票不一樣，它很難兌現

在去年大選之後，我就已指出，由於過去阿扁用「國民黨有人才不給我用」來為自己的治國無能找理由，因而產生了人們「國民黨有人才」的假象認知，其實國民黨自從老一輩技術菁英凋零後，它早就已人才斷層兩個世代。能夠看到問題而有見識的人物，在國民黨內早已有如鳳毛麟角！這也是台灣的「話語權」早已不在國民黨這一邊的原因。

而在經濟問題，特別是兩岸問題上，最堪做為代表，過去九個月，馬政府對兩岸經濟可有任何遠見與策略？當然沒有，它只是一相情願的亂開支票，開支票前也不和對方對話溝通，而認定了對方有幫忙兌現的義務，我們的「陸客觀光」如是，「大三通」如是，其他如「開放陸生」、「澎湖博弈」、「開放陸資」等莫不如是，而目前鬧成一片的CECA、ECFA當然亦如是，這種開支票要別人幫忙兌現的做法，開始時對諸如比較技術性而影響面也較小的「陸客觀光」等問題，或許沒有阻礙，反而能夠提前；但對CECA、ECFA這種影響面極大的課題，這張支票還會兌現嗎？稍加分析與研判，它被兌現的可能性極低！

最近這段期間，台灣對外沒有任何溝通對話，就丟出了CECA這張連內容都沒有的支

票，而且鬧哄哄成了天大地大的茶壺風暴。而這場茶壺風暴並不是沒有意義的，因爲它讓人們看透了各種立場人物那種自以爲是的一相情願：有人一相情願的認爲靠著CECA就可以暢通無阻的進入東協，而不知東協早已是個相當團結的整體，否則中日韓也就不必那麼辛苦的經過多年冗長集體談判才形成「東協加一」和「東協加三」了。有人自己提不出正面答案而望文生義，連CECA都會想成是CEPA。種種一相情願，最後換湯不換藥，只換了個帽子叫ECFA，而那種一相情願反而更重了：馬英九說對台灣不利的不開放；海基會副董事長高孔廉說若是要「一中」、「談不成就算了」；而國貿局長黃志鵬則表示，將來只談對台灣出口有利的項目，談的原則是：「得到多，給得少」，這種一相情願只想「得」的開支票態度，說的人在內部可以閃避掉反對派的攻擊，但誰會像以前那樣幫它兌現？

台灣內部爲了CECA和ECFA而鬧得口水滿天，而就在同時，我們則看到了一些重大而策略性結構性的變化：

——最近在觀念上，大陸已將台商視爲它內部的「本土產業」而大舉紓困，第一批包括十五家大企業，如南亞塑膠、捷安特、蘇州和艦等已獲台幣一七三億貸款；未來三年將對台商提供高達六千五百億台幣的貸款融資；至於台商中小企業部分，則將以地方財政支援，詳情仍在研究。

——大陸對台海兩岸早已展開策略部署。在海面部分（即以福建為中心而後延伸到浙江、江蘇），已將石化上中下游信息電子、機械設備等列爲重點，泉州的「台灣石化專區」已在推動，福建省政府的融資也可能高達千億人民幣。這意味著新一波台商西進已在啓動，這一波西進的利基之一即是在替「東協加一」和「東協加三」預作準備。

大陸的這些部署，其他方面仍多，在此不能一一舉述，它所顯示的是儘管台灣在鬧茶壺風暴，大陸當局已有了它本身的策略部署，它所代表的意義是甚麼，也就不必再多說了，大陸方面現在已學會了不在台灣問題上講難聽的話，它只是做它自己的事情。

因此，由ＣＥＣＡ到ＥＣＦＡ，不論帽子是甚麼，台灣要簡單的透過「雙邊」協議即得到「多邊」的利益，這是不可思議的一相情願，北京不會有興趣，東協也不可能有興趣。東協祕書長蘇林表示，東協會員國都只接受「一個中國」政策，兩岸必須自己達成某種相處之道，而後東協始可能與兩邊合作交往。他所說的其實乃是多年以來「博鰲論壇」以及歷次東協峰會早已達成的共識，它沒有太大模糊的空間。

因此，以為憑一相情願開支票，別人就要幫忙兌現；以為一紙雙邊協議，不付出任何東西就可得到一切好處，這不是欺人就是自欺。這種支票已愈來愈不可能。台灣真正重要的，或許就是東協祕書長蘇林所提，去找出兩岸自己的相處之道吧！

上 開場

台灣的鍍金年代，Game Over！

台棒連二輸，第一次輸得糊里糊塗，輸給了規則和運氣，這一次搞到四比一，就難看多了。於是罵的人罵翻天，有的則把職棒不放人當成替罪羊，好一場新的茶壺風暴！

猶憶去年奧運兩軍對壘，台棒隊一路領先，播報及評論名嘴說到對方時，語氣叫人歎爲觀止；對方打擊被三振，就說「真是幼稚園級，十年後再來吧」；對方投球被安打，就說「那種球速，沒有全壘打是他運氣」；對方表現有點亂節拍，就說「二流就是二流」。藐視對手，在嘴巴上刻薄自大，已成「愛台」氣氛下的慣性，而今天呢？

以台棒連二輸做爲引子，其實並不想只談棒球，而是想把它拉高到一個更大的脈絡下來看今天台灣的種種現象。這個脈絡就是哲學宗師之一的黑格爾所說的「時代精神」（Geist）。所謂的「時代精神」，指的是一個時代或階段，通常都會因爲種種原因而形成一種不假思索的價值或行爲模式，它是當時的風尚與習慣，也是一種政治正確，主流人物不會去挑戰只會附和，因爲挑戰就會自己招到抨擊和孤立。只有許多小眾慢慢營造氣勢或時代改變，舊的精神變得難以爲繼，它才會解體。

而過去廿年，台灣的「時代精神」是甚麼呢？在這個階段，台灣的反對運動出現爆發式的成長，伴隨而來的乃是「自由化」「私有化」也成了當令的口號，原有的財經秩序是「特權」「壟斷」「國家」（即政府）等於「無能」，「私人」則有了至高無上的道德地位。在這種時代精神下，政府再也不扮演領導角色，只懂得餵糖給敢吵的人，這種「政治的媚俗化」開始形成，直到現在更變本加厲。

在敢吵的時代精神下，開放銀行及兩次金改，以及路權、空中頻道權、國有土地、公共工程BOT化等遂一波波登場。這種開放其實並非一定不好，如果政府有能力有配套有原則，它未嘗不是整體提升的契機，但實情呢？開放銀行後，一堆爛銀行不知掏走國庫及儲蓄戶多少金錢；而所謂「金改」則是官商勾結開始大型化，扁家弊案即是證明。台灣幾大金控資產快增好幾倍，是他們「賺」來的嗎？當時不是，而是「分」來的。

而台灣金融能力有提升嗎？無論洛桑管理學院或「世界經濟論壇」競爭力分項報告，台灣金融服務都掛在車尾。金融、交通、頻道秩序等的混亂與降等，及數之不盡的工程弊案及蚊子建築物，都顯示過去廿年台灣在玩的是「分財產」「吃國家」的遊戲；除了分既有的財產外，還分未來的財產——過去那種聖誕老人式的減稅就是例證。

這種「分財產」的時代風尚，它所造成的效應是：

——無能且無擔當的政治風格開始在台灣被固定化，分既有的財產和未來的財產已成了政客解決問題的萬靈丹。歐洲美國被情勢逼急了至少還敢增加富人稅及抓逃稅，但這種事在台灣根本不可能發生。我問某大官，大官說：「何必顧人怨！」

——台灣長期「分財產」，當然產生許多大大小小的新興富人：男的叫名流，女的稱貴婦。由於過去全球景氣還可以，台灣遂顯得光鮮亮麗，這乃是台灣式「鍍金年代」（Gilded age）。問題是靠著「分財產」而帶動的繁榮，儘管光鮮亮麗，但畢竟是鍍金，並無真正的含金量，一旦歲月侵蝕，裡面的鉛條就快快露底。馬克吐溫當年會寫《鍍金年代》這本書，就是他眼見十九世紀末官商勾結，整個社會充斥著誇張的假性繁榮而心以爲危，他不幸而言中！「鍍金年代」已使人創造真正財富的能力被蛀蝕。

——而我們也可以回想過去廿年裡的鍍金景象，我們社會自大浮誇的習性傳染到了每個領域，棒球文化只是其中之一，用台灣自己的話來說，就是「看自己的肚臍眼，愈看愈歡喜」。它已形成了獨特的「愛台」文化。它早在阿扁戲劇化的搞「愛台灣」之前就已存在。

分財產，鍍金式的繁榮，愈看肚臍眼愈歡喜的文化，以及媚俗討好的政治風格，這就是台灣的時代精神，也是故步自封的一種型態，而以後呢？

我們在打仗，你別只開BB玩具槍！

美國人無論任何黨，絕大多數人都承認，卡特無論人品、行爲、才學，都是個好人。但他幸而當選總統卻是個一點也不美麗的誤會。他上任不久即行情跌到谷底，而且再也無法恢復，只幹了一任就無法蟬聯。卸任後他恢復好人身分，聲望才告回升。好人，但卻是不好的領袖，卡特是近代最足以說明的例證。

卡特真的是好人，他自己開農莊種花生，做個小州喬治亞的州長反正也沒有大挑戰，平平就已算優秀。後來他參加大選，自己拎著西裝套到處趕場，這種平民作風也討人喜歡。他笑容親切、待人謙虛、說話輕聲，這些都是他當選的本錢。

但甫告就職，卡特那種不夠格的特性立即表露無遺。套用法國南希大學決策研究教授波里昂（Christian Bourion）在近著《情感邏輯和決策》裡的理論，卡特具有「逃避挑戰型人格」（The Avoiding Personality）的特質。任何挑戰和難題他都覺得麻煩而容易受到傷害。因此他根本不想碰也不願碰。他上任時，「後越戰」的美國共識凌亂，他不去碰。當時第二次能源危機造成的傷害未復，他也不想碰。他逃避問題的方法乃是只講空話大道理，以及表

現他和善的那一面。後來美國評論家喬克萊（Joe Klein）遂在著作《失去的政治》裡指責他是「以風格代替實質」，他的助選功臣，後來在民主黨智囊界極有成就的羅勃席恩（Robert Shrum）在他當選後立即請辭，他在辭職信裡說道「你甚麼也不介意，你只介意你自己」。

而最離譜的是，他就任後美國百孔千瘡，曾在大衛營廣邀民主黨政要菁英希望制定時間表。開了十天會，大家談的問題他沒興趣，好像也聽不太懂，中間還一度覺得乏味而落跑，找個農家去話家常。十天會後，他毫無啓發，當然沒有決策，全體人們期待的會議在他的空話中落幕。當時共和黨的智囊沃斯琳（Richard Wirthlin）聽了他的講話後立即鐵口直斷：「這個人玩完了。」有一個民主黨的州長則氣得大罵：「我們正要進行一場道德戰爭，你卻只會開ＢＢ玩具槍！」

因此，卡特是個讓人既惋惜又痛恨的人物。他是個好人，當個天下本無事的小州州長也就可以了。但時來運轉，他卻要擔起重建美國這個他完全無能力無準備的大任。民主黨期望他成爲一個「突破」和「轉型」的總統，這是他承擔不起的重。當心態、能力與準備不能與責任相匹配，他唯一的選擇就是逃離責任。卡特很少談具體難題，不願在做選擇後被另外的人批評，只想靠「風格」得到肯定。他的四年做得痛苦，美國人民更痛苦。

今天回頭再看卡特，他最大的失敗其實是整個民主黨都被拖累。他當選時正值民主黨主流不振，共和黨則被越戰搞得全民反感之際，他以民主黨非主流身分當選，如果他真有能力和遠見，那真是千載難逢重建共識的好時機。但他這個不敢，那個不懂，更多的則是不願。一九七七至八一這關鍵的四年在他手中被蹉跎。他把這個機會丟給了雷根，也給了共和黨後來長期主導美國的機會。從黨派政治及美國發展的角度看，卡特其實是民主黨的罪人！

卡特是個好人，他誠實和藹謙虛、會寫童話、小說與詩，全部著作多達數十本。他閒暇喜歡自己動手做，造房子和修房子皆本領一流，他也常去做造房子義工。此外，他也關心國際公義，喜歡替弱者鳴不平。如果美國有一種職務叫和平親善大使，他是不二人選，這也是他後來得諾貝爾和平獎的原因。但卡特可以做許多職位，卻就是不夠資格擔當美國的總統，卡特只會去做普遍好評的事，這種事只有義工可以，做總統則絕不可能。

好人和好領袖有別，有少數好人也可以是好領袖，但也有些好人因爲放錯了位置而淪爲壞領袖。由卡特這個好人但卻是極糟糕的領袖，它其實已等於提示我們，這兩者之間並無等號關係，卡特這種例子還是少一點比較好！

上 開場

台灣「X很大」，最後「輸很大」！

近年來，台灣無論搞政治或玩廣告的，在語言符號的操作上都日益爐火純青。最近鬧翻半個天的「殺很大」，以及抖動得讓人發暈的「震很大」及「摸很大」，就絕對是廣告上的經典之作。

因爲這幾則廣告所訴求的「很大」是什麼，他們自己知道，每個人也都知道，它可以滿足人們那種「幼齒崇拜」的「童顏巨乳」性感想像，同時卻有「殺」、「震」、「摸」這種高度雙關觀念來保護及供人聯想。當有人嗆聲，即可以回應此「殺」非彼「殺」，是指線上遊戲的「殺」，這裡的「震」，是工人工作時的「震」。這和另一個「摸很大」有異曲同工之妙，麻將本來就是「摸」的！

因此，「殺很大」、「震很大」、「摸很大」，都是語言符號絞盡腦汁到了極致境界之作。當某個語言或符號能被發明並流行，它一定投射並反映了該社會的某些氣氛，因而該語言象徵遂可以自己一路發展下去，於是由「X很大」，遂有了後來的「醜很大」、「博很大」、「貪很大」，以及軍中弊案的將官星星「賣很大」等等。近年來每到年底都會選出代表該年度特性的關鍵詞，現在距年底還未走到一半，但我們已可鐵口直斷，「X很大」必屬二〇〇九年的關鍵詞，因為它已把當今那種每件事情一定會搞到誇張離譜之極致的搞法具體而微的顯露了出來。

台灣已成了「X很大」的社會，每件事情非搞到「很大」，否則即不會甘休。這就讓人想到紀元前一世紀時古羅馬政治家及哲學演說家西塞羅的名言。西塞羅看到當時羅馬帝國每下愈況，任何事都在袖手無為下走到荒唐離譜的程度，他遂感慨的說：「智者的指針是理性，差一點的人則靠經驗，最無知的只有受制於必然性，而禽獸則靠本能。」他的意思是說，智者和差一點的人，至少都能根據理性的原理原則或人間的經驗，知道什麼可做及不可做，因而縱使品質不能更進步，但也能維持一個差不多的局面；至於更差的，則只有一切順其自然像水往低處流一樣非搞到「很大」，否則就不會察覺。

在最近「X很大」種種風波裡，「亞洲政經風險公司」「貪汙評估報告」裡，台灣首次落後於大陸，這下代誌大條了。因為近年來台灣每下愈況，我們早已弄成一種習慣，無論誰我們都不敢比也不去比，只和大陸比，只要贏過大陸，就覺得舒爽，證明我們的優秀。棒球我們早就不跟日韓比了，只有連兩次「輸很大」給了大陸隊，才被定位成「國恥」。而在貪汙問題上，我們也早就不跟香港、新加坡比了。而今居然連大陸都已比不過，這怎麼得了！

其實，「亞洲政經風險公司」的評估，乃是對亞洲政經菁英，特別是外商所做的意向調查，它並不客觀，但因外國商人多少都有一些反中情結，因而它的不客觀是向台灣這邊傾斜的。台灣因而能夠被列在星港日澳這個層級的下方。但近年來台灣在許多方面早已出現倒退

的「第三世界症候群」，這種向台灣傾斜的態度已逐漸改觀。這次貪汙評比，台灣在所有的華人社會已成了最後一名。

正如同棒球須兩次敗給大陸隊才開始緊張，台灣反貪也要等到評比落後於大陸後才開始喊話。這就讓人須提到傷感情的問題了。現在早已不新的新政府上台迄今已快一年，在這一年裡，台灣的媒體提過多少意見要它縱使不能興利，也該好好除弊。今天軍中的賣官案早已陳舊得發霉了，但它有去辦嗎？台灣弊案多到一拖拉庫都載不完，除了扁案外，有那個案子被當成正事在辦？如果不是板橋地檢署不小心捅出軍中賣官及性招待等案情，此案不就在鄉愿做好人裡被吃掉了！自己有權不好好去除弊，只有等到外國顧問公司發表評比報告才開始有動作，這種動作有多少真誠的含量？又會有多少效果？等拖過了「五二〇」，又是一切回復原樣，什麼都沒有發生，什麼都被忘記。

台灣各種「X很大」仍持續在出現，許多事只在第三世界出現過，此刻已成了我們的常態，再這樣下去，最後的結果不就是「輸很大」嗎？

放話是一種柔性的宮廷版權鬥

西諺有曰：「有了這樣的同志，還需要敵人嗎？」這句話是指當一個團體的紀律和文化趨於惡質，這時候所謂的同志遂會被視爲比敵人更可惡可恨，於是一堆同志內鬥起來，其慘烈程度更甚於外鬥。而這種情況，目前台灣的兩大政黨都難以倖免。它目前正在發生，往後只會變本加厲。

先說在野的民進黨，此刻的民進黨背了阿扁貪腐弊案的包袱，處境本來就已相當艱難。如果阿扁能痛切悔過，對民進黨的再出發當會有極大的助益。但阿扁這個同志，卻顯然不是這樣的人，他不但老是替民進黨出難題，更可慮的乃是他仍在等待羈押期滿，而後全台串聯。他雖然不可能另立黨中央，但有了他的這一攪和，不但民進黨的印象修補會被拖延，整個民進黨的內爭也會加劇。阿扁已綁架了民進黨。民進黨的人，應該會有「有了這樣的同志，還需要敵人嗎」的感歎！

民進黨內鬥方殷。但値得注意的是，民進黨大大小小的政客都鄉氣極重，鬥起來都不修飾，它是一種直接、粗魯，沒有甚麼可以客氣的鬥。這是一種「草莽之鬥」。

至於國民黨，它的內鬥局面也沒有好到那裡去，反而因爲它是有資源有利益的執政黨，鬥起來更加的不手軟。但與民進黨不同的是，或許真的是它的博士較多，鬥起來就間接多了，高明多了，這種內鬥之高會讓人想起古代的宮廷。那是一種表面柔性，其實是更厲害的權鬥。

古代乃是後代修前朝史，由於歷史家們注意到每個朝代總是有一些人結黨營私、鬥來鬥去，其尤者乃是甘爲鬥爭之鷹犬，或者挑撥、或者詆譭。愈是朝代昏庸，這種人愈能發揮威力，終至斷送了一個朝代。於是歷代正史裡，都固定有臧否人物的佞倖篇。我讀《明史．閹黨傳》，最感慨的乃是講到顧秉謙和魏廣徵的部分，他們都是進士出身，官也做到內閣大學士，這種皇帝的高官親信，自該一心奉公爲皇帝分憂，但他們卻與宦官勾結，利用他們的比較有學問，寫出《稽神便覽》這種混蛋書。只要是自己這邊的人就歸爲「正人」、「君子」，不是自己這邊的，就是「邪魔」，透過這種道德二分法，而且好的帽子在自己這一邊，鬥起別人來也就更能自鳴正義，再怎麼手不軟也都有了理由。正因爲有了《明史》的教訓，我對只要本質上是權力鬥爭，它的任何理由就已不值一顧。因爲道德法西斯掩護下的權力鬥爭，鬥到後來一定是只要和他們不一樣的人必然被鬥，在鬥盡天下人之後，只剩他們自己！

最近，國民黨有那麼幾個總是天天在放話，就是古代宮廷內鬥的現代版，他們不是中傷這個，就是暗算那個，其目的就是要透過放話來爲某種目的造勢。由於它吃相太難看，而且傷人太陰損，於是國民黨層峰遂急忙出來安撫摸頭，演出一場溫情肉麻秀。由這些畫面，就讓人想到，最近國民黨不是正在蔣經國百年冥誕上大做文章嗎？蔣經國昔日爲政還算英明，最關鍵的乃是他首重人品，只要有人到處中傷放小話，只要有人搞動作討喜歡，他對這種人就永不錄用。同志就是同志，用敵人手段對付同志的，最後連主子都會被賣掉！蔣經國任內，國民黨內沒有人敢挑撥離間，沒有人放話插針和內鬥內耗，因爲他們知道，這種事情只要一有了開始，它就非搞到眾叛親離，否則就不會停止。

近年來，亞洲經濟日益重要。但亞洲的民主卻負面樣板日增。南亞的印度讓人領教了選舉暴力，泰國則讓人看了群眾暴力的可怕。而台灣與南韓則讓人警惕到，民主不能是選出個「民主皇帝」，也不能選出個「民主朝廷」。民主要規規距距的實施政黨責任政治。民主也必須要有充分溝通的民主文化來做爲支撐。如果民主的結果，喚起的只是古代宮廷的那種權鬥文化，只是一群人放話來放話去，而且內部裂痕愈鬥愈大，這種民主對人民又有何益？

台灣兩黨的內鬥正在胎動，估計到了六月初可能會更加表面化，我們等著看吧！

兩岸表面熱絡，實則已瀕臨破局

從事評論工作，如果「不幸而言中」，它不但不會讓人愉快，反而會覺得沮喪難安。有如希臘悲劇裡的報信人，他的預報根本沒有被聽聞，只是徒勞的掉進了虛空裡。

三月三日我在本欄裡談到ＥＣＦＡ，就已指出「這張支票不一樣，它很難兌現」。而今第三次「江陳會」閉幕，儘管我方在會前即不斷放話造勢，甚至到了會場都還一再關說施壓，並表示希望能在今年底前簽訂，但到了最後，ＥＣＦＡ並未如願排入下次會議議程，只是得到「隨時可以插入」這麼一句漂亮的拒絕話。對於這樣的結果，我們的媒體多半仍在這是海協會的談判技巧上做文章。而疏忽了此案或許根本無法兌現的可能性！目前北京對台灣，早已學乖了。它再也不會講難聽的話，也不會公開的拒絕或反駁甚麼主張。要拖，還怕找不到漂亮的理由！

若對兩岸關係的高層事務有理解，就當知道，在馬政府一年裡，兩岸關係看起來表面熱絡，事實上則是「外弛內張」的局面日益嚴峻。關鍵的原因即是北京已察覺到，由馬的多次談話，顯示出他並沒有去領導開創新「兩岸論述」的能力，而只是在「恐綠症」之下，跟著獨派「拿香對拜」。於是這邊「愛台灣」，他也跟著「愛台灣」；這邊「入聯公投」，他也跟著「返聯公投」；這邊找出幾個前輩台灣獨派人物來自我合理化，他也跟著去搶另外一批前輩人物。這種「拿香對拜」，其實等於是他已把攸關台灣最鉅的兩岸問題指揮棒，拱手送給了獨派。這也是阿扁時代還敢說「台獨不可能就是不可能」，但到了馬英九執政，獨派的主導性反而更增的原因。

正因爲這種「拿香對拜」的風格，據個人所知，馬其實早已成了另一種版本的「兩國論」。去年底「胡六點」的提出，所委婉表達的即是這樣的態度。由於「胡六點」乃是相當嚴峻的聲明，馬拖到四月廿二日始在與美國智庫「戰略暨國際研究中心」的視訊會議時才做了所謂的「因應」，而所謂的因應，就只是「胡六點毫無疑問的是很正面的宣言」這麼一句高空掠過的場面話而已。除了這句場面話之外，馬在視訊會議及廿三日赴台大ＥＭＢＡ演講時，已不再談歷史，而只談台灣地理如何重要云云。問題是歷史不會因爲不談即不存在，企圖以「地理論」取代「歷史論」的結果，只是讓兩岸的互信接近完全瓦解。

因此，這次「江陳會」表面看有三協議一聲明的成果。但由會前會後，我們卻可看出由於兩岸互信已告解體，北京的策略已在默默中做了極大的調整。

一、由於馬在江丙坤行前曾有過「先經濟後政治」這種意圖閃避政治難題的表示，陸委會官員也有「先易後難」的說詞。由於這種話有極大語病，北京遂樂得將往後兩岸關係只限定在雙方直接的經濟問題上，其他都是政治，也難度較高，可以暫時擱置。大陸國台辦主任王毅在接見江丙坤時，即很清楚的將這種態度表示了出來。「先經濟後政治」，「循序漸

進、互信爲重」乃是未來兩岸的定調。與雙方經濟無關的事務，大概都必須被擱置。

二、對於兩岸經濟，十八日溫家寶在「博鰲論壇」會見錢復，及廿六日陳雲林在「江陳會」時皆已明言，擴大對台採購，陸資來台，鼓勵台商進一步至大陸開拓市場等將成爲重點。至於大陸強調「具兩岸特色的經濟合作機制」，我們不能因它有「經濟合作機制」這樣的字眼，就等於是ＥＣＦＡ，它肯定是個與ＥＣＦＡ完全無關的東西。

因此，第三次「江陳會」有三協議一聲明，看起來很有成果，但事實上它等於已將兩岸「外弛內張」的局面推到了一個新的危機點。在兩岸互信已告解體的此刻，雙方能維持一個看起來還熱絡的交往氣氛，已算很不容易了，想要透過交往獲得更多，那就要看「互信」這個問題了。民進黨抨擊馬賣台，這真是冤枉。兩岸關係「外弛內張」到了新的危機點，已顯示出馬政府隨獨派指揮棒起舞已面臨莫大的困境，除非他憑膽識能力重建新論述新互信，否則路已走不下去！

謝謝齋藤又提「台灣地位未定論」

日本齋藤代表的「台灣地位未定論」，引發一陣風暴。但就在人們口誅筆伐同時，也有藍營立委表示「他是在幫台灣利益講話」，有理由相信，官方及國民黨持這種態度的也不少。這也是官方低調處理，希望那邊表示是「個人見解」，這邊表示「遺憾抗議」，即快快收場的原因。

「台灣地位未定論」，其實早已是個舊題目了，而且始作俑者不是日本，而是老大哥美國。因此談這個題目，只把日本拉來當箭靶，雖是齋藤強出頭惹禍，但只打分身卻忘了本尊，多少仍算是搞錯了對象。趁著這個時候，把「台灣地位未定論」這本帳算一算，而不是鬧一鬧即草草收場，或許才是我們應有的態度。

其實，台灣地位從來就不曾有過問題。台灣在一八九五年「馬關條約」曾被武力割讓，但抗戰起，中國即宣布廢除一切對日條約，而後經一九四三「開羅宣言」，一九四五「波茨坦公告」，以及「日本投降書」，都明載台灣的歸還中國。這乃是「台灣光復」的法理依據。

不過，我們也必須知道，美國從十九世紀起就有圖謀台灣之心，只是未曾等到機會而已，這方面的研究早已車載斗量。但自韓戰爆發，美國自認逮到機會，遂開始炮製台灣由美國或聯合國託管之計畫，由於當時美國正軍事占領日本，日本形同附庸，於是遂有了一九五一年由美國主導，日本附和，其餘特定四十九國背書，但中國卻未參加的所謂「美日舊金山和約」。在該所謂「和約」裡，它只說日本「放棄」台澎西南沙，卻不寫明「歸還」中國，其目的就是要配合整個五〇年代對台灣的顛覆計畫，俾製造出一個非國民政府的附庸政權。「美日舊金山和約」，在國際行爲上乃是炮製出來的「假條約」，它完全不具正當性，甚至炮製的主要策畫人，當時美國助理國務卿魯斯克（Dean Rusk）後來在回憶錄裡都自承：「這些程序規則是蠻橫的，想起我自己在這些會議策略中所扮演的角色，使我臉紅！」

因此，由美日舊金山和約而延伸出的「台灣地位未定論」，乃是美國自己都覺羞愧的「假條約」，它也是強權自認的超法律行爲，這種炮製行爲在美國外交史屢見不鮮，「台灣地位未定論」不過是一例而已。由於它是如此荒誕的強權鬧劇，才有一九五二年的「中日雙邊和約」。

不過，儘管「美日舊金山和約」是炮製出來的假條約，但當時國民政府實力虛弱，因而美國國務卿杜勒斯還是利用該條約達到了威脅的目的。杜勒斯告訴當時中華民國駐美大使顧維鈞：「如果美國把台灣單純地看做中國領土，美國派遣第七艦隊進入台灣海峽便師出無名。」這也就是說，它儘管是個假條約，但透過這種說辭，美國還是達到了將台灣納爲被保護國的目的，它一直延續到一九七九年的「台灣關係法」，以及二〇〇四年美日「二加二會談」將台灣納爲日本「周邊有事」的武力干涉範圍。台灣成爲美日武力範圍，乃是今天台灣出現「台獨」與「獨台」的原因。「台獨」是成爲美日被保護國並改變國號。「獨台」則是承認被保護但不改變國號。國民黨有立委表示，齋藤的談話「是在幫台灣利益講話」，已可看出「台獨」與「獨台」間的相似性了。

在此回顧「台灣地位未定論」，以及炮製該種說法的「美日舊金山和約」這種假條約，並沒有任何反日反美的意圖。因爲從一九四九年失去大陸起，中國的確進入了最不堪的階段。換句俗話說，在那樣的時空下，「我們不抱美日的大腿，又能抱誰的大腿？」問題在於，過去那種時代背景會改變也在改變，隨著兩岸的發展及理性化，許多問題都已出現了新契機，在這樣的時刻，除了兩岸必須更努力致力於和平發展外，美日這兩個老大哥，也該自行改變，別再動輒將歷史舊倉庫裡的「台灣地位未定論」、「美日舊金山和約」這種已淘汰掉的東西搬出來，意圖對台灣製造紛爭與擾亂，或許這才是真正有利亞洲應有的態度！

再好的運氣，也有用光的時候

英國文藝復興時代，是「騎士文化」轉「紳士文化」關鍵時刻。菁英階層講究上馬即能提鎗作戰，下馬即可翩翩風度，講究寬宏大量，並能賦詩囑文。著名錫德尼爵士（Sir Philip Sidney, 1554-1586）即堪稱表率。

錫德尼爵士出身牛津，是那個時代的標準紳士。他是伊莉沙白一世的禮儀官，也曾在列國公卿間週旋，協和萬邦；同時他也是掌管軍需，在和西班牙作戰時親率騎兵上陣，受傷而死。此外，他的詩文也引領風騷，是「前莎士比亞時代」的重要詩人。他在名作《阿卡迪亞》裡有這樣的紳士風範名句：「有愈大權力去傷害別人的，卻愈不去傷害人，就愈會得到崇敬的讚美。」他的這個句子所顯露出來的高尚品質，顯然影響到了莎士比亞，遂在自己的十四行詩裡，多次加以發抒引申。例如，莎士比亞曾如此寫道：

有大權力去傷害別人的卻不屑此種行徑，
某些事情他最容易做秀但卻自制而不為，

那運行別人的，自己懂得如磐石般堅定，
不隨風而動，冷靜，對誘惑則保持敬畏；
愈得到老天爺福份賞賜的，
愈應珍惜而不能隨便浪費。

在上述這些詩句裡，莎士比亞告誡世人，有些人確實得到上蒼比較多的賞賜，因而運氣特好。但人們必須知道，再好的運氣也有用光的時候。因此，愈是好運氣的人，愈應該懂得自我省思，不要把老天爺賞賜的運氣誤認爲是自己的本領。因此，縱使有權力去整人、鬥人、關人、傷害人，但也不要這麼做；縱使有權有能去做秀，但也要懂得自我抑制。受到老天賞賜運氣而運行權力，更應該堅定自己，不可今天這樣，明天那樣；這個要討好，那個也要討好，把權力玩成了風向雞。莎士比亞最嚴肅的警告是，受到上天賞賜而有權力，而權力如劍，絕不可聞風亂舞，因而遂如此寫道：

小心啊，親愛的老兄，對你那很大的大權；
最堅利的刀若用之不當也將失去其鋒芒！

在此花篇幅談莎士比亞的詩，當然不是舞文弄墨，附庸風雅。而是因爲莎士比亞的詩句，乃是一面太好的鏡子，剛好映照出了當今台灣權力的景象。此刻對台灣的當政者而言，

乃是過去的那種好運氣已差不多到了快用光的時候，如果不能把那殘存的運氣蛻變爲能力和擔當，去創造一個新局，那麼未來的三年就只會在人們的笑罵及惋惜中拖延而過。當今的民進黨形勢已敗到谷底，但「五一七」卻已儼然營造出了一定的氣勢，就是個極其嚴重的警告訊息！

儘管當今政府一直把運氣說成是本領，但稍加深思，當可發現它在阿扁把台灣搞得百孔千瘡及鎖國自閉，而連戰訪問北京也爲兩岸開啓了對話可能性的這種時刻竄起，當然是天大的運氣，可惜的是當今新貴們，真的把運氣視爲本領，於是權力的自大遂告形成。它不能體會人們對新局勢新願景的盼望，而只是重覆著過去那種討好搖擺的風格。這一年來，那種藍綠通吃的「全民」、「二線」概念，那種討好搖擺的風格，以及新朝廷「勇於內鬥，怯於公戰」的特性，其實是一直在發酵。

經過這一年，人們已可看出，國民黨內部由於放話而潛藏著的內鬥可謂已到了臨界點。我們甚至不能排除國民黨再度分裂風險；而在公共事務方面，一個扁案辦到現在，還在「逃亡」、「串供」這種似是而非問題上做延押文章；一個縣市升格，也搞得支離破碎，難以自圓其說；當然更別說外交及兩岸只能用一場糊塗，不知所云來形容了。這個政府沒有大犯法而始終民調不佳，原因即在於人們原本對它的期望已落了空。這是嚴重的失望，當這種失望繼續變成絕望，原本上蒼賜予的好運氣就會翻轉成噩運當頭。一個政府只一年即行情下跌到如此程度，還能不知道覺悟嗎？

但願民進黨家裡也有一個金諾克！

當代世界政治人物裡，我從不掩飾對英國前工黨黨魁金諾克（Neil Kinnock, 1942—）的推崇。金諾克智慧及膽識超群，他敢於抱著破釜沈舟，成功不必在我的心情，甘冒眾怒，奮力改造工黨。於是，原本已瀕臨末路，「不可能再選得上」（Unelectable）的工黨，遂在他手上復興。他的棒子在經過短暫過渡後，交到了長得美俊漂亮的布萊爾手上，於是工黨於一九九七年重獲政權，直到現在。

因此，英國工黨復興的第一功臣非金諾克莫屬。金諾克發揮了政治領袖創機造勢，反敗爲勝的真正功能。像他這種級數的政治人物，在廿世紀全球政治上，只有中國的鄧小平可共比擬。

對英國政治史有理解的，都當知道英國工黨在傳統上乃是一個以工會爲核心的政黨。在過去大約兩百年裡，這個政黨在意識形態上早已形成階級意識爲綱的教條。這種屬性的政黨在過去或許不無機會，但從一九七〇年代末、一九八〇年代初起，由於全球經濟快速發展變遷，強調階級意識已不再有雄辯力，工黨的群眾及選民基礎也告快速流失。一九八三年工黨

在黨魁富特（Michael Foot）領軍下選舉慘敗。富特是個高尚的文化人政客，他完全無法面對工黨走向沒落的危機。於是黨魁一職，當年遂由富特交到了金諾克手中。

金諾克在八三至九二的黨魁任期內，真是艱苦倍嚐。工黨和所有的政治團體一樣，形勢愈壞，基本教義派則愈頑強。金諾克接黨魁後，深知若工黨不能拋棄階級意識教條，則這個黨以後就只能出幾個國會議員而已，再也不可能贏得大範圍的選舉，當然再無執政機會。因此，工黨必須從意識形態起就全面改造，而要改造工黨，勢不可免的要和頑強的工黨基本教義派爲敵。於是，金諾克遂偕同一些工黨改革派，展開工黨改造的歷史工程，包括修改黨章與黨組織，增加務實派的代表權與發言力量；擴大爭取新中產階級的加入，修改黨的政綱。他的黨魁任內，工黨基本教義派對他的抨擊從未間斷，但他都身先士卒，一一面對並化解。這除了有賴於他方向選擇的正確外，他口才極佳，也發揮了極大的作用。他改造了工黨，也改造了工黨的群眾，接著他於九二年辭黨魁，經過短暫過渡後，黨魁交到了徒弟輩的布萊爾手上。布萊爾由於有更好的外型，加上工黨已完成改造而成了新工黨，於是九七年工黨大選遂獲得壓倒性的勝利，三選三勝，工黨執政至今已整整十二年。

在此重提金諾克，乃是金諾克確實生不逢辰，他在工黨最衰，包袱也最大的時刻臨危受命，而他卻靠著智慧和膽識，完成了改造工黨以及改造工黨群眾這兩項艱巨的任務。雖然他並未享受到成功的果實，但在英美自由派裡他卻地位崇高，二〇〇四年美國大選，民主黨的提名人凱瑞就刻意要學他，但學得不像。而今天的台灣，民進黨困局日深，的確已到了必須有人奮起，像金諾克改造工黨一樣，去改造民進黨及民進黨群眾的時候了！

今天的民進黨背負著扁包袱和台獨意識形態的包袱，其處境的險厄可謂空前。它也和所有政治團體一樣，情況愈險惡，內部的基本教義派愈頑強，而這種趨勢若任由發展而不去改造，勢必將成為民進黨加速邊緣化的惡性循環圈。也正因此，民進黨遂格外需要類似於金諾克這樣的人物出現，除了扁包袱外，揚棄台獨包袱，可能是更重要的目標；當揚棄台獨包袱，民進黨始有可能在未來的兩岸關係上扮演角色；也可避免被台獨包袱扭曲得失去了務實理性。設若民進黨能更有智慧與膽識，開創出更好的方案而讓兩岸能長治久安，則民進黨重獲執政權也只在早晚之間！

政治領袖必須有創機造勢，開創未來的責任。人們等著民進黨能夠有一個像金諾克這樣的人物出現！

上 開場

只有「善意」是不夠的！

過去兩個多月裡，大陸方面頻頻釋出善意與利多，既有急單加持，又有陸客陸資加溫，再加上採購團絡繹於途。於是在「兩岸概念」、「和平紅利」這些合理化口號帶動下，其他外資也來湊熱鬧，於是赫然之間，台灣各種金錢匯集，支撐出了舉世僅見的股市榮景。此刻的台灣在「消息面」和「資金面」加持下，股市繁榮，政府財團及股民都心情開朗，我們當然犯不著去扮演「唱衰」的角色，而是衷心祝願這樣的榮景不會像風一樣來得疾去得快，而是能持續下去，讓股市九千、萬點這樣一直上去。

但我們也知道，這樣的願望固然人人所欲，但卻問題極多，挑戰極大。對此，我們可以由兩岸互動的界面經濟來做簡單扼要的觀察。

在經濟上，一個龐大落後而半封閉的經濟體與一個開放而規模有限的緊鄰經濟體交會而形成界面，這個小的經濟體通常都能享有極大的利益，過去緊貼蘇聯的北歐小國，緊貼中國大陸的香港，都可堪爲證。但當龐大的那一方也開始發展並開放，對小的一方，各種新問題遂告爭相出現，它至少包括了下列幾項特別重要的問題：

例如，小的經濟體有些企業家到大的那一方發展，由於市場規模大，快速的成了世界級的富豪；它和未搭巴士者成了鮮明的對比，以今天的台灣爲例，依靠著大陸，一個超富階級已告形成，但在地的絕大多數，則成了實質薪資所得遞減，今天的所得只有五年前水準的新貧族群，這種矛盾只會持續擴大，它必須政府有效的租稅政策，以及內部經濟改造來加以改善提升，但這顯然已超過了當今政府的能耐。

例如，當大經濟體發展並開放，它即會反過來對小經濟體造成風險。以今天的台灣爲例，由於大陸快速發展，台商台資及陸商陸資挾帶著龐大的金錢規模，進出之間即會對台灣的股匯市造成可觀的波動，最近的台灣情勢即是證明。個人最關心的是，目前美元走貶，石油及金屬原物料上漲，帶動出資產價格的上揚，這些都可能促使台灣地價房價的上漲，這對台灣的新貧階級勢必會造成雪上加霜的傷害。大陸及香港就是界面經濟的例子，它造成中心地帶的房價騰貴，窮人持續增加，已超過了二百萬人，但願香港經驗不要以一種更嚴重的方式在台灣上演。

例如，像美國的歐巴馬政府都懂得在經濟巨變的時代，政府調控角色日益重要，特別是租稅政策，赤字政策都要全盤扭轉。但在台灣，則是政府財政紀律日益惡化，赤字也快速增加，當政府調控無能，它就更沒有籌碼來做出有自主性的發展策略，只能靠大陸的善意而存活。

最近我剛讀了美國談判專家厄泰爾（Danny Ertel）及哈佛談判學教授戈登（Mark Gordon）合著的《談判之要點：當是已不夠時要如何協商》，該書指出，許多兩方都期待，

上 開場

都認爲「是」的交易，最後反而會以一種破爛不堪的亂局收場。原因即在於雙方都同意「是」這個目的，卻疏忽了「是」其實只是個過程的起點，若對「是」的概念不清晰，對許多面向懵然無知，許多扮演角色的未獲參與，……這時候明明大家都認爲「是」的問題，就會走到事與願違，本來是好事但卻變成壞事的方向，因此，只有「是」是不夠的。

只有「是」並不夠，同樣的道理，只有「善意」也是不夠的。「善意」要落實，必須要有更多細部，而且看起來好像無關的措施來配套。由於台灣規模小，在對各種「善意」的問題上，政府就格外要有通盤思考，找出連動相關問題的能力，若把對的「善意」看成是調整並改善自己政經體質的機會，這種「善意」就會變得有建設性；若把「善意」看成是救急的加持，那就會浪費掉「善意」，最後當負面作用出現，善意就反而變成了惡意。交手雙方只有「是」還不夠，同樣的道理，只有「善意」也是不夠的！

打破「畢業即失業」的魔咒

十幾年前西方對青年的一代有「X世代」之稱。因為在老布希的時代，經濟不振，就業困難，年輕人縱使已經成年，但工作難找，縱使有工作也待遇菲薄，只能勉強養活自己，別說去買房租房了。因此年紀老大，都還只能窩在父母家裡，活得很憋氣，因而被稱「X世代」，「X」指的是問號，是不知前途在那裡的疑惑。

但當年「X世代」並沒有悶太久，因美國及全球的吹泡泡經濟開始出現，信用寬鬆，利息降低，房市股市一路飆漲，懂得用借貸來炒房炒股即可致富或用價差來維持不差的消費生活。於是「X世代」這個詞被「Y世代」、「Z世代」、「新新人類」這些帶有樂觀氣氛，而有消費品味的新標籤所取代。但那個樂觀，靠著借貸理財和消費即可快樂生活的歲月現在已不復返。於是轉了一大圈，現在又回到「X世代」的那種氣氛與心情。

現在，由於時代改變，「青年」已不再是資產，似乎一切時代的壓力都到了青年人頭上：

——目前全球無一例外，都是平均工資和薪資所得遞減，美元都已跌回了十年前的水

準，台灣則跌回了五年前的水準。但相對的則是新富階級的財富又造成資產價格的持續上漲。這意味著要靠薪資過安穩的一生已愈來愈難，英國最近統計，廿至卅四歲的人有二○%左右被迫要賴在家裡，原因即在於他們已成了新貧預備隊。

——目前全球都失業率持續攀高，並將可能常態化；除了失業壓力外，工作已有可能愈來愈「派遣化」。這意味著許多人所想的「終身聘雇」一世安穩，已愈來愈成爲一種難以企及的夢想。

——而在結構上，最讓人難安的，乃是目前各國皆不負責任，稅制不公，政府負債持續增加，因而青年一輩的「政府債務繼承」壓力日增，加以人口老化，四個人或三個人工作即要負擔一個老人，這不但是青年人壓力，甚至還成了新生嬰兒壓力，怪不得現在嬰兒降生的哭聲愈來愈大，來世界走一遭，原來壓力竟如此巨大！

因此，以前的人，年輕就是本錢，大學畢業先在畢業前或搞定出國獎學金，或早就已安排好出路，因此畢業典禮喜氣洋溢，而現在的人卻發現「畢業即失業」原來不是玩笑話，而是他們必須第一個面對的殘酷現實。

而這種殘酷的現實，它的嚴峻程度在台灣可能格外嚴重。最近，全球各國各種深度的調查研究陸續出現，最讓人驚訝的，乃是歐洲經濟惡化的程度其實並不像英美媒體所宣稱的那麼嚴重。歐洲雇用員工在二五○人以下的稱爲「中小企業」（SMES），全歐就業人口有三分之二，即八千八百萬人都在中小企業服務。歐洲中小企業繼承了資本主義最古典的核心價值——即以工藝技術含量來提高附加價值和競爭力。縱使現在全球壞到如此程度，這些企業的衰退幅度也極低，甚至還有半數以上仍然獲利。中小企業也不太會動輒裁員改派遣。許多中小企業也懂得和全球新興的網路經濟交叉活用，反而在經營服務及商業模式上能夠創新。

但在台灣，我們對經濟裡的工藝技術含量從不重視，教育系統對這個部分也掉以輕心，至於政策上也是眼中只有大老闆大企業。這乃是過去一年多以來台灣救經濟只救到少數特定的上層，而在更與全民有關的就業、薪資、稅改等方面毫無進展，反而惡化的原因。而今年的大專及高中畢業生即是這種政策首波受害人！

因此，畢業即失業，這不是年輕人的錯，而是經濟環境與產業政策的錯。幫失業大學生安插一份工作來降低失業率，這不是政府應有的態度，如何振興台灣生產與就業極爲重要的中小企業，如何在這個網路發達，就業模式已改變的時代，鼓勵青年的微型創業與創新試驗，或許才是政府應有的態度。救經濟，有的要開放，有的則要提升，政府的精力要花在後者！

啊，這是一種柔性造神運動！

唐代大詩人白居易在四十三歲時，曾寫過幾首很有人生及政治智慧的名詩，其中《放言》第二首，就極具顛撲不破的價值，縱使到了今日仍然有效。詩曰：

贈君一法決狐疑，不用鑽龜與祝蓍。
試玉要燒三日滿，辨材須待七年期。
周公恐懼流言日，王莽謙恭未篡時。
向使當初身便死，一生真偽復誰知。

這首詩是在說，世間的許多事情都要時間來證明。一塊好的真玉要連續燒三天始能確定。一棵樹沒有長得超過七年，根本就無法辨別是否爲棟樑之材。同樣的道理在人世亦然，當年周公輔佐周成王，人人都罵他有野心，到了後來才證明他忠心耿耿。王莽在篡位之前，非常禮賢下士，溫良恭儉，輿論一致推崇，但到了後來終於證明他都是在搞沽名釣譽、籠絡人心的伎倆，到了真正能篡位攬權時就原形畢露。因此，若周公在名聲正壞時死亡，王莽也在大家都讚美時逝世，周公豈非成了壞人，而王莽豈非成了大好人嗎？由此已顯示出，評斷善惡不要太早下結論，真正的仲裁者只有一個，就是時間！

因此，人們對搞政治的都必須長期的聽其言，觀其行，而不宜受制於短期的現象而輕率做出將來可能會後悔的判斷。今天台灣有許多已被判刑或正被羈押的人物，在他們獲得權力前，那一個不是把清廉與道德掛在嘴上，開口閉口都是改革與理想嗎？近代美國著名思想家米爾斯（C.Wright Mills）早已指出過，權力與道德永遠是一種反比關係，政治人物在沒有獲得權力前，會傾向於把道德當做一種形象資本和工具來運用，一旦有了大大小小的權力後，就會一天天的遠離道德，並愈來愈迷信權力，於是兩者的反比關係就會愈來愈嚴重。這是權力的本質，它本來就會將一切甚至將最後的良心都蛀蝕掉。

而今天的台灣，其實已進入了一個近代社會發展很詭異的階段。過去十年多的李扁亂政，已使得台灣的理想主義徹底退潮，如果還有任何人寸心未泯，一定會被人認爲是蠢人；由於理想消失，人們對政治人物的判斷標準遂大幅下調，只要平庸就已成了天大的美德。經濟的惡化與不確定，也使得人們自顧已無暇，誰還會去理會身外的公共事務？用西方的觀點而言，這乃是一種人們憂慮失去更多而形成的只關心自己的低標準保守主義。由於低標準，於是以前由於標準提高而被壓抑掉的舊現象又告復熾。

君不見，過去台灣曾出現過勸進擁立，而後透過造勢表態而造成萬民擁戴這種氣氛的舊戲碼，這種戲碼由於太過荒誕可笑，已收斂了相當一段時間，而現在它卻告復熾，而人們似

乎也認爲沒甚麼不可以。台灣社會，特別是媒體自動的降低標準，已成了值得特別反映的現象。

君不見，過去台灣民主化，早已使得統治者必須時時走上火線面對挑戰，有時甚至還鬧到唇槍舌劍、齟齬不斷的程度。但在目前這個復古保守的時代，效忠的分身部隊已多得難以勝數，每有一件不利的事情發生，效忠的分身部隊即放話的放話，寫文章的寫文章，當名嘴的當名嘴，把一件統治者必須自己站出來說清楚講明白的事，透過媒體運作搞成了一團爛泥。

最近侯寬仁被聲請交付審判，朱澤民沒有給個理由就免職，許舒博人事案早已府院協調通過而又反悔，每件事都有一個人在做決定但卻是有權無責，也無須誠實的去做任何說明，而是讓下面的分身部隊去拉扯遮蓋，將正經事搞成鬧劇。這是一種新型態的統治術，它已爲權愈大卻愈無責開了新的可能。最近有好多個外國記者看不懂台灣的新聞而來問我，有個人在了解之後說：「啊，這是一種柔性造神運動！」

台灣的標準在降低，柔性的造神運動在形成，有權無責的媒體新統治模式在出現，我們更加深信白居易所說的，這一切讓時間來做判斷！

負負可以得正，黑黑不會得白！

近年來，台灣的公共建設程序及行政程序已出現了一種比以前的黑箱更黑的箱，那就是所謂的「學者專家評審」；由於有了學者專家當評審，於是：

一、官僚體系遂有了最好的卸責理由，每當問題發生，就用「學者專家的專業決定」當做口實而輕鬆唬弄過去，官署的責任政治因為有了這個可操控的護身符而變得更加敗壞。將來責任的追究也因此而更加模糊，有權但不必負責的現象因此而更加氾濫。近年來多少涉及國家重大損失的弊案，不都出在學者專家評審與官吏勾結上？

二、政府在許多問題借重學者專家，在原則上當然未可為非，但學者專家評審不是用來扮白臉欺矇大眾的。而是政府必須在學者專家評審之前要有更強的發動與前置規畫的能力。當官吏不在這種能力上加油，任何問題隨便訂個目標就匆匆上陣，讓一切都變成看起來漂亮的大黑箱。今天台灣行政決策與執行力大幅倒退，淵藪之一就是有了這個護身符好用之故。

三、由於台灣上上下下的機關都在搞所謂「學者專家評審」的遊戲，台灣學者專家忙碌的程度真可謂世界第一，台灣學者專家挪不出時間做大研究寫大著作，只是搞一些小研究小

上 開場

論文，學術缺乏再生產的能力，即是最大的負面作用！

也正因此，對任何工程建設與行政的學者專家評審制，我一向認爲這個新黑箱必須被打破，任何評審在結束了之後，必須名單公開；也必須讓相關當事人與關心的國民有權去翻閱評審會議的發言與結論。公共事務的評審即是公共事務，它不應保密，也非關隱私，如果學者專家不想招惹到麻煩，那就不要幹這種勞什子的評審。參與公共事務本來就是一種應公開的責任行爲。只有打破學者專家評審這個黑箱，官僚體系的決策及執行力始有可能提升，真正的責任政治始有可能確立。

而今天即將開始的縣市合併與單獨升格評審工作，由它的決策、運作、評審，就很讓人擔心。由於它的整個過程是如此的草率和充滿了這樣那樣的謀略算計，這個問題已注定了將成爲台灣重大的亂源。草率及黑箱已注定了將成爲此案的特性。

其實，都市有直轄省轄之分，乃是有省政府這個層級的舊體制，在「凍省」之後，舊的升格問題即已不再存在，爲了因應社會發展的需要，新的問題已不再是升格不升格，而是財政收支畫分以及整個台灣的區域重畫。

但我們的政府卻打從一開始就新舊意識糾纏不清，它從未經過任何公眾討論，就隨便推出一個至今都還說不清楚的「三都十五縣」，而後即透過《地制法》的修正將升格問題推出，草率的決策，一直沒說清楚的內涵，太多的機關算盡，立即引發了轟轟烈烈的升格大戰。對有些人，升格是要爭取更多經費，對有些人則升格是爲了延選，是爲了「滅蘇攔胡」。

一個攸關台灣至鉅的財政和區域問題，由於觀念混亂及決策顢頇，它其實已成了一個政治泥巴戰的戰場，於是這個爛攤子就推給學者專家評審。但這種評審其實又只是眾多橡皮圖章裡的一個，決定者大概還是行政院，五人小組或更高級的甚麼人，這是大黑箱裡包個小黑箱，小黑箱裡還有黑箱。而我們知道政治上不可能黑黑得白，而是黑黑會變得更黑。搞到最後，一定是層層黑箱，選擇性的被用來做合理化的工具，而實情只有一、二人知道！

升格問題由於從未講清楚，我不知道有什麼可雄辯的理由能決定誰升誰不升；當今政府只會開支票，但卻任何問題都不能也不敢說清楚，而後即丟給黑箱處理。升格鬧到後來，必將招惹出一片公憤。也正因此，我們遂格外要求擔當評審的學者專家，至少要有起碼的道德勇氣，不要成爲黑箱工具的一員，而應爲評審責任樹立典範，把一切都攤開，這也是替台灣的責任政治扮演催生的先驅角色！

媚俗、討好、癱瘓、無能併發症

政府效能不彰有很多類型。在許多發展初期的社會，官吏待遇菲薄，行政管理亦無客觀性，可以愛怎麼搞就怎麼搞，政府機關每件公文蓋一個章都要錢，甚至外國旅客進出、護照裡都要夾幾張美元現鈔，否則就拖，拖到天荒地老。這種社會的政府當然不會有效能。

而世界銀行所說的台灣政府效能下降，當然也不是指台灣回到這種境界。如果我們用心觀察當會發現，台灣的政府效能下降乃是另一種類型，用近代政治理論來解釋，它乃是一種領導風格所造成的治理危機，它被稱爲民主的「多元停滯」（pluralistic stagnation）；若一個政府事事都想討好，誰也不敢得罪，一切都爲了選票考量，整個政府就會形成一種「停停、看看、走走的政治」（stop and go politics）。這種政治風格使得公務員人人不想揹責任、惹麻煩，寧願等著那舉棋不定的上面去拿定主意再說，這樣的政治也就注定了效能的沉淪。

近代研究民主政治的學者早已注意到，有些民主社會在民主已相當發展後，經常反而會效率沉淪。研究後發現，效能的下降有著下列原因：

一、這種社會，無論利益團體或散亂的群眾組織，都愈來愈懂得提高發言的分貝，於是對應著社會的這種改變，一種事事皆想各方討好，碰到有爭論的事情就閃躲，不願太早拿定主意，以免付出代價的政治人物遂應運而生；一種類似於「俄羅斯輪盤賭」的政治開始出現，當輪盤還在轉，情況還不明朗前，它拒絕下注，一定要等到輪盤愈轉愈慢，答案已快揭曉，它才趕著下注。如果輪盤轉不停，它就只好一直等，問題是政治的輪盤很少會停下來，於是一直觀望，有爭論的事從不去碰的政治遂告出現。

二、這種型態的社會多半也媒體發達，而媒體政治有一種特性，許多問題開始時受到注意，但幾天後就不再報導，很快就被忘記，於是這種媒體生態也造成一種表演式政治風格。政治人物跟著報導而作秀，整個體系也跟著一陣作秀，但媒體風潮過了，從上到下就全部忘光光，事情經常搞到一半就丟到一邊，再也無人聞問，直到下次記起。這種型態的政治，已被學者稱爲「國家機器隨時開，隨時關的政治」（On-again, off-again politics），這種政治一切都是跟著新聞而選擇性的作秀，它怎麼會有效率？

如果我們回頭去看最近這一年多以來的台灣治理，就會發現我們的政治體系早已深陷在這種困境中。我們的政治領袖最常用的口頭禪，乃是「尊重」，每遇重大問題就拒絕表示態度，而用尊重民意，尊重地方，尊重行政院等來迴避自己的責任。當「尊重」已成了卸責的漂亮口頭禪，所謂的「不領導的領導」這種上層政治文化即告形成。

在過去這一年多裡，台灣由於缺乏了一種肯負責，有擔當的新政治風格，因此人們所看到的只是媚俗討好的作風。我們的司法、部隊、財稅、經濟，最近的升格風波，每個領域都

泄泄沓沓，對重大問題都缺乏明確的方向；縱使對許多眼前的問題，如稅務改革、如失業問題，不是閃避就是只知道做著應付，不敢明快的做事做決定，官吏們當然何必積極努力？惹出事情害老闆失去選票，還會自己受害，何苦！

而最嚴重的乃是政治如機器，它必須永遠有動能輸入，機器才可保障永動，當動能停止輸入，大家就混著過日子，公事的圖章愈蓋愈多，時間也愈拖愈久；許多跟著新聞跑的事，老闆們作秀完了自己早已忘記，下層的人何必還要去記得？台灣已出現了一種學理上所稱的「自己製造的不可治理」（self-made ungovernability）！

我一向認爲政府要扮演自家機器動能輸入的角色；必須要有發動治理能力，以及督促、管控、獎勵的功能。一個政府不能靠討好選票而立足，必須靠改革及爲人民謀福祉而立信。我認爲這個政府已必須好好準備，開一次公務員行政革新會議了，否則即難免進一步癱瘓的命運！

行銷重於實質，當心信任危機！

研究近代政治和廣告行銷的，都知道原本在廣告界有「品牌天后」之稱的夏洛蒂・貝爾絲（Charlotte Beers）後來出任美國副國務卿，負責政府的政策與形象行銷，最後搞得狼狽不堪，乾脆辭職不幹的故事。

廣告和政治，一般人都以爲是不搭的兩碼事。事實上這兩者從來就掛在一起。到了近年，甚至兩者已合一，政治即廣告，廣告即政治，搞政治的，最重要的就是自我行銷，俾在形象市場和意見市場上取得優勢的位置及強大的占有率。由於政治的市場即媒體，因而媒體操作遂變得日益重要。

夏洛蒂・貝爾絲在「九一一」後幾個星期，就被布希徵召，負責反恐的國際與國內行銷。國務院甚至還推出了一個全球迄今最大的行銷計畫，以五億二千萬美元，針對「憤怒不滿的人群」展開反恐行銷。手上有如此龐大的行銷計畫，貝爾絲炙手可熱，權傾一時的盛況已可想而知，而她也顯然未曾讓布希失望。布希那個名言「他們爲什麼恨我們？他們恨我們的富裕，恨我們的自由」，即是貝爾絲的精心傑作。這句話儘管是在東拉西扯，邏輯不通，

但這種故意的簡化，在當時的氣氛下，確實發揮了極大作用。

但貝爾絲的工作，很快就碰到致命的瓶頸，商品的行銷，再怎麼會做廣告，但若商品本身就僞劣，廣告就會變成不實廣告而受到指責；若政治在實質上沒搞好，虛擬的廣告再怎麼會做，再怎麼占有率高，總有行銷也黔驢技窮的一天。

「九一一」後布希政府在各方面都變本加厲的倒行逆施，使得她的行銷愈來愈像是在矇騙世人，於是再也做不下去了，只好自己離開。貝爾絲的故事，對搞政治的人是個警告：政治的本質是遠見，能力與效率，以及因此造成的爲人民謀福利，如果這些根本的不去做而想有好行銷，它豈不會像「皮之不存毛將焉附」一樣，很快就被看破手腳！

而近年來的台灣，就正走在行銷大過實質做事的路上，我們的各級政治老闆關心做秀的程度早已大過老老實實的做事；各級政府總是樂此不疲的忙著搞座談這種性質的置入性行銷。我還特別注意到，我們的官員注意媒體，忙著寫文章澄清與說明，已到了近乎病態的程度。另外承若干名嘴名流級的朋友相告，他們每天都會收到政府官員及單位的種種說明性的短訊留言。所有的這些，都是政治行銷時代的固定病態。以前的官場講究多做事少做秀，現在則全都反了過來，做不做事已不重要，搞好行銷才是最重要的事。

最近，由於世界銀行的報告提到台灣政府效能的倒退，人們才發現人家並不是故意在唱衰台灣，而是確有所本。在這個行銷重於實質做事的時代，上有所好，下必甚焉，就以最近一個多星期發生的事爲例，從捷運內湖線通車的狀況百出，食用油檢驗的顢頇與混亂，公文旅行的漫長及許多事根本無人聞問，再到教改的重上街頭。所有的這些事都顯示出，當務虛不務實已成了新的主流價值，集體的顢頇無能就會一直增強，積小錯爲大亂之日就不會太遠。在可見的最近，台灣發生無能鬆懈而累積出來的大弊案，將一點也不會讓人驚訝！

商品和行銷間必須名實相符。美國行銷專家已指出，若行銷不實，或實質商品的質量趕不上行銷的需要，那麼這種行銷就會最先是一種「無聊的背景噪音」，而過一陣，它就會變成一種自我否定的嘲諷笑話。

因此，做秀與搞行銷是有限的，再怎麼會寫廣告文案與廣告金句，再怎麼懂得避重就輕的玩弄圖文符碼，如果不在基本功夫與能力上求進步，這種行銷術在人們反感到超過某個臨界點，被行銷的閱聽人就會出現信任危機，然後對所有的行銷都會做反面解讀。我們由貝爾絲狼狽下台的身影，難道不應提高警覺嗎？

上 開場

美國有克朗凱，我們有名嘴

美國一代名主播克朗凱逝世。克朗凱之所以被世人信賴，而且長留去思，這雖與他的個人特質有關，但他堅守媒體人中立的第四權價值，不和政黨政客搞七捻三，美國兩黨都有意延攬他成爲副總統提名人，而他卻拒絕了。

因此，像克朗凱這樣的媒體人，在台灣其實根本就不可能出現。因爲美國有克朗凱，我們有叱吒風雲，呼風喚雨的各種爆料名嘴。在克朗凱逝世的同時，台灣發生了媒體習慣性的羞辱陳幸妤，這次居然把人家家裡的幼兒趙翊安也牽拖進來的殘酷八卦新聞；也發生名嘴兼立委，搞出「行政中立法」烏龍修正的荒誕新聞。當然更別說名嘴幫權力站台這種讓人不知今夕何夕的鬧劇了。由這些亂七八糟的事，台灣不可能有克朗凱這樣的媒體人已不問可知矣！

美國會有克朗凱，其實是個文化問題。美國的媒體與媒體人盡管興衰多變，但堅信自主的第四權價值這一點卻始終未變，因此媒體始能站在權力的對立面，做出有力的監督、制衡和預警。媒體不容成爲權力的化妝師，更不容成爲權力的代打工具。媒體人一隻腳跨媒體，另外的腳跨政治，甚至還有第三隻腳跨黨工，這種事在外國絕無可能，但在台灣則見怪不怪；當然更別說台灣媒體名嘴那種長了四、五隻腳，每種顏色都參一腳的怪異現象了！

台灣之出不了克朗凱，乃是在從前老國民黨時代，媒體註定就是權力的附庸工具。及至二〇〇〇政權變天，在頭四年國民黨總是在想四年後即可輕鬆拿回政權，因而凡事不爲；而媒體也樂於向當時的權力靠攏，但等到二〇〇四拿不回政權，才開始有所作爲，而名嘴爆料也開始出現並日益興盛。當時的有權者濫權但又對弊端極力遮蓋，爆料文化的形成確實發揮了極大作用。任何爆料，只要不是站在當權者那一邊，它都有監督與制衡的功能。我們不能否認，前一階段的名嘴爆料，對台灣揭弊及政權再輪替確實發揮了極大的作用。

不過，隨著政權的再輪替，由過去這一年多以來的表現，我們已看出名嘴爆料文化已走到了它自己的反面：

——過去的名嘴爆料是站在權力的對立面，因而它至少有一定的監督制衡作用，但現在名嘴爆料則站到了權力這一邊。因此，台灣無論有多少百廢待舉的事，都得不到名嘴的注意。名嘴們還是把前一個當權者做爲他們最主要的箭靶。當媒體把監督的對象搞錯了，它們其實就等於成了新當權者的共謀——藉著批判舊的當權者而讓新的當權者有個提款機可用！今天台灣的各種改革泄泄沓沓，無能的症候也日益明顯，媒體名嘴可說即有因爲失掉立場而失去功能的罪過！

——當名嘴爆料是站在權力這一邊後，由於有了權力的協助，要取得料來爆也就變得更容易。對有權力的人，透過放料給名嘴而製造氣氛，以遂行統治和拉抬自己，也會變得成本

更低。將這種政治講成白話，那就是一種透過名嘴爆料而實施的柔性特務統治。過去的剛性特務統治以威嚇爲手段，柔性特務統治則以爆料和八卦造成的氣氛爲手段。克朗凱的那個時代，美國特務機關爲鬥垮鬥臭馬丁路德金恩，硬是派了特務狗仔錄得金恩博士嫖妓的床上錄音帶，甚至還有三Ｐ的。這是超級的料，但美國無論記者，主播或專欄作家卻硬是沒有一個人要這個料，不是他們害怕，而是不齒。這種事如果發生在台灣，就很難說了！

——名嘴和有權力的人一樣，當名氣愈大，必定濫權更大，台灣名嘴腳跨媒體及政治兩界，他們可輕鬆製造道德民粹氣氛，可以操弄司法和政治，可以炮製新的政治正確。種種離譜已經常可見，在這種文化下，台灣怎麼可能有克朗凱呢？

因此，在緬懷克朗凱之際，媒體人堅守原則，去站在權力的對立面；媒體人也和克朗凱一樣，拒絕權力和角色的誘惑與混淆，這乃是重要的起點，但我們能嗎？

蓋洛普領導研究也好像在說台灣！

近卅年來，蓋洛普長期追蹤上萬個領袖及領導團體，最近它的兩名負責人根據這些研究結果，寫成《領導所產生的力度》（Strengths based Leadership）一書，該書開宗明義即指出，三項看似平淡，其實卻顛撲不破的領導學真理。

（一）愈有效能的領導層，經常也都在力度上投入愈多。不關心力度投入的，其手下參與的表現僅有百分之九，高度關心且投入的則達到百分之七十二，相差達八倍之多！

（二）愈有效能的領導層，圍繞在身邊的愈是「對的人」，而人愈對，其團隊的能力就會愈加極大化。

（三）愈有效能的領導層，都會愈了解其追隨者的需求，而提供信賴、熱情、穩定及希望，而做出秀異的領導。

不過上述三項顛撲不破的真理，看似簡單，但事實上卻極難：

首先就第一點而論，領導者當然都知道必須大量投入在領導的力度上，因爲領導的力度就像木匠熟練他的工具，外科醫師知道他的手術工具一樣。問題在於，一般的領導人通常都會像穿花蝴蝶般希望事事討好討巧。於是，「當你的人生希望樣樣好，則必然樣樣稀鬆平常，當一個社會鼓勵這樣的風格，它就會鼓勵出平庸，這乃是領導者們經常都會犯的誤解」。這也就是說，領導者們不能求他在執行力、影響力、關係建造，策略思考這四項關鍵力度上都樣樣通、樣樣鬆，但卻要他審度情勢，必要時在某一或兩項上面做出重大的投入表現來奠定風格及確證能力。

蓋洛普公司的這項發現，其實就和中世紀末期，文藝復興萌芽時翡冷翠的畫家沙托（Andrea del Sarto 1486-1531）一樣，沙托在那個時代有「無缺點畫家」的好名聲，他一筆一畫都中規中矩，無論筆觸、色調，畫面部署都讓人覺得習慣，因而接受度最高，他是個在表現上正常討好但卻毫無力度的畫家；反倒是比他小了十歲左右的米開朗基羅能夠追求繪畫各層面的力度，最後高下立判，沙托到了後來已被人完全忘記。

其次，就領導的團隊這一點而論，雖然所有的人都知道團隊要找「對的人」，但事實上，這乃是一種年代久遠的難局，那就是領導者在部署團隊時，都是在選與他相同，對他易溝通、無摩擦的人，這乃是一種風格上的近親繁殖。以色列前總理斐瑞茲即說過：「你在團隊時，要衡量每個人的潛力而非表面，若你找到有潛在能力的人，則你的組織就會變得完全不同。但你的難題是必須在對你忠貞和他本身很出色上做出抉擇，而絕大多數領導者都會選對他效忠的人，而不是選出色的人，因爲他們怕出現無法駕馭的風險，對於這種做法，我是不同意的。」

因此，蓋洛普的研究，對領導團隊的特性做出下列五點總結：

一、內在的衝突不可能破壞一個強團隊，因為強團隊要做事，必須重做事的結果，再怎麼大的衝突最後都會在必須做出事情來這一點上被統一。

二、強團隊以甚麼才是對團體最有利為優先考量，當這點確定即可勇往直前。

三、強團隊的人有高度的歸屬、認同和成就感，這種人縱使工作量極大，但其個人生活也會因為人生目標進取樂觀而同樣美好，與家人關係也不會遭到影響和扭曲。

四、強團隊乃是一種高度歧異性的團體。

五、強團隊內部有著正面的競爭合作機制，因而人人皆能發揮。

再其次就領導與被領導的關係而論，領導者對此也經常混淆錯亂。好領導全以膽識智慧開創希望，超越自己的限制與狹隘，在共同提升的領導下創造出追隨的氣氛。意思是說，領導與被領導間靠的是價值上更高度的信賴感，對極大多數領袖，這點太難了！

領導學已成了當代顯學，最近讀了蓋洛普的研究著作，油然有感。別人所談的問題不也與台灣的情況相吻合嗎？

上 開場

天地可以不仁，政府不准無能！

「八八」乃是巨大的災難，看著濁浪奔騰，土石滾滾，淹沒了村落廬舍人畜的慘狀，我同胞之苦已不想可知。台灣古代又名「埋冤」，意思是說開闢初期，榛莽災厲，不知有多少人成了冤魂。老台灣的這種「埋冤」意象現在又再浮起。

而天地可以不仁，政府卻絕對不准無能。如果政府有能，蒼天所降的災厲即可得到遏阻，人民也可在災害裡更趨凝聚，這就是「多難興邦」的道理；設若政府無能，仍兀自在卸責敷衍，那麼災害就成了喪邦的開始。天地此刻正在以它的不仁，對台灣的有能無能做著最慘厲的考驗。

現在水災未已，救人救災才剛開始，我真的很怕那些被埋的村落遭到最壞的結果，只能祈禱上蒼賜予奇蹟。然而，盡管此刻無論講甚麼都莫若救人救災急，但我還是忍不住心中極大的失望與悲憤；這次水災，政府的泄沓緩慢確實讓百姓寒心，民間的電視及網路平台的自力救濟已整個突顯了政府的被動顢頇，這次水災，已非常嚴重的把台灣體制無能癱瘓的病癥顯露了出來。如果政府不能以這次水災爲契機，重建政府的能力——包括決斷、遠見、擔當、動員等，那麼這個政府還有什麼存續的價值與理由？

台灣此刻有許多話都不能再說甚麼，但我們卻不妨以二〇〇五年八月廿九日美國卡催娜風災做爲警惕，美國共和黨布希政府搞得天怒人怨，其實並不是他的窮兵黷武，而是整個共和黨政府在卡催娜風災上，已充分的顯露出它那種無能力、不用心、無血性的本質。卡催娜風災證明了它是個「失敗的政府」。卡催娜風災使美國人民在寒心之餘，決定了要將它放棄。

如果今天我們回顧卡催娜風災，當會知道那次風災固然極嚴重，但卻抵不上一九九二年的安德魯風災，但爲何卡催娜風災卻造成空前的損失呢？原因是：

一、共和黨政府從白宮、國土安全部、聯邦緊急應變署（FEMA）沒有一個部門把風災當做一回事，對事先的警告佯裝未見，災難出現後也救援緩慢，一個星期後紐奧良市還有八成淹在水裡，水流屍也到處可見。這簡直是第三世界落後國家的局面，而竟在一等的美國出現。

二、災難出現後，美國第一步不是緊急動員救人救災，而是啓動「卸責轉移機制（Swing-Machine）」，布希、副總統錢尼、國務卿萊斯、國防部長倫斯斐、國土安全部長切多夫等人皆前往災區作秀，並發表談話指責州政府和郡市政府救災不力。國民有大難但當權者卻兀自作秀及玩著推卸責任遊戲，難怪美國百姓看了後，寒心到極點。

三、如果細心追究，當年發現在布希第一任四年內，即大砍紐奧良的堤防預算將近百分之五十，對週遭的溼地保護也完全不加理會。它們只關心圖利建商的土地開發與破壞，甚至

還在鼓吹淹水後有助於土地的重新開發等奇怪的見解。這也就是說，在他們的意識形態裡，其實是歡迎這種具有極大破壞性的災難，難怪對窮苦黑人區的被淹遂根本無動於衷，黑人大量死亡，這其實並非意外，而是特定意識形態所造成的故意盲點。

在此以卡催娜風災做爲殷鑑，其實是要說明一個關鍵的觀念，那就是今天所謂的無能，有許多都不是沒有原因的。若一個政府有某種意識形態偏見，它就會造成故意的疏忽，卡催娜風災的無能就屬於這種型態，這是「有理由的無能」。而有些社會，凡事志得意滿，任何事情都不用心，當麻木久了，它就會造成集體的懈怠，官吏對人民的痛苦也就沒有了「將心比心」的基本感情。近年來台灣的政府凡事推拖，對百姓福祉攸關的治安防洪及國土保安則得過且過，這是一種不用心，沒有心所造成的無能，這種危機已有過許多前例，這次則是以如此可怕的結果顯現。

因此，現在我們馨香祝禱，願災民所受的苦能快快過去，但更重要的則是但願我們政府能以卡催娜風災爲戒，下定改造的決心，俾成爲百姓可以依靠，能夠聞聲救苦的政府！

八八水災的政治完全風暴撲面而來！

「八八水災」至今已整整第十天。盡管各界的建議、批評，甚至抗議聲不斷，但政府依然我行我素，無能照舊，甚至連外國專程送來的救援物資都搬來搬去，不知如何是好。政府的無能失敗，的確到了讓人嘆爲觀止的程度。

這次水災百年僅見，天災部分，人們當然不會推給政府承擔。但由政府的救災表現，卻也顯示出這場水災的附帶性傷害如此巨大，確實有太多的人禍成分。台灣水災，外國關心的媒體爭相前來，他們所看到的景象完全不符合他們對「中華民國政府」的認知與期待，好像是看到了一個第三世界落後國家的無能政府。正是因爲不能接受，外國媒體在失望之餘遂高分貝的提出批評，甚至越俎代庖做起民調，CNN的網路民調，有百分之七十四的網民認爲馬政府應爲救災表現的無能下台，由這樣的民調已可看出，這個政府因爲無能而引發的民怨已到了何等程度！

任何國家都會有天災，但多半的國家領導人都會視民如傷，在面對天災時主動搶上第一線，罄政府一切的力量來搶救善後，人民有難，正是考驗領導人的最佳時機，他可以透過作

爲來顯現決斷力和執行力；可以透過自己的愛民熱情，而讓社會更加團結與凝聚，國運也能愈挫愈奮。

但馬政府卻讓人們的期待落空了。這個政府不是普通的無能，而是本質性的無能。這個政府有著把自己置於首位，把別人放在末位的習性，因而它打從開始到現在，都一直爲自己辯護：他們做得已很好了，都是災民不撤離，都是天氣不好影響救災。總而言之，都是這樣那樣的理由，他們好像受到了很大的委曲，變成了人們的出氣筒。老天用大雨在傷害著台灣人民的生命財產，他們則用那種冷漠的態度在傷害著人們的心靈。

哈佛大學甘迺迪政府學院教授凱勒曼（Barbara kelierman）曾說過當今世界上有七種壞領導，分別是無能、剛愎、不自制、無情、腐敗、褊狹、邪惡。這七種壞領導裡，包括無能、剛愎、無情、褊狹這四種，都在我們這個政府裡隨處可見。而歸納這四者，它共同的特性就是對公眾事務缺乏了最基本的熱情，少數自大自滿的官僚，一切自以爲是，但實質上只關心自己的利益和形象，對百姓的艱困則根本視而不見。他們的無能和袖手不爲，乃是他們根本就冷漠無心。政治人物必須先有熱情，才可能產生責任感，當無心無熱情，他們怎麼可能做出對的事情來？整個政府單單救災就已搞得無能到此程度，往後一兩年還有更大更需要智慧及決斷力的重建，這個政府又怎麼可能應付？

在氣候問題上有所謂「完全風暴」這種說法：若某個時刻，一切負面的因素匯集，那麼最大的風暴就會出現，這次水災之所以會招致天怒人怨，乃是馬政府所有的缺點，如無能、自大、卸責、冷漠無情、官僚作秀習性等全都一次引爆。除了網路民調主張下台負責的超過七成外；受害村落有可能會上街抗爭要求國賠，在野黨亦有可能提出罷免案，另外，則是藍營方面，無論高層黨幹部及立法委員，已有許多人對馬政府的剛愎顢頇感到極端失望與悲憤，認爲國民黨好不容易才恢復一點基業，有可能在這次水災的無能表現裡一次全輸光。這也就是說，「八八水災」所引起的政治完全風暴，現在已快速的撲面而來。

台灣總統民選，要一個人下台並不容易。但若一個政府無能且冷漠到天怒人怨而不知自省悔過，則民怨所積的完全風暴，也必將使這個政府的惡名永遠留傳，也正因此，在政治完全風暴已起的此刻，或許馬政府已需要真正的澈底覺悟了，它不能再想去做甚麼解釋，而須痛定思痛，自己捲起袖子真正負起救災善後的重任。只有「與民共苦」，始能懂得「苦民所苦」。馬政府在卸責裡已偷走了自己的寶貴時間，它現在已沒有更多時間可以再失去。德國文豪歌德說過：「只有去做，你的心才會熱起來——因此，開始去做吧，剩下的事自然會完成！」讓自己的心熱起來，是馬政府要走的第一步！

上 開場

道歉、贖罪、昇華、寬恕

在人類的行爲裡，相互的加害與受害經常發生，因此道歉與寬恕遂變得十分必要。但道歉與寬恕言之容易，做起來卻十分艱難，這也是直到現在，「道歉學」才開始逐漸形成的原因。

因爲，人對別人造成傷害而道歉，有許多前提。古代君尊臣卑，官大民小，在上位者犯錯而傷及小民，傷害了又怎麼樣！你能奈他何？只有到了民主時代，不道歉可能會失去選票，道歉這種價值才逐漸進入了歷史的時間表。但儘管有了道歉這種價值，但要有權者真心誠意的道歉，卻幾乎是不可能的事。真正的道歉要像負荊請罪的廉頗一樣，他做了傷害藺相如之事，遂自己背著荊棘藤條向藺相如下跪，要打要殺隨你便。西方學者說「真正的道歉是無武裝的捨棄自己」，這種事情除了廉頗外，沒有第二個。

於是，在世界上真正看到的只有「儀式性的道歉」，犯錯者放下身段，向人鞠躬道歉。在當今政治人物裡，美國上一任總統布希最擅此道，他任內犯錯最多，「道歉」已成了他的口頭禪。美國學者即表示，他在說「我道歉」時，真正的意思其實是「我都道歉了，你們給我閉嘴」；當代美國哲學家尼克史密斯（Nick Smith）在《我錯了：道歉的意義》裡就指出，世上絕大多數道歉都是這種型態，它是一種「廉價容易的道德主義（Facile moralism）」。

要做錯事傷害到別人的人道歉，真是太難了。他如果真正的承認錯誤，可能會受到政敵或受害者不可預期的攻擊或求償，因此他只能說道德性的「我道歉」，而不能說有法律意義的「我錯了」。許多重大的政治災難，由於認錯的後遺症難以預測，一定要事情過了幾十年，才在後代人手裡認錯道歉，後代政治人物也因此而獲得掌聲。二次大戰時美國將日本僑民關進集中營，要到了雷根時代才認錯補償。在道歉認錯行爲裡，只有產業界表現較好，由於它因果清楚，廠商生產不良商品而使人受害，負責的公司多半願意收回商品並道歉補償；而在政治上，道歉認錯縱使到了今天仍極罕見。

然而，認錯道歉固極困難，但人類犯錯而傷害到別人，要改正這一切，其實還有其他更好的途徑，一是贖罪，二是昇華，這都是把傷害超越到更大的福祉與願景中。

例如，中國唐代的李世民，他以手段極爲罪惡的「玄武門之變」取得政權，他弒兄殺弟逼宮父親，道德上犯了大罪，但也正因這種罪惡感的良心不安，遂使得他把一生都當做贖罪的修行。他用賢人，鼓勵百官犯顏相諫，最後是一雙血腥的手開創了人類史上少見的「貞觀之治」。唐太宗李世民把「贖罪政治」發揮到了從未曾有的高度，我不知道「八八水災」的因果，但馬總統最好把它視爲自己應擔起責任的一種政治之罪，將剩下的兩年多變成是「贖罪修行」。

美國南北內戰，一國分成兩邊，殺成一團，誰對誰錯已爭之無益，林肯不去爭論孰是孰非，也沒有要任何一方向另一方致歉或相互道歉，而是認爲這乃全體美國人未能奉行上帝之道的結果，最後他把兩邊的傷痛全都被「民有」、「民治」、「民享」新願景所包羅。當代道歉哲學家格里士渥（Charles Griswold）認爲，這是一種「不必誰向誰道歉的和解」，也是一種「昇華」。用哲學語言來說，這乃是將錯誤與傷害包裹進更宏大願景與許諾裡，使一切憤怒能統合進未來的福祉中，犯錯也才會被寬恕。

「八八水災」發生迄今已逾兩個星期，救災善後做得如何，人們自會有評價，而我關心的則是從廿八日以後，我們的領導人已由「馬解釋」變成了栖栖皇皇的「馬道歉」，而在同時則是由於政府依然混亂，已有水災、疫災、政災三災合流的趨勢。在這危機其實已更大的時刻，我們的領導人切莫以爲趕道歉行程真的會有效。他真正需要的，或許是以贖罪的急迫感爲動力，對可能合流的三災做出真正有效的領導，並替災後台灣畫出更好願景吧！

全面調整府院會人事，重新出發

一年三個月前，馬政府上台。彼時形勢一片大好，那是振衰起敝，創造新機的絕佳時刻。但誠如十八世紀英國大詩人格雷（Thomas Gray 1716-1771）的詩句所說，「所有亮晶晶的，可非都是黃金」。一年多那麼好的時機，卻被那些表面光鮮，實則顢頇的官僚蹉跎掉了。今天台灣諸災併發，水災、疫災、失業災、政災，再加上難以預估的達賴喇嘛災。災災連動，誰知將匯合成多大的完全風暴？誰知道將替台灣帶來多大的混亂？

由於承諾政府改組的九月初已屆，因此在併發的諸災裡，第一可能擴大的乃是政災。如果只是把政院改組當做防火牆，所有府院會（國安會）真正該負責的反而能在權力庇護下免受追究，這樣的改組只會造成民意更大的憤怒；而據個人所知，當今的當權者一向有用綠官，自以爲藍綠通吃的所謂「聯合政府」可以增加支持度的奇怪想法，這種澈底違背政黨責任政治的投機手法，這次即可能登場。問題是替自己加點綠色，這次真的會有救民調的作用嗎？真的會讓無能的政府因此而變得有效率嗎？

一個眾望所繫的政府，在短短一年三個月裡，竟然把自己搞到民心大失，狼狽不堪的地

步，而且貽笑國際，這絕非意外，實在值得做學術理論上的研究。而投機，務虛不務實，自大自欺等風格實在是關鍵。這也意謂著，若還有警惕反省之心，在幾天後的政府改組中，再也不能有任何僥倖權謀的考量，必須以「退此一步，即無死所」的態度，對府院會做出徹底的改變。

當今改組在即，政潮已現，有的人在拚命保官，有的人則東也算計西也算計。而最尷尬的，則是國民黨那些民選縣市長及民意代表了，他們是大選時的抬轎人，是權力體系裡的邊緣人，隨隨便便就被那些當朝權貴貼上「地方政客」的帽子。在目前的政治大勢下，他們誰也不能靠，只能靠自己。包括今明兩年的縣市長及立委選舉，有某人影像的看板、合照的相片，全都成了敬謝不敏的票房毒藥。而最致命的，則是由於執政無能，甚至連貪腐都儼然有了理由。

這種情勢已使得國民黨陷入空前的困境：一、國民黨的選任公職人員，已不能從同黨執政者得到任何執政優勢，反而必須承擔執政包袱。最壞的結果甚至會一個政府搞垮一個黨。二、一個執政黨，主要是透過政黨責任政治而建立其政策的方向感，而過去一年多裡，這個基本原則早已被打破，現在甚至連唯一的識別標誌「清廉」都已被「無能」所打敗。國民黨已變成了一個無法被識別的政黨。往後兩次選舉，國民黨的候選人要怎麼選？

在這種情況下，將黨主席就職延至十月份，其實已無任何意義：

一、未來的這段時間裡，台灣的政府部門百廢待舉，他縱使痛定思痛，下定決心，從事政府形象及效能改革，但傾其一切精力都未必會做得到。黨政統管，只會讓兩頭全都落空，集中精神用以領導政府，已成了唯一選擇，這也應是當權者必須對人民做出的許諾。

二、一個人不能去管自己無法貢獻，反而會拖累政黨，這時應在黨權上放手，讓政黨的其他菁英去創造政黨的新方向與新角色。就消極意義而言，這可免於政黨被拖累而一蹶不振的困境；就積極性而言，這也有利於黨內民主化，重建黨內合作與內部監督的機制。有關兼任黨主席之事，當時即引發極大的負面評價，現在及時宣布放棄黨主席之位，也可讓這個問題回到比較正常的起點。

一個政府只不過一年三個月，就搞到今天這種不堪的局面，無論如何反省究責，一定不能忘掉了自己才是最重要的源頭。對權力懂得謙卑，對責任知道承擔，用發自內心的誠意宣布放棄黨主席這個職位，而負責的態度澈底將府院會人事全面調整，替自己找到新的起點，或許這才是爭取已愈飄愈遠的人心唯一的應有選擇吧！

馬政府能夠走出鐵鳥籠和金鳥籠政治？

終於，到了最後關頭，馬總統還是點了頭，同意閣揆下台，以示負責。馬總統這次做對了，但願接下來的內閣及府黨會重組，能延續這種對的邏輯，做出讓人有信心的部署。目前閣揆劉兆玄已宣布將於周四總辭。儘管此刻已不宜對下台者多說些甚麼，但我們還是要表示一種不滿的惋惜。當今這個內閣，大學校長可以排成一個班，博士也可站成一個排。但爲什麼在一年三個半月的短短任期內，竟然把原來的大好形勢搞成如此不堪的亂局？這個內閣的失敗，對當政者到底有甚麼樣的教訓？

其實，有關「技術官僚政治」的問題，在近代學術裡早已有了差不多的定論，那就是技術官僚們儘管表面看起來似乎有其專業的合理性，但這種合理性並不開放，這意味著所謂的技術官僚，乃是一群把自己關在「鐵鳥籠」的封閉新階級，他們不知道老百姓在想甚麼，總認爲自己想的才正確合理。這個內閣總是會鬧出不知民間疾苦的凸槌風波，就已將他們的限制充分的顯露了出來。

因此，技術官僚階級不是個能夠領導別人的階級，而是個要由別人領導始能發揮作用的階級。台灣過去的老技術官僚表現傑出，除了他們自己確實有優秀之處外，更重要的乃是在他們之上有個頗有擔當及能力的政治階級。台灣過去對技術官僚政治的歌頌，乃是一種迷思與誤會。現在這個技術官僚內閣的失敗，等於已瓦解了過去將技術官僚政治神化的迷思。

因此，現在這個內閣的失敗，如果要真正的歸根究底，人們還是無法閃避的要歸因於馬總統自己的那個政治領導階級。馬總統和他直屬的那個政治領導階級，從去年五月廿日就職以來，就被他自己的「全民總統論」、「二線總統論」、「不統不獨論」、「不下指導棋論」所建構的框框自我設限。馬總統在國家有重大疑難時，從不會親自走上最前線，當國家有重大紛爭時，也永遠不會披掛上陣以他總統的高度爲問題定調。當最高領導人不去扮演真正的領導人角色，寧願自囚在閃閃發光的「金鳥籠」裡，而把問題丟給根本不知世事爲何的「鐵鳥籠」來承擔，難怪這個政府會一年三個半月一事無成了。這個內閣永遠在揣摩那個並不存在的上意，對重大事務永遠慢了一拍不止。除了技術官僚掛帥的行政院自己要負責外，總統府和國安會那一群政治階級恐怕要負起更大的責任。

也正因此，在這個內閣即將總辭的時刻，馬總統做爲國家領導人，可能已必須對馬劉政府的失敗，去做真正痛苦的深刻反思了。

一、這個內閣的失敗，已瓦解了技術官僚政治的神話，也等於證實了總統府本身的失敗。往後不論閣員將如何組成，但由這次失敗，至少已可看出，總統府自己的那個金鳥籠已必須先打開。如果身爲國家領導人的總統不願負起真正領導角色，未來的吳內閣也必將和劉內閣一樣，撐不出一個局面；再多的博士也同樣無用！

二、無論台灣的憲政架構如何，在民選總統的台灣，最具有公共權威的無疑的就只有民選的總統一人而已，非民選的閣揆和閣員其實既無實力，也無本領承擔起太大的政治責任。基於此，在內閣總辭的同時，總統府與國安會也同樣應被列爲失敗的因素之一而全盤改組，今後也必須由躲在暗處而走上台前。只有府院會同一步調，共擔成敗，對行政院也才算公道！

一年三個半月，馬劉政府以失敗告終，這是危機，但若能從失敗的危機裡真正覺悟，無論人事部署或領導風格都全部重新再來，未嘗不能因此而脫胎換骨，創造新機。但無論如何，「金鳥籠」和「鐵鳥籠」的政治已必須結束，這才是最大的失敗教訓！

社會觀感不佳，自我感覺良好

人在世上，即無法避免「被別人看」和「自己看自己」。前者是「社會觀感」，後者是「自我感覺」，這兩者建構出了社會的價值秩序。

古典時代有權有勢統治階層，很清楚的知道，他們「自我感覺」的標準如果落後於「社會觀感」的標準，那麼就等於他們毫無優越性可言。他們會被人民蔑視，甚至還會鼓舞出革命造反的衝動，也正因此，強化「自我感覺」這部分的標準，遂成了古代統治階層的必修功課。古代中國要求「君子自重」、要「無愧於心，無負於民」，西方自騎士時代起，即講究「自尊」、「自重」、「榮譽」，期勉自己有一天見上帝也能無愧的抬起頭來。古代的這些努力，目的就是要超越由於有權有勢有錢而造成的「自我感覺」過度膨脹，以及因此而造成的自我沉淪。壓抑「自我感覺良好」，是價值上的謙卑，它是一切謙卑的基礎。這種人不會每天照鏡子看自己的肚臍眼，愈看愈喜歡；這種人在任事時也格外會竭智盡慮，替別人和小老百姓考慮問題；這種人也絕對不會因爲自己精於算計，需了利益而自鳴得意。

不過，近代思想家米爾斯（C. Wright Mills）早已指出過，有權有勢有錢的精英份子，他

們乃是「道德感與權勢成反比關係」的一群人。他們有權勢，也比我們小老百姓聰明，因此總是能在綿密的法律之網裡鑽進鑽出，霑盡各種利益，當他們照鏡子時也會得意的笑出聲來。有權有勢的人，由於趨之者眾，大家爭著替他們擦脂抹粉，久而久之，他們也自然而然的養成「自我感覺良好」的習慣，而「自我感覺」與「社會觀感」之間的差距也就愈拉愈大。

最近這幾年，台灣這種「自我感覺良好」但「社會觀感不佳」的事情已多得不可勝數，我們已有好多個富商巨賈，雖然事業破產，賴債不還，但因爲鑽漏洞藏錢有術，照樣過著富豪級的生活，也依然三妻四妾把辣妹如故。奇怪的是這種人居然毫無慚愧的意思；台灣有太多達官貴人，做出「社會觀感不佳」的言行或政策，但仍「自我感覺良好」，認爲自己沒錯，兀自在那裡鬼扯硬拗。

這種「社會觀感不佳」但卻「自我感覺良好」的事，現在這個政府似乎更加的變本加厲，他們有太多事情都「社會觀感不佳」，但因丟不掉「自我感覺良好」的習性，遂試圖將這一切都說成是「媒體關係做得不夠」——這實在是「權力傲慢」最極端的一種型態，任何事情他們都沒錯，而是媒體的無知或是惡意所致。他們完全不了解，「社會觀感不佳」乃是人群自然形成的判斷，它不會隨媒體而移轉。以爲「做好媒體關係」就可以改變社會觀感，那是真太瞧不起媒體和社會了！

阿扁司法有罪無罪尚未定讞，日前他承認自己犯了「社會文化罪」。他企圖用「社會文化罪」來規避「司法罪」，這點已無需多言，但何謂「社會文化罪」？凡任何人企圖利用文化價值與法律之間的漏洞而牟求不當之利者，即犯了「社會文化罪」。在價值位階上，這其實是一種更大的罪，因爲他們以自己的聰明和狡詐，敗壞了社會！在我的價值標準裡，有權有勢有錢的人，所做的一切「社會觀感不佳」但卻「自我感覺良好」的行爲，都犯了某種程度的「社會文化罪」！

當代主要學者，哈佛教育學院教授莎拉．勞倫斯萊弗（Sara Lowr ence-Lightfoot）稍早前在所著的《尊重》一書裡，有專章談《自尊》，她即指出，人的行爲「社會觀感不佳」但卻「自我感覺良好」，乃是一種價值的斷裂，它也顯示了人們「自尊」的喪失。當人失去了「自尊」這個道德命令，我們即不能期望他對自己或社會國家有任何責任心。缺乏「自尊」的有權有勢的人，他們會關心自己的權力、選票、財富，但不會有承認錯誤的勇氣。她有這樣的警句：「有自尊的人，對自己的錯誤才有勇氣面對，對他自己和別人始有責任心，才會解除掉對任何事的不關心，並爲人群相處建立真正的新關係。有自尊，才會有一切；沒有自尊，他只會把自己鎖在自我感覺裡。」

上 開場

地方派系決定不和國民黨玩了

雲林立委補選，國民黨慘敗；緊接著，國民黨的縣長提名人選，張榮味的妹妹張麗善宣布退選。

張麗善的大動作可以做很多解釋，它是張家爲立委補選的輔選失敗負責？它是張家眼看國民黨在雲林大勢已去，因而持盈保泰，暫時退出政治這個江湖？

但我的理解卻不那麼簡單。我觀察到的是，做爲國民黨地方群眾基礎的派系，在最近的這段期間，對國民黨中央自認了不起的那些所謂「黨菁英」，已反感日深，那種「不和國民黨玩了」的情緒已開始發酵蔓延。國民黨的地方派系一向在國民黨內扮演「抬轎人」的角色，而今抬轎的已覺得意興闌珊，不想再抬下去。國民黨的麻煩真正開始了。

其實，只要從事政治或社會工作，因爲涉及體制、資源、影響力的建立與分配，都必然有呼朋引伴，牽連勾串的本質。這就是派系或幫派的起源。國民黨從中央到地方都有派系，民進黨亦然。不只台灣如此，美國和日本也不例外。派系是政治的本質，也是必然。

但在台灣，由於過去國民黨長期執政，它的派系力量自然較全面，而民進黨後發，它的派系當然較小較遲。這種相對的權力位置不同，遂使得民進黨對國民黨的攻擊裡，將地方派系當做箭靶之一，並將「地方派系」與「黑金」劃上了等號關係。

民進黨攻擊國民黨的地方派系，乃是它與國民黨爭取地方群眾的一種論述策略，若被攻擊的國民黨地方派系違法亂紀，或搞得惡行惡狀，這種攻擊當然正確；否則就純粹是黨同伐異的攻訐。聽聽就可以，不必當真。

不過，眾所周知，國民黨從來就是個沒有思想的政黨。在藍綠長期的鬥爭裡，指揮棒永遠在綠色這一邊。民進黨對國民黨地方派系的攻擊，它在地方上並沒有產生多大的作用，但民進黨的攻擊，卻意外的以另一種方式發揮了效果：

一、當馬團隊這些自認的「菁英」，他們心態本來就看不起地方政治人物，民進黨對國民黨地方派系的攻擊，就等於合理化了他們看不起同黨地方政客的心態。

二、馬英九去年在國民黨全黨努力下高票當選，全台灣各地方抬轎子之功最大，但縱使到了今天，馬團隊都還認為馬的當選靠的是他自己的形象而不是國民黨，更不是國民黨的地方派系。在馬當選就職後，馬團隊在這種自以為是和自大的心態下，甚至還很擔心地方政客對他的政權會有不利的影響。這也是馬在競選黨主席期間，不斷透過身邊核心人物放話，要照他的形象改造國民黨及地方派系的原因。由於馬及他的親信有這樣的思維，長期以來國民黨中央與地方的共生關係遂變成了「新的宰制命令關係」。馬團隊已經以一種非常詭異的方式扮演起民進黨要消滅國民黨地方派系的執行人角色。

因此，今年以來，國民黨的中央與地方關係業已生變，自以為是的中央對地方毫無任何

尊重，也缺乏耐心和雅量來經營地方，以爲憑著馬形象即可所向無敵。這種自以爲是高高在上的心態已造成地方極大的反彈。苗栗立委補選失敗、花蓮縣長黨內初選馬核心的葉金川大敗、雲林立委補選口袋人物張艮輝慘敗，這都和黨內地方派系或地方人士的不滿與反彈有關，再加上馬政府本身沒有政績，還能選甚麼？不久後的縣市長改選，花東宜蘭、新竹南投，都是凶多吉少之局。當一個政黨歧視自己的地方基礎，派系已不想和它再玩，這個黨外患未已，內部已離心離德，它的危機已正式開始了！

張麗善家族，這次在雲林立委補選上被搞得裡外不是人，決定退出縣長選舉，寧願與他們家背叛的張輝元修好，也不要和國民黨再玩下去，張麗善的退出縣長選舉，絕非小事，而是國民黨「中央——地方」關係上的一件霹靂大事，它肯定會在未來的幾次選舉上發酵！

風雨中看兩岸的奢侈競賽

我從不嫉妒富人，富人只要不是偷竊國家財富，他們的致富必有過人之處。而儘管全球富人千千萬萬，但只要談到富人行徑，全球皆必對美國昔日的鋼鐵大王卡內基豎起姆指。

卡內基出身蘇格蘭織工家庭，十三歲移民美國，從電報公司小廝做起，而後靠著努力及智慧而成爲鋼鐵大王。他致富後，一再思考財富的本質，相信「帶著偌大財富走向另一個世界，乃是最大的恥辱」，也認爲「富人只不過是在幫社會管理財富的管理人」而已，於是他在退休後，即將企業帝國脫手，終身從事社會及全球公益。他捐給全美國二千八百多所圖書館，外國則三百多所；其他諸如科學、教育、慈善、產業研究與世界和平等方面也都帶頭示範。終其一生的公益捐助高達四億美元以上，換算成現值，在百億美元左右。卡內基在美國史和世界史的意義是：

一、美國富人的公益捐助，始於比他大了四十歲的金融家皮波迪（George Peabody），皮波迪出身貧農及皮革工人，致富後除救助窮人同胞外，更捐助文教等先驅事業，耶魯大學的自然史博物館即他捐建。他的先行，在卡內基手上被完全發揚，成了現代公益這個傳統的

創始人及奠基人。

二、卡內基建造出了一個現代國家的新規畫：政黨政客都只不過是國家發展過程裡的過客，只有真正爲公，將自己財富用於長期公益目標的富人，才真正扮演起了「國家建造」的最大角色。從十九世紀末到廿世紀初，美國一兩個世代的富人捐資辦學，從事科學醫學及社會問題的研究，以及支持各種先驅性的計畫，美國的學術力、科技力、醫學研究力、以及各領域的創新力，即因此而奠定。演變到今天諸如全球暖化、綠能開發、社會再改革，這些新的課題也莫不有富人的基金會在支持。

在此特別推崇卡內基和前代美國富人的貢獻，乃是最近看到了台灣及大陸的新興富人許多表現，不由得別有感觸。因爲兩岸相同。新富階級不約而同的都在創造另一種新的奢侈崇拜！

在大陸方面，它開放改革卅年有成，人民生活也大幅改善，這確是好事。但大陸甫告脫貧，冒頭最快的卻是奢侈的消費這個項目。以今年爲例，大陸奢侈消費將由卅億美元暴增爲五十億美元，成長率高達百分之六十。中國奢侈品消費已佔全球的四分之一。這種奢侈品超消費可以想像到的，乃是它必然以更多政商活動的脫紀律爲支撐條件；意思是說更廣泛的貪汙，更大的政治腐化，更多的商業特權，以及諸如漏稅走私或投機，必將伴隨著奢侈而展延。大陸新興的奢侈文化，不是它經濟發展的光彩，反而是一種惡兆。

而在台灣，我們的情況也沒有好到那裡去。今天的台灣，由於政府沒有能力，我們在財稅及所得分配上，早已成了一個「劫貧濟富」的體制。而經濟上沒有方向感及沒有創造出更多機會，也使得百業蕭條。這已造成了台灣富者愈富，貧者也更貧。在富人這一塊，台北已有一戶七億元的真正帝王級豪宅，也有了窮奢極侈的奢侈百貨公司，以及娶媳婦嫁女兒也搞出個數千萬元的排場。雖說有錢人錢多，愛怎麼花是他們的自由，但每個人除了是自己外，同時也是個「社會人」，新富階級的排場及奢侈高檔，相對於整個社會愈來愈低檔，這是何等突兀的對比？

看著兩岸的奢侈價值抬頭，大陸那一邊是國家發達了，過去封建時代那種財大氣粗，「豪門酒肉臭，路有凍死骨」的無法無天景象已再度浮現；而在台灣，則是國家偏安而又沒有方向感，於是人們遂只剩下奢侈崇拜，在奢侈消費裡找到殘餘的慰安，這是典型的末世虛無。

兩岸都奢侈文化當道，而且儼然在做競賽。奢侈永遠不是人祝福自己的方式，也永遠不會因此而蒙福。在颱風肆虐，百姓受難的這個時刻，看著興起的奢侈文化，心中的感覺更壞了！

上 開場

八卦文化・醜聞經濟・表演政治

前陣子，日本人氣明星酒井法子失蹤及吸安的新聞鬧得一陣子沸沸揚揚，但這段負面新聞有損於她的人氣嗎？答案顯然是否定的，因爲最近有三本她寫的以及別人寫她的書，都高踞日本排行榜的前面而爆賣，日本人把這個現象稱爲「醜聞經濟」。

把酒井法子現象稱爲「醜聞經濟」，這實在有點太超過，說它是「八卦經濟」或許倒更加吻合。現在的人只要不是失業或窮到家無隔宿糧，總是有不多的閒錢與太多的時間，這已使得倦怠無聊成了現代人最大的負擔，甚至是一種精神性的病痛，而八卦就是填補這種無聊的最佳妙藥。在這個消費的時代，最終極的消費就是消費無聊，於是「你的無聊是我的鈔票」這種八卦經濟遂告形成。我們可以試想一下：

——現代人平時相互疏離，共同的話題都找不到幾個。太嚴肅的話題有一定程度的知識門檻，有誰願意把自己搞得太過勞累；而每個人自己私人的苦樂又太過機密，只能和極少密友分享，這時候那種不必知識門檻的八卦，遂成了無聊但似乎有必要的交流最好的題材。

——貧乏的現代人，八卦已成了同輩認同的記號與儀式。我們喜歡同樣的八卦，表示我們是同一國的；如果有某個正夯的八卦正在流傳，我進了辦公室，聽別人嘰嘰咕咕在談而自己矇然無知，插不上嘴，就會覺得跟不上潮流，被別人排斥在外。有了這種被孤立的感覺，回家的路上一定把有關酒井法子的八卦書報全都買遍，回家惡補，明天到辦公室就可以赫然變成酒井法子的八卦權威。

因此，八卦新聞是有用的，它是無聊時代的認同記號與儀式，而有了需求當然就會有供給，一個八卦經濟的市場遂告形成。而若我們再追究多一點，就當會發現到，這種八卦文化和八卦經濟，它的背後其實是更重要的「出名文化」。古代資源有限，因而出名困難，文人要白首窮經，十年寒窗；武人要提著腦袋上沙場立功；老夫子則要一輩子循規蹈矩，看看老年時能否立德。而到了現代，資源的競爭更嚴峻，無論任何行業要想出頭，已必須搶著立名。

立名的競爭，已讓原本的白色空間變得愈來愈灰，只要不是殺人放火，已無事不可為。鬧一點緋聞，劈幾個腿，露一點乳，吸一點安，拍幾張艷照，打幾場不致於去坐牢的小架，又有何妨？而這就是出名文化演變為八卦文化的過程。八卦文化與羞恥無關，與名聲的好壞無關，它已形成了一種不管好名壞名，只要出名就是好的新標準。出名本身就是一種表演，出了名自然會有人氣，就會上排行榜。酒井法子因為名氣太大，她的八卦醜聞經濟也規模大得多，但若細心觀察，在我們社會裡，這種八卦醜聞經濟不也在蒸蒸日上嗎？

出名文化、八卦文化、醜聞經濟當道，它已儼然成了當今各國內需經濟裡很大的一塊。對於這種現象，我們不太能一本正經像個ＬＫＫ般的非議。當人類愈來愈無聊，無聊當有趣

的八卦文化和醜聞經濟就自然而然會成爲它的終點。

人們只能說，「聽，這是個自由社會，這是個自由市場！」將它一語帶過。

而比較值得討論的，乃是在一個八卦的社會，正式的政治文化新聞必須和八卦新聞天天競爭版面和時段，遂使得政治人物和文化人物也變得每天必須在表演上推陳出新搏版面搶時段。這是政治及文化人物的明星化和表演化。愈會表演的愈有人氣，當政治文化的判斷已脫離了實績，而成爲一種表演，一種華而不實，漂亮但卻沒有內容的「風格政治」遂取代了「政績政治」。

最近當代批判大師杭士基（Noam Chomsky）對歐巴馬做了極其銳利的批評，他檢視歐巴馬的講話，發現都是漂亮的動作，響亮的口號，滑溜的言辭，卻完全沒有具體的政策。因此，名人文化，八卦現象，醜聞經濟，表演政治，其實都是同一棵樹上長出來的東西！

這樣處理黨產，怎麼還好意思？

國民黨有許多事情，真的已到了讓人歎爲觀止，夫復何言的程度。它那種漂亮話說盡，但利益卻抓在手裡，一點也不放鬆的態度，真是對百姓智商的一種侮辱。

過去數十年來，國民黨藉著長期威權統治之便，而有了龐大黨產。在漫長的黨國不分時代，黨可透過祕密通道，從國家那裡取得土地，工商業的特許，國公營的股權；由於黨國不分，許多事情甚至還可直接的國庫通黨庫。這個「黨國資本主義體系」，乃是國民黨在台灣取得支配權的金權基礎。過去只要一提「國民黨大掌櫃」，人們就會肅然起敬，足見其叱吒風雲的威風架勢。

對於國民黨的龐大黨產，由於它是過去時代產物，因此我們雖然可以事後先見的予以批判抨擊，但在客觀的認知上，我們則寧願將它視爲是台灣眾多「歷史共業」裡最久的一個。它由歷史中來，就應還給歷史。

一、國民黨應該很清楚的知道，過去由於民主低度發展，它遂得以形成如此龐大的特權利益系統，占盡一切好處。而今時移境遷，它就應該乾乾淨淨的把自己和過去切開，把從國

家那邊拿來的還給國家。只有切得乾淨，它才可能不必拖著一條不乾淨的尾巴而向前出發。

二、黨產問題在民主及反特權的時代，已不再有任何可辯護的空間，對於這種性質的事務，當事者自己斷得愈爽快乾淨，別人也才樂意的將其遺忘。若當事者自己兀自拉拉扯扯，就會更招致反感與厭恨，甚至還替將來的清算預留了空間。

然而，令人慨歎的是，國民黨對黨產問題的處理，打從開始到如今，都缺乏了基本的誠意。它表面上說要解決黨產問題，但卻絲毫都不想放棄黨產的利益。因而只是把黨產賣掉，利益仍歸於自己。名義上黨產問題已不存在了，但那個歷史共業的不正義結構所造成的不當利益，最後還是以這樣那樣的理由歸到了他們自己的荷包中。「解決黨產問題」的確喊得漂亮，但漂亮口號後面所隱藏的卻是一顆很不漂亮的心。

前幾年，國民黨處理了一次黨產，把大筆黨產賣掉而利益仍歸於己，而今馬英九總統又兼黨主席，再度宣示要在年底前提出最終解決方案，走完黨產處理剩下的最後一哩路。話是講得很動聽，但實質上呢？不過是出售黨產控股公司「中投」，扣掉黨工離退金，黨務運作經費，成立培養幹部的中山獎學金基金，以及智庫經費，剩餘的將編爲公益之用。國民黨終極的黨產解決方案真是太厲害了！

一、它解決黨產的名聲可以在含糊籠統中賺到，但黨產的實質利益可真是精打細算一點也沒有少掉一分。這簡直是名利雙收的最高明做秀術。

二、黨產出售後，它扣東扣西全部扣光光，所剩不多的殘羹剩飯捐爲公益，當然這種公益權的分配仍由它所掌握。這也就是說，黨產的利益它簡直連一毛錢都沒有外漏。所謂黨產處理也者，究竟是真處理或假處理，已昭然若揭；只不過是換個名目將黨產利益由右手悄悄交給了左手。

因此，國民黨處理黨產的方式真是讓人失望至極。國民黨靠著過去不正常的歷史條件得盡可疑的好處，現在時代變了，它理應大大方方，乾乾淨淨將黨產問題做個了斷，相信它若這麼做，一定會得到人民喝采，也會獲得在野黨的心服口服。但國民黨卻硬是要精打細算到底，連一毛錢也不放鬆。老國民黨靠特權而有了不正當的黨產利益，而現在所謂的新國民黨，則用另一種方式持有這些利益，老新國民黨其實都還是同樣的那隻貉！國民黨以這種方式處理黨產，當它當權辦別人的弊案時，會不會有點不好意思的感覺！無論個人，團體或政黨，都必須講究乾乾淨淨，光明磊落，不要耍權謀，搞計算，由國民黨的處理黨產，顯然我們都太高估它了！

權力的詛咒：「黨國週記」開場篇

上星期是馬英九總統兼國民黨主席，黨國權力集中於一人之手的第一周。以前的「治國週記」，從此以後已應正名爲「黨國週記」了。我不知道官方版的第一周「黨國週記」會怎麼寫，但由這一周各種大小風暴不斷，我們已可看出一種新的「權力的咀咒」已經開始了。

研究權力本質的學者早已指出，當人有了權力後，權力帶來的方便會使他改變趨炎附勢和歌功頌德，也會促成他的改變，於是權力的傲慢與專擅遂告形成，這與好人壞人無關。英國艾克頓爵士所謂的「權力使人腐化，絕對的權力使人絕對腐化。」說的就是這個道理，這是「權力的詛咒」，除非有極大的智慧與胸襟，否則少有人能把詛咒變成祝福。

而第一周的「黨國週記」雖然只有短短一個禮拜，但人的權力慾望和權力意志是不會休息的。只不過就這麼幾天而已，台灣的「權力詛咒」就已正式出現：

其一，針對立委羅淑蕾，馬主席已下達指令，要求制定「不分區立委問政公約」，這是一種看起來漂亮的封口令。針對行政院賦改會的能源稅，馬主席已下令行政院「在政策未定案前不得輕易對外發布」；而對美國牛肉進口問題，馬英九甚至跳過食品衛生機關，就那麼兩三個人即做了放水的決定。由上述這幾個事例，我們其實已看出了整個黨團體制開始走向一元化、命令化、權力寡頭化這種「再威權化」的道路。而當一元化和命令化配合了權力的寡頭化，類似於牛肉談判這種決策一廂情願，傷害到國民利益的事，就會層出不窮。真正的民主政治，必須擴大參與和更加透明，主政者則要靠更縝密的思考和更強的說服力來獲得支持。一元化和命令化的國民黨，只會讓決策品質更形惡化。

其二，乃是在過去一周內，由於當權者已權力變臉，開始強勢的要控制一切，於是我們遂看到國民黨黨政官僚體系那種長期以來的乖順化傳統又告出現。馬主席對能源稅問題一發飆，行政院正副院長就嚇得趕快禁口；最荒唐的乃是衛生署長楊志良了，他昨天還不排除考慮辭職，廿四小時後卻立刻自打嘴巴成了硬拗的辯護人。真正的決定者躲在幕後，卻由一個丑角般的人物在荒腔走板演出。政務官乖順化到了如此程度，這樣的政府又怎麼可能會讓老百姓放心！

其三，最值得注意的乃是中常委選舉送禮事件這起風波了。這起事件由它的來龍去脈已可清楚看出它其實是場荒唐離譜的鬧劇，但人們也知道，有權力的人對任何事情都握有倒果為因解釋該事件的權力，於是一場送禮鬧劇，搞到最後卻稀里糊塗的儼然成了一場改革大戲。而國民黨從黨代表、中央委員到中常委一路選舉送禮的真相，也就稀里糊塗的全都被遮蓋掉。因此，這到底是一場改革表演或是遮醜的荒唐戲呢？任何事情都是沒有真相即不可能有改革，中常委選舉送禮風波，發展到最後，只會讓人們察覺它只是一場荒唐的表演而已。

國民黨黨內選舉送禮請客過去就已有之，李登輝時代為了拉地方打中央舊的黨官僚而持

放任態度，於是十四全和十五全時請客鮑魚、魚翅宴和送金筆、紀念幣遂成風氣；甚至香港記者來台採訪，也都因爲收到金筆、金紀念幣而嚇壞。及至馬英九第一次當主席，中常委由黨代表直選，選風遂更加惡化。這次鬧出送禮風波，一點也不讓人意外。只是在處理時，馬主席畏首畏尾，只開鍘楊江兩人，於是各式各樣的反彈遂告開始。鬧了一大回合，因而決定以和稀泥的勸說辭職來重選，規避掉了查真相這個考驗。由這樣的過程已可看出，這是改革者的行徑或是另一種方式的和稀泥鬧劇？藍營媒體及名嘴宣稱這是改革，未免把改革說得太廉價了！

因此，由「黨國週記」第一周的表現，人們已應警惕到那種權力會使人腐化及專擅的「權力的詛咒」，其實已悄悄的開始了。

官僚們那種「被組織化的不負責任」

狂牛病最早於英國被確認，到了一九九六年三月，狂牛病與庫賈氏症的相關性被正式提出。而同一時間也是德國思想家烏爾瑞希・貝克（Ulrich Beck）的「全世界風險社會」理論提出的時候，這也使得有關狂牛病的討論，成了當代政治社會哲學裡一個具有教科書意義的課題。

貝克教授的「全世界風險社會」（world risk society）理論裡，有關狂牛病的討論極多，其中對台灣特別有警示意義的，乃是下列幾點：

第一，狂牛病的爆發及它所造成的政治社會效應，已將傳統科技理性和技術官僚那種「被組織化了的不負責任」（Organized irrespo nsibility）的本質盡現無遺。所謂的專家官僚對「狂牛病——庫賈氏症相關性」這種新的不確定性完全無能爲力，也不能在合乎邏輯的基礎上做出人們可以信任並放心的解釋。於是就只剩下官僚系統那種純屬轉移問題的表演，包括農業部長的女兒在電視機前猛吃漢堡，大官拚命宣稱人們的受害機率是如何如何的小，後來上任的首相布萊爾也上電視猛吃基因改造的食物等，所有這些作爲，都是「被組織化了的

不負責任」。也是一種近乎欺騙的掩飾問題。於是就在官僚要人們放心的同時，人們的不信任逐轉移方向，造成英國及歐洲牛肉產業的崩潰，單單一九九六年英國畜牧業即損失達卅億英鎊。

第二，狂牛病的處理，暴露出了官僚們那種「被組織化了的不負責任」，換句話來說，這等於是將狂牛病的風險丟給每個國民自己去承擔，在概念上這乃是「風險的個人化」。狂牛病會加速英國保守黨政府的下台，不是沒有原因的。狂牛病再加上其他問題，如地球暖化和氣候異變，以及變種病毒的禍害增加，已透露出人類由於對自然環境的擾亂加大，其實已出現了一種新的「地球政治學」。官方的說詞與人們的認知已開始出現巨大的裂痕，這也意謂著對這些具有一定科學內涵的此類問題，過去的那種技術官僚的獨斷風格已到了難以爲續的時候。如何以透明、公開、另類思考，以及與民對話的方式開展出新的政治模式已愈來愈感迫切。

第三，它暴露出過去那種相信人定勝天，科技理性足以解決一切問題，至少也可透過機率計算和管控來搞定問題的「第一種現代性」的有時而盡；未來已需要一種自我挑戰，自我改變的「反省性的現代性」。由媒體在狂牛病、地球暖化等問題上所扮演的角色，已顯示出風險社會裡的信息分享及解釋已日益重要，人民的角色也跟著日益突出。在深層的意義上，這也是一種社會自我保護及社會爭取殘存權的顯露。

在此特別提出當代「全世界風險社會」理論裡與狂牛病有關的幾個要點，乃是要指出一個根本性的新趨勢，那就是自從工業及科技革命以來，它在發展的前提下已爲人類開創出一條「現代性」的道路，包括深層技術官僚體系也都是這種現代性的一部分。但隨著人對自然征服的加大，人類對自然的干擾也增多，諸如氣候、病毒、健康、食物之類的問題已日益成爲新的風險課題，它和過去人們說的車禍意外事故的機率有多大，船隻遇險的機率有多少等完全不同，現在所說的風險乃是指人類選擇所造成的後果裡所附帶的必然部分。

正因有著不確定性極大的這個部分，因而人在做選擇時，自然已需要有新的民主參與模式和新的責任意識，它和過去那種官僚體系獨佔的舊模式完全不同。如不能領會這一點，而仍企圖用舊模式處理新問題，那麼極可能的後果就是做不出對的事情來。英國處理狂牛病一場糊塗，成了風險理論裡的重要負面教材。而今天台灣所出現弊病，如官僚體系那種「被組織化的不負責任」，「風險的個人化」，在科技管理上缺乏透明，其實都是外國失敗經驗的反芻啊！

上 開場

黑社會、黑政治、黑經濟的共同體

看過港片「五億探長雷諾傳」的人都知道，一九七〇年代中期以前的香港是個莫名其妙的社會；英國殖民官員高高在上，整個華人部分則擺著讓它爛，居間的則是華人探長和警察，他們參加到了賭娼毒每種行業，暴利的一部分則讓英國殖民官吏分享。這是個白道黑道的命運共同體，也是個罕見的超穩定結構。

而打破這種畸型超穩定結構的，乃是一九七四年「廉政公署」及同時期「撲滅犯罪委員會」的成立，前者最早打擊對象是警界，後者針對黑道。由於雷厲風行，一九七九年香港警察甚至爆發大示威，攻入廉政公署。由此可見整飭官箴，打擊犯罪是多麼的困難。要對一個畸型的結構進行大改革，它不可能靠做秀，而必須付出代價。香港在肅貪掃黑後，才開始成爲一個現代社會。

而由最近的職棒打假球以及吳揆與黑道大亨同遊事件，我們可以說台灣的黑道問題已到了不容只是淪爲口水戰爭的時候了。最近職棒球員拿錢拿車收女人的新聞鬧翻天，這些球員儼然成了公敵，我則爲他們抱屈。當社會黑道猖獗，以潛在的暴力爲後盾，給錢給車給女人誰敢不收？這些球員如果有罪，他們的罪只是「怯懦」和在畏懼下無法抗拒誘惑，更大的罪應該由那些不能使他們免於恐懼的政治人物來承擔。由黑道炮製出打假球事件，再加上吳揆出遊事件，已到了政府不容再把台灣社會擺著讓它爛的時候了。

中國民間社會，包括台灣在內，從清朝開始就黑道盛行。滿人以異族進行少數統治，對多數的漢人社會鞭長莫及；再加上滿漢矛盾，於是漢人民間社會遂根據「自組織」的原則發展出龐大的幫派組織。如沿海的「洪門」，長江及江南運河地帶的「清幫」，西南的「哥老會」等等，這些民間社會和清王朝處於一種既矛盾但又並存的狀態。而在價值上，這些幫派一方面模擬「天地君親師」等舊價值；另方面則又講究適者生存的實力原則。它們講江湖義氣，好勇鬥狠，乃是典型的灰道，視情況而變成白道或黑道。由於它是民間社會最大的組織，「同盟會」和「興中會」在倒滿革命時遂與洪門掛鉤，而蔣介石在當權抗日時則和清幫結盟。

而一九四九年國民黨來台後，由於中央政權需要地方勢力支持，遂使得它對地方幫派的態度相當消極縱容，只有在這些幫派組織搞得太過火時才用「掃黑」名目加以辦理，多半的時候則維持著一種合作共存的關係。這乃是長期以來台灣始終存在著極大的黑道勢力的原因。台灣經濟裡具有超高利潤的這個板塊，包括賭博、娼妓、批發及市場等，長程運輸業、砂石業、地下金融業、走私等，由於都需要以成幫結派，好勇鬥狠爲要件，都成了黑道賴以成長的棲地。當然更別說情治系統與黑道掛鉤，甚至出現「江南案」這種特例了。就像打假球案裡，即有情治人員與黑道掛鉤，插乾股分錢之事。

上 開場

從打假球到吳揆出遊案，都顯示出台灣黑道問題的嚴重性。假球問題不能只辦球員不辦黑道。吳揆出遊事件，也不能只是一陣口水，然後用「我爛你也爛」這種招數，相互抹黑就讓它過去。因為由這些事情都透露出問題的根本仍是黑道。而且據個人所知，近兩年來台灣經濟不振，於是相對的黑經濟這個板塊遂開始日益發達，台灣的地下放貸公司增加了約八百家，賭博詐騙及民間典當業也都開始興旺。黑經濟不一定都黑，但都多少要有一些黑關係。如果台灣再不針對反貪掃黑做出結構重整的大改革，只會讓台灣的黑化加深。

除貪與掃黑從來就是一體，它必須政治上無特權，司法公正而獨立，不能選擇性辦人辦案；必須改革白經濟讓黑經濟沒有生存空間，一個社會只有在這方面大改革，才夠資格稱為現代社會。如果黑道氾濫，黑白一體，連當個棒球選手都要提心吊膽，這又算什麼社會呢！

道德有如血滴子，先砍別人後砍己

嫡系「馬家軍」吳育昇，乃是立法院內的「道德十字軍」。問起政來，道德光環閃亮，一副正氣凜然模樣，而今卻鬧出性醜聞。這起事件不是「下不爲例」即可唬弄過去的，看來他不僅北縣升格後的新台北市長別想選，大概連立委都無法再連任。用道德當政治武器的，這把劍在砍殺別人後，通常都會回頭砍殺到自己。喜歡揮舞道德大旗的政客，從今以後可得當心了！

搞政治的，如果道德、紀律、能力每一項都卓然不凡，那真是國家之幸。但由古而今，這種道德與能力兩全的完人超無僅有，政客只要守法就已不易。而最忌諱的，就是揮舞道德大旗東砍西砍。因爲用道德當武器，最是容易。邊際報酬也最高，但用道德來談政治，任意解釋的空間也最大，今天你用道德整別人，明天別人就會以子之矛攻子之盾。在政治的道德戰爭裡，輸家贏家很難定論，昨天的贏家會情況一變就成了今天的輸家。今天吳育昇爲了女色，而斷送政治前程，和他昨天道貌岸然指責別人不清廉相比，儘管道德的範圍不同，但不道德則一。

上 開場

其實，有關政治與道德，近代學者早已指出，西方新教國家將它聚焦在「守法」這個層次，可說最客觀也最符事實。但西葡系國家則不然，它一方面標榜道德，但因政治道德有許多模糊地帶，於是道德政治遂勢不可免的與馬基維利的權術政治並存，統治者掌握了決定甚麼是合乎道德，甚麼是不合道德的定義權力，可以根據自己的利益而做定義。這也是天主教國家的政治通常比較混亂，甚至出現以道德爲武器來整肅異己的原因。這種情況和中國古代以人治德治爲本，最後搞成「滿口仁義道德，全都男盜女娼」一樣。

而今天的國民黨，可謂已面臨了這種用道德整別人，整個社會也開始用道德來檢證它的時候。今天當權的新貴，過去權力不多，權力所帶來的金錢、特權與美色誘惑也較小，因此他遂可以高舉道德這面大刀揮來揮去，儼然像是個「道德十字軍」。但熟悉政治現實的都知道，權力還不夠大時喜歡把道德當武器，通常在有了大權後最容易原形畢露。權力是塊大磁鐵，專門會吸引金錢向它靠近，權力也是最好的春藥，很容易有氣質出眾，眼睛放電的美女投懷送抱。於是，權力帶來的腐化，就這麼一點一點的被浸染開來，根據政壇傳言，搞政治的到了一定層次，自然會有鶯鶯燕燕交際花草作陪的政商飯局，當酒色財氣混成了一堆，自然甚麼事情都可能發生，吳育昇的性醜聞所反映的即是這種邏輯，它其實也沒有甚麼奇怪。

台灣政治人物鬧花邊久矣。過去或因社會包容，或因文化惰性，每個人的花邊都鬧幾天就被忘記，對當事人的政治生命也沒有造成太大的影響，黃義交、章孝嚴、孫大千都如是，甚至張俊雄的「雙人枕頭」也都鬧不出個局面。最關鍵的原因，乃是這些人都沒有把自己妝扮成吃齋念佛的「道德十字軍」，於是當他們鬧出緋聞，人們自然而然只把它看成個花邊，不會千夫所指。

但最近這一年多，情況卻告丕變。今天的當權派做聖人狀，揮舞著道德大旗東砍西砍，當上位者以道德爲武器，於是媒體輿論和政黨也跟著道德民粹主義起來，用他們所說的道德來檢驗他們自己。有些真正核心，出了事可以用「下不爲例」這招閃過，但吳育昇卻絕對不可能如此幸運。而且我還敢鐵口直斷，當今的權貴享受到了權力，隨著權力而附贈的特權、金錢、美色等日增，誰知道下一次會是誰的道德紕漏會被捅爆出來？

因此搞政治而唱道德高調，它在開始時會沾到便宜，但道德是血滴子，它在整掉別人時，這個血滴子就會迴向到自己的頭上。由吳育昇經驗已提醒了「道德十字軍」們，他們和他們的親友子女最好永遠吃齋念佛，否則難免會被自己高唱的道德砍到！

上 開場

崇禎併發症：自戀型領袖的誤國

北京故宮的後門有小丘，叫做煤山。上有當年崇禎皇帝自縊的那棵樹，原樹兵燹，後人重植，已枝葉扶疏，成了大樹。多年前一個秋日黃昏，我到該處憑弔，繞樹三匝，古木悲風，訴說的都是歷史的悽愴和反覆的愚蠢。

在此重提明朝崇禎皇帝，並無任何借古諷今的念頭。而是用當代政治學的標準來分析，崇禎乃是所謂「自戀型領袖」的最標準樣本。領袖的極端自戀，小則誤己誤身，大則誤國誤民，崇禎的自戀，就是個「誤」，他「誤」了一切。

崇禎乃是典型的誤國亡國之君。可是他即位之初不是這樣的。當時魏忠賢濫權，朋黨營私，崇禎立即殺魏忠賢並全面罷黜他的黨羽，看起來很有一點中興氣象，崇禎也自己照鏡子，愈看愈得意，真的以爲自己是蓋世無雙的明君。於是由自戀轉自大，由自大變成剛愎自用，刻薄寡恩。明末出了一堆混蛋皇帝及大臣，但他們再怎麼混蛋，還是知道要替國家留一些能吏勇將，去做他們沒有能力去做的事。但自戀刻薄的崇禎自以爲是，認爲天下只有他是對的，別的人都不盡忠報國，於是他連國家最後的名將熊廷弼、袁崇煥這種人都敢殺。他在位十七年，只相信自己和身邊一群新的奸臣小人，搞到國事日非，民生更苦，最後是貧苦農民造反所形成的流寇，在李自成率領下攻入北京。最荒謬的是，崇禎到了最後還不認爲亡國是他的責任！他自縊煤山之前，在衣襟寫了遺詔，仍有「然皆諸臣之誤朕也」之句。自己把天下搞垮，還以爲與他無關，都是別人的事。這種混蛋皇帝，真是自戀到了瘋狂昏聵的極致！

崇禎皇帝自戀自大自以爲是，乃是自戀型的領袖走向瘋狂的極端代表。近代政治學對領袖的自戀人格著墨極多。一般而言，領袖有適度的自戀，把自戀轉化成自尊自重以及催化出的自我能力的嚴格要求，這未嘗不是好事，但領袖病態的自戀卻也所在多有。那種領袖只愛自己，不愛任何他以外的別人，永遠活在自我的良好感覺裡，相信自己永遠不會錯，責任都在別人。當一個國家出了這種自戀型的領袖，老百姓只有「挫咧等」的份了。

當代知名的領導學專家波耶特（Joseph H. Boyett）在近著《選民進化論》（Won't Get Fooled Again）裡，有一個專章談自戀型領袖。他指出，自戀型領袖在達到權力的高峰前，由於自戀所創造出的形象很迷人，而且自戀的負面效果還沒有累積到足夠的量，人們普遍會對自戀型領袖寄予過高的期望，因而有利於他快速攀上權力高峰。但到了這時，自戀型領袖的人格及能力特質裡的巨大缺點就會開始暴露，而使他站到很陡峭的滑坡邊緣，很容易快速下墜，波耶特還特別條列出自戀型領袖的許多負面領導症狀，我在此將其中比較有現實性的若干缺點摘要列出：

——他喜歡刻意表演自己的一些專長，如秀自己的英文，他總覺得自己永遠對，都是別

人誤會他、嫉妒他、中傷他；他看不起別人，總認爲別人沒什麼，他貢獻最大；他的語言裡，最常出現的是「我」這個字；他沒有同理心也不想有同理心；他不需要了解別人，只要別人了解他；當別人談到他的問題時，他通常都會做別的事，用行爲語言表示不耐煩；他喜歡用道德語彙自我包裝，顯示完美；他對年齡與身體有病態的敏感；他不信任別人，只相信小圈子親信；他拒絕別人分享成功，也拒絕承擔過失；他的決策草率但都有理由；他從不肯定下屬，只要下屬效忠。

因此，自戀型領袖是可怕的，他在自戀裡誤人誤己，誤天下誤蒼生。他搭纜車快速上高山，迎接他的卻是個大滑坡。也正因此，自戀型領袖自己要小心了，必須像拚助選一樣拚著去消滅自己的自戀自大；而這種自戀型領袖的徒眾也要小心了，這種人的自戀自大，乃是他們搖旗吶喊造成的。他們要幫助消滅自戀自大，已不能繼續搖旗吶喊，而應敲鑼打鼓的嗆出不滿之聲，看看自戀自大是否老天爺保佑脫胎換骨！

第三部（2009.12～2011.1）

親痛仇快的領導

馬路線難以為繼，要全部重來！

昨天，企業家曹興誠在各報大篇幅刊登意見廣告，對兩岸政策提出主張。整個廣告的敘述部分，最重要的乃是他指出了馬總統本質上乃是個不敢也不願領導的領導人，心中所想的只是選票，凡事都怕引起爭議，並以「順從民意」來托辭卸責。於是領導者無立場，不訂目標，底下無所適從，一片散沙之局遂告形成。

選民選出領導人，就是賦予「臨大事，決大疑」的信託權力。但當代學者，喬治梅森大學教授柯文（Tyler Cowen）在近著裡已指出，在目前的選舉文化下，的確會出現一種類似政治明星的人物，他們每個人的選票都想要，由於做決定容易得罪人而失去選票，於是凡事閃躲，個個皆討好，只想自己找個最安全的位置的「不領導的領導人」遂告出現。

凡事討好，「不領導的領導人」如果在太平時代，或許不是壞事。但現在的國家怎麼可能太平無事，於是「不領導」的結果就和「無能」同義。這次三合一選舉國民黨大敗，兩黨差距也縮小到歷史最低的二點六％，而根據《遠見雜誌》十二月民調，馬總統個人滿意度已跌至歷史新低的二三．五％，不滿意度則創新高六二．二％，這就是「不領導的領導人」蒙

上 開場

受到的應有懲罰！

而這種懲罰不只限於台灣內部而已，目前外弛內張的兩岸關係就是例證。第四次「江陳會」已經開始，儘管表面上氣氛熱絡依舊，雙方也好話來好話去，但其實卻暗潮滾動，滿布著陰影和疑雲。

兩岸關係經過李扁兩朝的鎖國，而造成各方普遍的不滿，特別是扁時代的急獨路線勞而無功，最後連扁自己都直承「台獨不可能就是不可能」，這也是馬高票當選的主因之一。這也意味著他繼扁之後接任，歷史的確爲他打開了一扇機會之窗，來爲兩岸開啓新的可能性。孰料他從就任起就藍綠選票都想要，於是要討好藍，又想討好綠，同時又要玩弄北京的「三不像」政策遂告出爐。他甚至簡單的以爲只要他開支票，北京就有義務幫忙兌現，只要如此，台灣經濟就可以搞上去，他的連任就沒問題。

殊不知，大陸對台灣的經濟發展誠然重要，但兩岸經濟有著競合兩面性，在競爭甚至可能被取代的那一面，台灣官民可能要付出更大的努力，但他對此卻完全不在意，整個馬團隊也全不努力。很自然的，他的兩岸政策就成了台灣民生凋敝的替罪羊，這也等於他把兩岸政策的舞台，以另外一種方式交還給了民進黨。這次「江陳會」的示威，本質上已和上次「江陳會」完全不同。上次或許有較多意識形態在內，這次則毫無疑問與台灣民生凋敝有更大的關係。馬政府那種一廂情願的兩岸政策已正式的在島內受到質疑。

其次，這次「江陳會」，陳雲林出發前在北京的記者會上已明言這次不會談ＥＣＦＡ，只會有專家的意見聽取。這是個值得注意的訊號。今年稍早前，包括大陸的國台辦主任王毅，甚至胡錦濤，在台灣的催促下，都發表了對ＥＣＦＡ做出積極回應的談話；但到了最近，北京已愈來愈對馬的立場開始疑慮，尤其是不久前「兩岸一甲子」座談討論會後，這種懷疑更深。這似乎已意味著「台灣開支票，北京幫忙兌現」的階段已快到了走不下去的時候。兩岸之間缺乏互信，台灣內部也對ＥＣＦＡ爭議未定，加上這次選舉已顯示出馬政權開始搖晃，處於這樣的時刻，北京當然犯不著在可能會有後遺症的ＥＣＦＡ問題做出決定。

因此，第四次「江陳會」儘管表面熱絡依舊，但由種種暗潮陰影，它其實已顯示出馬那種既討好藍又要討好綠，又動輒向北京要糖吃的那種「三不像」政策已到了難以爲繼的時候。馬如果還想有作爲，他那種「不領導的領導人」的風格已須全然改變，並要在兩岸政策上徹底的重新來過。領導人不可能有任何位置是安全的，也沒有任何一張選票是篤定的。只有以民爲念，以開闊的眼光引領國家走出新方向，才是領導人的當爲！

上 開場

用放話搞權鬥，國民黨內亂方殷

台灣的政治人物裡從來就爛咖不斷，別看他們站出來人五人六，官氣十足，但只要一不如他意，這種人說起話來，其惡劣的程度，連我們小老百姓都要自歎弗如。

以前阿扁時代有個陳唐山，因爲人家新加坡有自己的立場，於是他就罵人家「捋LP」和「新加坡是個鼻屎大的國家」。在罵的瞬間他可能有爽到，但最後傷到的仍是他自己和台灣利益。陳唐山也被批得體無完膚。

不過，陳唐山今天應該可以安心了。現在國民黨執政，國民黨政治人物說起話來好像也不怎麼樣，「A咖會C咖」的說法就是例證。陳唐山罵人用的是我們台南人的鄉土語言，它是土氣的髒話，而用C咖罵人，用「A咖會C咖」損人則是台北人的城市語言，它有土氣洋氣之分，但無髒與不髒的差別。如果認爲C咖這種說法不是罵人髒話，那就對人說說看，不跟你翻臉摔耳光才怪！

「A咖會C咖」這場風波絕非只發生在茶壺裡，而是一場真正嚴重的風暴，它代表的是國民黨的整肅與內鬥，已由台灣島內燒到了北京。放「A咖會C咖」這個話的人，自己可能也不知道，他可能是在爲國民黨的瓦解敲響了第一聲喪鐘。它也是「三合一」敗選後，國民黨內亂的全面展開！

「A咖會C咖」的風暴，爭執的兩邊孰是孰非乃是國民黨的家務事，外人犯不著替它們操心。但由最近一年多的變化，我們早已看到一種以「放話」爲形式的權力鬥爭，其實早已在國民黨內出現。國民黨的當權派裡，就是有那麼幾個人在那裡見縫插針，利用媒體放一些不利於某些國民黨老輩人物的小話，據我所知，包括蕭副、吳伯雄、江丙坤等都曾中過這種暗箭，其中還有幾次鬧到上面要出來滅火。但滅火又怎樣，放話的人有被追查究辦，終身不予錄用嗎?完全沒有，於是事情鬧一鬧，也就雲淡風輕的帶過。這對放話者簡直是一種變相的鼓勵。於是藉放話而搞鬥爭遂成了國民黨的新文化。今年四月廿一日我曾寫過一篇〈放話是一種柔性宮廷版權鬥〉，這種放話鬥爭乃是匿名式的利用媒體將鬥爭公開化，它不可能有贏家，而是雙雙輸掉。

現代最早注意人的語言行爲的，是十八世紀蘇格蘭哲學家大衛・休姆（David Hume）。他指出國家或體制內，經常會出一種「過度熱心分子」（Enthusiasts），這種人：「他們喝了太多黨同伐異的精神毒藥，他們一開口就有這種毒性。人的語言行爲裡那種優雅的快樂與驚喜已完全被摧毀，各種心靈敗壞的邪惡則開始氾濫。人的語言行爲本應把心變大，將脾氣變得更有人味，而不是讓狂亂盛行。否則，只會讓噪音及憤怒擴大，虛僞更加普遍，成爲唯一的語言行爲，各種成見及激情惹出更多混亂。」

因此，休姆認爲「人在講話時的壞品行」如何去掉乃是首要之務，它包括必須務實理

性，加強溝通，不要一有事就道德無限上綱。休姆那個時代英國人不來放話這一套，不過放話這種行爲大概已可歸類在他的「講話壞品行」之列。放話的人躲在暗處鬥自己人也就罷了，這次居然還牽拖到了北京頭上，過度熱心的放話人到底要把出醜放給誰看？

最近一年多以來，國民黨已出現一種放話新文化。本質上這是一種有權力的新貴鬥無權老一輩的伎倆，而無權老貴們自己不檢點，遂使自己變成了最廉價的箭靶，這是他們活該。只是由新貴們的放話鬥爭，其實也讓人們看穿了他們，這些人沒有治國的本領，把一切都搞成一團亂麻，但搞起內鬥來可真是熟練到家，這絕不是民進黨所能望其項背的。以前的人就說國民黨「內鬥內行，外鬥外行」，這可真是顛撲不破的至理名言啊！

國民黨放話權鬥日益變本加厲，「A咖會C咖」只不過是個新增加例子而已。只要放話者受到變相鼓勵，更多放話人就會排隊等著放話搞鬥爭，直到他們把自己搞垮爲止，或許這就是該有的結局吧！

從不再想連任處，重新出發！

三席立委補選，國民黨全軍皆墨，這已不只是骨牌效應，而是人民對執政者的不滿，已使形勢到了兵敗如山倒的邊緣。估計到了「二二七」另外四席補選，情況也不會好到哪去，國民黨鐵票的含鐵量已快速在蒸發。

在戰爭史或政治史上，這種情況就是最深沉的「信任危機」。當一個統治者接二連三的犯下領導錯誤，到了某個臨界的不歸點，他無論說甚麼和做甚麼，都再也不會讓人相信。這時候若還在指責別人或百姓「理盲」，只會讓形勢加速惡化，「腦殘」的人早已喪失了指責別人「理盲」的資格。

一個政府在大選時有六比四的絕對優勢，又有國會過四分之三的多數，今天卻搞到如此局面，的確使人浩歎，面對這種情況，這個政府其實已到了必須做出最痛苦決定的時刻，他不能等別人來否定他，而必須自己否定自己，從自我否定中重新出發，他不能還念茲在茲的想要連任，只有放棄連任的念頭，做應該爲人民做的事，或許連任還有最後一線希望。如果泄沓依舊，小朝廷作風依舊，以爲加強文宣廣告攻勢，多請立委吃幾次飯就能扭轉局面，那

麼人民的懲罰將不會停止。

台灣的局面搞到日益不堪，最近重讀管理大師彼得・杜拉克的舊作，讀到他寫的〈總統的六條守則〉不禁油然生感。彼得・杜拉克所謂的六條是：

守則一，「需要做什麼？」是總統首先要問的問題，他不能頑固而自以爲是想要做的事，這涉及審度時勢的本領。

守則二，「集中力量做必須做的事。」需要做的事有很多，然而身爲總統，只能爲自己負責的去冒險，排除異議，把力量集中在一件事上，否則必將一事無成。這條守則的意思是，總統永遠不可能站在穩贏不輸的位置上，他必須做重大的決定，而後調度資源加以貫徹並爲此負責，這就是勇氣、判斷與擔當。

守則三，「別把賭注押在自以爲已有把握的事上。」自以爲有把握的事，可能一時有效，但這種爛飯吃多了反而會有反效果。以台灣爲例，「清廉」或許過去有效，而現在呢？它早已被「無能」所取代，「清廉」再天天上口，已成了不可笑的笑話！

守則四，「一個有效能的總統從不進行微觀管理。」當領導人的，最重要的是管大事，最忌諱的是大事無方向，小事卻比科員還在行。彼得・杜拉克因而說道：「對一個總統來說，沒有比事必躬親，更容易使他喪失信用的了。」領導人喜管小事，會侵佔管大事定方向的腦力與時間，也會挫折掉公務員士氣。尤其嚴重的是，若領導人意圖用只管小事來閃避應管大事的責任，則整個國家就注定無方向亂轉，今天台灣政府混亂不堪，上無方向，中無團隊，下則士氣低沉，這是誰的責任？

守則五，「一個總統在政府裡沒有朋友。」這也是林肯的至理名言，它的意思是當總統的當然也要朋友，也有親信，但好的總統就應像小羅斯福一樣，他絕不把朋友親信放在他的政府內，其理由就是避免小圈圈化和以私害公。政府是個所有的參與者努力奉公的地方，不是個搞小圈圈，封官犒賞，共享榮華富貴的地方。

守則六，就是杜魯門當年送給新當選的甘迺迪忠言：「你一旦當選總統，就要停止競選。」意思是說身為總統，就應為國為民做事，心中不能總是在選票在連任問題打轉。當心中無選票無連任的自私念頭，它始能心無掛礙去做應做的事，連任只是回報，不可能是目的！

立委補選，國民黨狂敗，這次選舉等於是再次向國民黨提出警告，對於這個警告，國民黨已不能繼續推給「大環境不佳」這種很沒誠意的理由，也不可能靠做秀來改變頹勢，只有深思熟慮，毅然決然的全面改組改造，看看能不能有所扭轉。而第一步，乃是從不再想連任處，重新出發！

上 開場

平庸政治：小點子多，大方向無

稍早前，巴黎第七大學哲學教授勒庫特（Dominique Lecourt）出版了《平庸政治：一九六八後的法國哲學》（Mediocracy）一書，極有啓發性。

勒庫特在書中指出，一九六〇和七〇年代，法國思想大師前後相望，都對世界可以變得更好充滿了熱情，連帶所及，法國的政治也充滿了活力。而到了一九八〇年代後，大師們相繼凋零，瑣碎的「小師」流行，不談大問題而只關心討巧的小問題，只喜歡透過電視媒體出名；於是大問題大方向不再受人重視，小點子小口號反倒盛行，隨波逐流的「平庸政治」遂告形成，整個法國也更像一灘充滿了鬱卒心情的死水。

最近，《天下雜誌》公布了一千大營運長的調查報告，其中八成五都對今年全球經濟感樂觀；但弔詭的是，只要一問到政府角色，大家的鬱卒全都上來了：超過六成認爲「政府沒有清楚的經濟定位，方向與戰略」；大家對總統、四院及財經首長的滿意度，央行總裁彭淮南第一，財政部李述德最後一名，馬總統本人則倒數第二。院長裡包括司法院長賴英照，監察院長王建煊也都進了末段班！

千大營運長這一級的人，不管怎麼算都應屬「菁英階層」，針對他們所做的調查，當然有較大的代表性。根據上述結果，我們已可看出它其實已經以一種不明言的方式，指出了當前台灣最嚴重的課題，那就是「平庸政治」，當政治平庸，它就不可能帶給人民方向感與信心。千大營運長有八成五對今年全球經濟表示樂觀，表示他們不認爲大環境有多壞；但他們逾六成認爲政府不行，這不已透露出大家對「平庸政治」的漸感不耐嗎？

無論威權或民主社會，政府都應扮演主導方向的角色，而主導方向可不是件容易的事，它必須領導者自己有核心價值，有審度時勢的智慧，以及敢於承擔責任的決斷力。領導者必須爲了國家長遠利益而不惜顧人怨，他不可能永遠坐著等掌聲。但「平庸政治」則不然，它永遠在爲了掌聲想問題，總是在閃避會有麻煩的結構性問題。「平庸政治」的特色遂變成以「點子」取勝，大方向大問題則擱於一旁！

舉例而言，無論何種民調，當今政府裡的財政部長皆是最不合所望的一人，但他可是著名的「點子王」。他這個稱號早在台北市財政局長任內就已出名，就在最近，他忽然點子一動，打起中小企業主意，要去查中小企業將日常生活支出開銷的發票拿去抵扣稅額。這種小鼻子小眼睛的「點子」會替國家多徵多少稅無人知道，但搞到稅務稽徵人員要大張旗鼓的去核對公司小額發票，這個「點子王」未免將聰明才智用錯了地方。堂堂財政部長對賦稅公平，是否減稅過多，國家財政條件日益惡化等大問題無所用其心，卻在發票報銷這種小問題上搞點子，這不是典型的「平庸政治」嗎？

台灣各行各業的人喜歡搞點子，動腦筋，俾爭取生存的機會。圓山飯店昔日何等風光，

爲世界十大飯店之一，現在風華不再，已準備引進上空秀，這種點子好不好沒人知道，只是讓人慨歎。日月潭一所小學要廢校，觀光局將其買下，要變爲冒險學校，這似乎也是個不錯的點子，但偌大的政府有各式各樣的牛刀，所殺的卻都是諸如此類的小雞，難免讓人格外感慨！

當今台灣在大方向上百廢待舉，但那麼大一個政府卻似乎只對「點子」特別有興趣。金小刀在走路吸菸問題上表態，的確是個「好點子」，問題是，以堂堂黨祕書長管吸菸小事，這是不是一種踰越，的確可爭論；而黨祕書長握有牛刀，卻將地制法這種大事搞得雞飛狗跳，整個五都問題到現在都還沒個配套。在小點子上很靈光，對大方向大問題卻始終混亂如泥，這不正是「平庸政治」範例嗎？

「平庸政治」乃是當代的新問題，政治人物小點子靈光，大方向則沒個章法。這種小聰明政治真該結束了！

不要在期望的甜蜜陷阱裡睡著了

人經常會有一種方法論上的惰性，在做實驗時會先有一種根據舊知識而產生的期望，如果得到的結果不符期望，則總是以這樣那樣的理由去排除那個結果，而不會去深究那個不符期望的結果是如何產生。有這種心態的人，永遠活在期望的甜蜜陷阱裡，它只會反芻，永遠不可能發現與創新。

這種惰性隨處可見，它制約著人們對各種問題的解釋觀點，從而也限制住了對問題的反應模式。馬團隊及當今的國民黨對去年「二〇〇五」和今年「〇一〇九」敗選的解釋及反應，即是這種惰性的充分顯露。

前兩次選舉國民黨大敗，如果他們真的有心，當不難發現這一切都肇因政府的無能力和無方向；如果能承認這點，他們始可能重整旗鼓，帶動新方向與新能力。

但他們的惰性卻使得他們不可能從承認自己的錯誤無能重新開始，於是兩次敗選，他們遂都做出看起來似乎有點道理，但其實卻都可能是錯誤的解釋：

——他們習慣於過去那種藍綠政治版圖藍大綠小的框框，不認爲現在可能已變得綠大藍

小，也不認爲許多藍已變成綠，更不認爲中間選民可能大幅轉向，只是認爲藍色選民變得「含淚不投票」。上兩次選舉投票率低，他們的解釋就是藍色選民沒有投票的證明，而疏忽了大家愈投票他們可能輸更多的可能，這也就是說，他們對敗選已失去了就事論事的能力。完全從自我感覺良好的角度做選擇性的但也可能是錯的解釋。他們寧願在舊式期望的甜蜜陷阱中睡覺，也不想就事論事做出讓自己不高興的解釋。

——他們爲了自我感覺良好而做出藍軍「含淚不投票」的解釋，於是像陳聰明這種人也就成了敗選的替罪羊。陳聰明該下台是一回事，陳聰明能不能爲敗選負責則是另一回事，而今在敗選找替罪羊的壓力下全都混到了一起。

——於是，整個馬政府也臉色一變，一年多前是「要考慮未投給我的五百萬票的感受」，現在卻回頭變成「要顧慮藍色選民的感受」。從地制法，彈劾陳聰明，立法院要設糾儀官，以及回頭去找那些熱情消褪的「馬迷」，全都成了「固本培元」的招術。

——而更讓人失望並擔心的，乃是他們已認爲國民黨行情下跌，滿意度持續下跌，關鍵在於媒體，因此高層已有整頓媒體之議。我不知道媒體要如何整頓，但讓某些筆某些嘴停下來就可以滿意回升嗎？這點很少人會相信！

人如何解釋問題，會決定他如何面對的問題。他們以泛藍「含淚不投票」來解釋選舉的失敗，而開始回頭去擁抱藍色選民，但這會有效嗎？藍色選民並非鐵板一塊，可以隨興揮來揮去，藍色選民判斷事務應該也有自己的標準，他們應當不是說擁抱就擁抱那麼簡單。而更讓人擔心的是，當國民黨如此這般「固本培元」，台灣龐大的中間選民會如可看待？中間選民非關藍綠，他們期望的是一個有方向有能力的政府，他們的期望依然在落空之中。

春節之後，「〇二二七」的四席立委補選，它規模雖小，象徵意義卻大，這也是國民黨最近動作頻頻要「固本培元」的原因。金馬合體高姿態介入輔選動員，也顯示他們知道這次選舉的前哨戰意涵。但最新的遠見民調，一月份馬的滿意度僅二三・二%，下跌了〇・三%，不滿意度六六・三%，增加了四・一%；國民黨立委的滿意度僅一八%，下跌二・三%，不滿意度六三・九%，上升四・一%，由這樣的民調不正顯示國民黨由「全民」而回頭去抱「深藍」，好像真的有點抱錯了！

人最好能就事論事，面對會讓自己不高興的現實，最忌諱一切從自我感覺出發，對事情產生脫離現實的期望，並陶醉在那種期望所造成的甜蜜陷阱中。搞政治的忽焉抱綠，忽焉又抱藍，這種抱來抱去的遊戲其實並沒用，真正有用的乃是帶領好方向，好好發揮能力與效率，造福人民，更不容天天都在找替罪羊。但這道理，他們聽得進嗎？

上 開場

狐狸管養雞場，還帶著烤肉醬！

台灣俗語說找錯救星叫「請鬼拿藥單」，美國人不這麼說，他們的說法是「請狐狸管養雞場，還給牠一罐烤肉醬」。

最近，「請狐狸管養雞場」的問題，在美國鬧烘烘一片，主角即是聯準會「銀行監督及調控部門」主任派金森（Patrick Parkingson）。因爲早在一九九〇年代後期金融衍生性商品出現時，聯準會理事主席葛林斯班並不想負起監督的責任，而派金森當時是研究及統計部門的中層主管，他顯然是在迎合老闆的心意，力主政府部門不應將手伸入。他一九九九年曾赴國會報告，即表示：「買賣金融衍生性商品的金融公司，它們的經營信用風險都非常內行，可以獨立判斷而做出投資決定。」而他闖了多大的禍？美國各大投資銀行利用政府監督棄權的機會，任意發行各種衍生性商品。華爾街成了一大群唸數學的人當「量化設計師」，他們用複雜到無人能懂的方程式將各種債務包裝成複雜的商品向全球推銷。最近《紐約時報》金融記者索金在新著《大到不能倒》裡，即透露出，這些金融衍生性商品甚至連投資銀行的執行長及董事們都搞不懂，而他們居然敢對外發售，半世紀來最嚴重的金融危機因此而形成。

因此，歐巴馬政府讓派金森負責銀行體系的監督管控，當然招致外界的質疑。雖說派金森現在已態度改變，但用闖了大禍的人來善後，並負起歐巴馬金融改革最核心的銀行監督管控的重任，總覺它讓人捏著冷汗。這不是典型的「請狐狸管養雞場」嗎？

美國歐巴馬政府有他們「請鬼拿藥單」的問題，而台灣的馬主席要改造國民黨就更讓人冷汗直流了。因爲它打從頭開始就錯，而錯的開始永遠不會造成對的結果，它早已超過了「請鬼拿藥單」的層次。

首先在此要替國民黨的黨工及當今我們政府內的公務員講幾句公道話，台灣的黨工及公務員從來就不是阿貓阿狗，他們絕大多數都要大學畢業，中等以上的還需碩士學歷及高考及格，說這樣的人多麼不行，實在有點沒有摸著良心說話。中華民國以前靠的就是這個公務員系統，而爬到了四小龍之首；國民黨當年主導著台灣政治，靠的也是這個黨機器。它們有多差？

而我們也不能否認，最近這段期間，我們的公務員系統的確日益懈怠，而黨機器則更加散漫低沉。而原因不是別的，乃是無論黨機器或政府機器，它們都必須要有好領導。當領導夠好，他們的積極性就會被調動起來，否則大家都士氣低沉，形同一盤散沙。

而最嚴重的，乃是當今國民黨黨工系統了。今天黨工們普遍都有漂流木般心情：不知道這個黨爲何而戰及爲誰而戰。而這種集體心情的形成其實是有原因的：

——在過去一年多裡，國民黨核心那少數人不斷在放送「馬英九不靠國民黨，國民黨要靠馬英九」這種高層耳語，這種耳語一筆抹煞了黨工過去的努力。當自己的黨領導看不起自

己的基層幹部，這些基層幹部怎麼會有向心力及努力工作的熱忱？

——近一年來，國民黨高層從不反省自己的錯誤失職，而是一天到晚把黨工幹部說得一文不值，他們沒有競爭力，他們必須被改造。一群小黨工被迫必須揹起黨失敗這種他們承擔不起的責任，他們怎麼會不心懶意散？國民黨高層不反省自己，而只是不斷把自己的黨工幹部當做箭靶來顯示他們的清高。一家公司出了看不起員工的老闆，只有破產倒店的命運，何況一個政黨呢。

因此，拜託國民黨的黨老闆們，最好停止一天到晚只想去改造別人的心態，而好好去想一想自我改造的問題。國民黨日益不堪，不是黨工出了問題，而是黨老闆們出了問題。以造成問題的人來爲問題善後，這不就是「請狐狸管養雞場」嗎？而人們居然會對這種改造鼓掌，不正是替他們送上烤肉醬嗎？

功高震主乎？親痛仇快乎？

台灣雖號稱民主社會，但在運作上及價值上，卻仍頑強的留存著許多古代的潛規則。人們用這些潛規則來捆綁別人，阻礙社會前進。最近浮現得最多的，就是「功高震主」和「親痛仇快」這兩句最莫名奇妙的「古董語詞」。

「功高震主」乃是古代平庸帝君既平庸但又充滿權力不安全感的產物，於是他既要人立功，但立了功後他又擔心得要命，生怕別人造反篡位。於是，「勇略震主者身危」這種現象遂成了古代高層官場的常態。有多少功高震主的人不都隨便找個甚麼理由就幹掉了。古代功臣有許多都沒有好下場，即見證了「功高震主」的可怕！

因此，「功高震主」乃是古董語詞，也是個官場魔咒，它成了古代官場集體平庸化的推手。當大官知道伴君如伴虎，不須搞到功高震主的下場，於是「不求有功，但求無過」，「無災無難到公卿」遂成了高級官場的嚮往目標。當「功高震主」這個魔咒催生出了「平庸就是福」這樣的官場文化潛價值，人們又怎能寄望持續的進步呢？

現在由於已是民主社會，功高震主者已不致於身危，但權力不安全感卻會造成「堵」這

種伎倆，那就是把這種危險人物堵在某個權力的角落，使他不會造成威脅。這是一種反淘汰，平庸者加官晉爵，不平庸者放在眼不見爲淨的海角一隅，這樣的政治又怎麼會有前途？

最近盛行五都民調，而不管甚麼地方，國民黨都是胡志強這個名字。它一方面顯露國民黨人物稀少外，也使得過去的「堵胡」及「功高震主」這個話題又告浮起，我們不知道胡會不會變成宋楚瑜第二。但由胡的尷尬處境及他引發的「功高震主」話題，的確顯示這個魔咒仍對國民黨發生著作用，這也是國民黨平庸化和反淘汰的淵藪之一。

「古董語詞」裡藏著許多古代的倒退價值，「功高震主」是個例子，而「親痛仇快」就更值得檢討了。

「親痛仇快」典出東漢時的大將軍幽州牧朱浮〈與彭寵書〉，收在《昭明文選》裡。當時朱浮官大，他屬下的漁陽太守彭寵與他政見不同，於是朱浮遂打彭寵小報告，彭寵火大遂舉兵攻打朱浮，而朱浮則修書致彭寵，一方面曉以大義，另方面也施加威脅，信中有曰：

「願留意顧老母少弟，凡舉事無爲親厚者所痛，而爲見讎者所快。」

因此，「親痛仇快」的原意其實是不錯的，當官的人千萬不要做出令讓自己親人蒙受痛苦的壞事或錯事。如果有權的人能以此爲誡，這句話必可成爲他提昇向上的動力。

不過，語言本身有著超彈性，同樣一句話只要一扭就可扭到意義完全走樣的地方。近年來台灣政治對立嚴重，一切事情都會往黨同伐異這個方向去拗去扭。當一切事情都被兩極對立的價值所扭曲，於是以「親痛仇快」爲口號的護短，對某些人遂成了天經地義之事。原本期勉當官人不要做壞事做錯事的「親痛仇快」，遂反而變成了替他們「護航」、「護短」的拖辭。一句原本正面的話，一轉就轉到了它的反面。

例如，阿扁犯錯，綠營一些有是非之心的人出面抨擊指責，這原是好事。但有人卻指責他們所做的乃是「親痛仇快」之事，這頂帽子一壓，大家就只好乖乖閉口。用兩極對立，非親就仇的二分法來護短，可真是威力無窮！再例如，藝人陶子敢言敢語不讓鬚眉，有一些人原本認爲她是自己這一邊的「親」，而她居然對某人敢大力嗆聲，那些人怎麼能忍受？於是「親痛仇快」的帽子又飛了出來。

把「親痛仇快」這句成語當成武器，真是太好用了。可以用它來非法化某些批評，從而達到護短之目的，可以藉此煽動某種清算情緒。若一個社會，「仇」的批評不值一顧，另外的則歸爲「親痛仇快」那一邊，豈不意謂著任何批評都不可能嗎？一個社會又怎麼會有中立自主的空間？會說出「親痛仇快」這種話的人，真正可惡之處，乃是他們已不明言的顯露出那種偏狹、兩極、缺乏容忍及改正的心態吧！

上 開場

正當性危機，馬政府面臨的最後警告

近代最早提出「正當性危機」概念的，是德國思想家哈伯瑪斯（J urgen Habermas）。他指出：「若政府危機的管理失敗，則政府就會遠遠的落後於對它實際的要求。對這種失敗的懲罰，就是人民撤回他們曾交付的正當性。」

因此，「正當性危機」乃是所有政治危機裡的最末端。當一個政治體系、官僚結構或領導風格出現效能危機而不知改變，危機就會一直往下走，它的「人民忠誠赤字」（Loyal ty Deficit）就會一直擴大，最後造成政治的改朝換代。從這樣的角度來看，當今的馬政府可以說早就陷入了「正當性危機」中。國民黨在大大小小各項選舉裡已連四敗，即是人民對它的懲罰，而這種懲罰還沒有結束，更大的骨牌要到最後才倒。

一個領導人以六成的選票當選，又有國會超過四分之三的絕對多數，這在全世界都極鮮見，這意味著從前年「五二〇」就職起，它其實已擁有從事一切改革的籌碼，但怎麼才一年多，它的行情竟跌到不足三成，而且看起來早已過了不歸點呢？這實在是全球民主政治上的一則負面奇蹟。這個政府沒有殺人放火，沒有重大的貪瀆，為何它的淪落竟然如此之速？他們自己納悶，他們的死忠支持者也同樣疑惑和不服氣，但情況真的如此嗎？

首先，這個政府靠著扁家弊案風潮崛起，這是相對位置所造成的時機所賜，而非其能力證明，但他們卻視爲他們被全盤肯定。於是那種一切自以爲是，凡事都拒絕承擔，永遠只想找一個最安全的位置以規避選擇的責任與風險，以爲做秀就是最好的政績，什麼都不懂但卻自認什麼都會，這些負面潛在因素全都在短短時間內暴露無遺。每個歷史階段，人們對政治領導人都有盼望及懲罰，陳水扁因爲讓人們的盼望落空而遭到懲罰，如果只想把扁案當政治的永遠提款機，而忘了自己的原始責任，人民的懲罰也不會放過，台灣選民痛恨陳水扁，同樣的也蔑視馬政府！

其次，凡時來運轉而出現的超人氣領導人，都有明星化傾向以及治國如搞選舉的風格，最近美國歐巴馬政府的這種風格已成了抨擊的對象，「華府哪裡出了問題」已成了深入檢討的問題。人們終於察覺到華府居然也有「可怕的四人幫」（A fearsome foursome），一切都從選票角度來思考政策問題，專業問題全都被扭曲，用我們的話來說，這就是「政治被小朝廷化」。而這種小朝廷風格在當今馬政府內，其實是以一種更嚴重的方式在運作著，一小群同質的親信把持著朝政，用台北市的觀點看台灣及看世界。難怪廿一個月下來，國事愈搞愈如麻了。

再就風格而論，馬政府以文宣起家，並真的以爲文宣及形象經營即可安天下。它平常做秀活動頻繁，有如趕場，當出了問題，最先想到的也是改動府院黨的發言人，而不去想政府的方向與效能這些真正的關鍵。對這個政府，我們不由得想開罵說：「笨蛋，不是文宣，而

上 開場

是政績！」

因此，對這個政府我們不會痛恨它，但卻蔑視它。台灣不管出了天大的問題，似乎都和他無關，他們總有「大環境不佳」、「氣象預報不準」、「陳聰明」、「泛藍不團結」、「別人有誤會」這樣那樣的理由可推；他們永遠是對的，他們成了一個廉價的「改革」口號。

然後將它當做武器揮砍與他們不同的人，而忘了最該被「改革」的乃是他們自己。他們沒事就「扮可愛」，有事就臉色一變而「扮無辜」、「扮可憐」。他們沒有核心價值與信念，藍綠紅白每種顏色都要染一點，搞到後來他們什麼都不是，只是他們自己。正因爲什麼都有，但就是沒有「誠」，他們說得再多，人們只姑且一笑，意思就是說，人們已不明言的認爲：這個政府不是「我們的」，他們只是「他們」！他們不做壞事，但也不做好事或應做的對事，他們只是讓人覺得疲倦。

國民黨六選五敗，後面是連四敗，政治板塊正由「藍大綠小」變成「綠大藍小」。如果馬政府還在那裡做秀睡覺，選民的更大懲罰很快就會到。

「內爆」概念，值得為政者警覺

近年來的「後現代理論」裡，有所謂的「內爆」（Implosion）之說。它指的是一個體系雖然權力愈來愈向外擴散，但所有的權力關係所造成結果，卻是這些力量全都倒打了回來，最後中心無法負荷而向內爆鬧。

去年英國經濟學家布特爾（Roger Bootle）借用了這個觀念，而在新《市場所遇到的困難》裡，將這次金融危機稱爲「大內爆」。他的論證邏輯是，當前金融秩序已破綻重重，但中心國家卻硬是能拖則拖，牟求拖的利益，於是問題的負面因素遂集中匯合而內爆。他的結論是，問題的改善不能拖，而必須堅定的一個個面對，這也有助於問題所造成的負面能量被逐漸發散。

因此，「內爆」這種既是體制性又是機能性的說法，它對人們的啓示，乃是當今的體制日益複雜，各類改革工作更不能猶疑瞻顧以拖待變，拖永遠讓不可避免的問題變得不存在，拖得愈久和拖的問題愈多，它的權力關係所造成的內爆威力也將愈大。早年寫《君王論》的馬基維利即在該書裡指出：「有膽識敢冒險，好過畏首畏尾太多，因爲幸運之神是女性。」

他的意思是爲政者多一點膽識，反而比較能夠得到幸運女神的眷顧。

而英國近代神學思想家拉瑟福德（Mark Rutherford）在這點上就說得更好了：「要去做或不想去做，都可以找到無數的理由，辯論的藝術即在其中；而生存的藝術則在於對這些理由的百分之九十九都不予理會。」他的意思是爲政者在做與不做之間，取決於思想及決斷之明快，太瞻前顧後的盤算，其實反而會誤事敗事。

在此以「內爆」及爲人處事的拖拖拉拉爲例，乃是上個星期台灣各種政治茶壺風暴不斷，政府都儼然變成了救火隊，手忙腳亂之狀已溢於言表。媒體也開始用很嚴峻的形容詞「危機倒數」來加以描述，而這種尷尬亂局又是怎麼造成的？

以剛下台的法務部長王清峰爲例，她主張廢死早已人所共知，而廢死也是馬總統大選的主要政見之一。因此，馬政府如果不避諱的敢於面對此事，其實是有整整一年九個月的時間來部署法律的安排以及各方意見的交換溝通與說服。一年九個月的努力，儘管仍會有很多人支持死刑，但相信廢死的思想在我們社會必定深植人心。但可惜的是，在過去一年九個月裡可曾對這個問題做過努力？於是一旦問題引爆，王清峰即千夫所指。法務部也要拖到現在才成立「廢除死刑政策研究推動小組」，三月廿三日才開第一次會。這個小組的成立整整晚了一年九個月！

因此，由廢死問題，人們已看到了拖的危害。我不知道他們爲什麼對這個問題不敢及早公公開開的安排與討論，人對自己相信的價值就應有敢於接受挑戰及說服他人的膽量，而我們居然會一拖就一年九個月，只會用技術性的不簽執行令來擋死刑，他們的不敢是爲了什麼？

廢死問題拖了一年九個月，充分顯示出這個政府畏事拖延的風格。而上星期，台灣其他問題如健保費調漲及楊志良請辭，及政府終於對屋價問題出手，以及開始對國公營事業負責人的薪給祭出「反肥貓措施」，這些事情每一起，政府都在扮演救火隊角色。它讓人不解的是，這些問題都與民怨有關，政府爲什麼一定要等到問題鬧成了民怨才會知道問題的嚴重？一個政府理應知道民心之所向，要在民怨逐漸形成之際就「先天下之憂而憂」，而這種判斷問題的能力我們政府怎麼不見了！

當今的社會已更趨複雜，政府對各類問題已必須更加敏銳並有判斷力與因應力，如果拖延被動，各類問題所形成的負面能量就很容易集中匯合並向權力中心反打回來。這也是我們殷盼執政團隊必須有擔當，能快速反應，並明快決斷的原因。「內爆」這種新的分析與觀察的概念，應當值得爲政者警惕。

不能射殺帶來壞消息的送信人

西諺有曰：「你不能射殺帶來壞消息的送信人。」這句話在今天的台灣，格外使人感慨！

因爲，壞消息乃是人們不想聽也不願聽的消息，因此他們的第一個本能反應，乃是趕快把送信人殺掉，以爲送信人消失了，所帶來的壞消息也就變得不存在。殊不知殺掉送信人，其實只是讓自己失去了針對壞消息做好準備的時間。殺掉送信人的結果，最後是殺掉了自己！

在過去一年多裡，替馬政府帶來壞消息的送信人多矣，但有權者或因昧於現實而自信過度，或認爲那一點形象資本即可一路撐到二〇一二年，因此遂對所有壞消息皆佯裝未聞，甚至對送信人心生恨意；而台灣根深柢固的兩極政治，也使得護航護短者從不缺乏，於是，壞消息的警惕作用遂完全無法發揮，而這一蹉跎就是兩年。當最新的民調顯示馬的聲望從去年「八八」迄今，已八個多月持續在下跌；馬的民心指標不但落後蘇貞昌一大截，而才竄起不久的蔡英文已能和他打成平手。這已證實了送信人過去所帶來的壞消息。送信人並非惡意與偏見，只不過是早了幾天就察覺到他的病灶。送信人所送的其實是對的消息。

因此，現在應該到了他們澈底反省的時候了，而最核心的反省，一定需回到領導學裡「領導性」的這個問題。無論任何體制，領導人地位的穩定都不能只靠「身分」與「角色」，而必須由他的「領導性」來證明。近代美國主要政治學家之一的奈斯比（Robert Nisbet）在《權威的黃昏》裡早已指出過，一個夠資格的領導人應當是「一個社會團結與共識的象徵」，他必須是那個社會的凝聚點，而不能成爲力量分散的來源；從掌權之日起他就要在極短的時間內建立起自己的信用，使自己的政黨與有榮焉，使對立的政黨視他爲可敬的對手。因此，奈斯比教授遂指出，好的領導人必須有某些特殊的英雄風格，但他也警告說，現在這個時代出名容易，與「指揮位置」無關的大眾英雄已可藉著「表演自己」而出人頭地，兩種不同的英雄模式，已對領導問題造成了混淆。

而類似道理，喬治梅森大學教授柯文（Tyler Cowen）在《名聲何價？》裡則有另外觀察。他指出在媒體時代，一種只想討好各方，獲得掌聲，碰到問題就閃，以免被罵的政治人物遂告出現。這種政治人物已使得討人喜歡的名聲很大，與得到尊敬的領導能力很強，兩者之間互相排斥。名聲很大但領導權威小，遂開始在現實政治上出現。這就是馬總統今天處境的寫照，這就是「領導性」危機。

因此，他們不但不應「射殺帶來壞消息的送信人」，反而應該感謝這些送信人，因爲這些送信人帶來的其實才是對的消息。在過去一年十個月裡，他把自己那一點看起來很大，但實質上很小的形象資本，過度膨脹，居然超過了全球民主制度公認的政黨責任制。這種顢頇

自大，已使他的基本群眾離他遠去，而他那一點形象資本又不能轉化成政績資本，由「二線總統論」到「八八水災」，那種不敢擔責任的畏事作風，則被人們看破手腳。而在兩岸關係上，他意圖討好各方替自己找個最安全位置的手法，最後是沒有一方的好被討到。他滿意度持續下滑，不是被任何人打敗，而是自己打敗了自己。

而我們也不能否認，他們在最近期間確實想在庶民問題上有點表現。但我們也應知道，當領導人的領導權威出了問題，他們即失去了對任何問題定調的制高點，再加上若有任何瑕疵，每件事都莫不治絲益棼，父子騎驢的困境無所不在，任何人皆可用「是否選票太多」來施壓或發洩。「領導性」出了問題，已注定「不可能做出人們會滿意的事」。如果再加上極受非議的蘇起又被起用當特使，這種事情要想滿意度回升，那已是毫無可能了！

「領導性」出問題，就須從領導性的重建這一點上找答案，這必須從方針到人事全面重新來過。而我們的當政者會這麼做嗎？或是把帶來壞消息的送信人全都射光光？

唯一必須恐懼的，是恐懼本身

自從十六世紀的蒙田率先說出「我最恐懼的事就是恐懼」後，這句睿智名言就常在人心。後來美國的小羅斯福總統將原句修飾，變成「我們唯一必須恐懼的，乃是恐懼本身」。它的語氣更加鏗鏘，已成了廿世紀最重要的勵志金句之一。

而到了現在，這兩個金句雖然已很古老，但影響力卻日增，原因就是「恐懼」這種現象日趨普遍，在這個天災頻傳，氣候異變，各種事故不斷，整個世界大形勢也令人不安的時代，要人不恐懼也難。「恐懼」已成了一種新的時代病。而在各種恐懼症裡，政治人物的恐懼症可能最值得討論。

政治人物有個天職，那就是在眾人皆恐懼時我獨勇敢，用他的勇往直前，來創造出令別人不再恐懼的新氣象。可是我們也知道，現在政治的複雜度逾於從前，擺平了這個利益團體就得罪了另一群人，討好這個人就惹翻另外的人；再加上選民易變，於是犯恐懼症的人裡，政治人物可能最多，而且權力愈大就病症愈嚴重，歸納而言，它就是「失去選票恐懼症」。搞政治的不知道在什麼時候，原本支持的選票會一夕蒸發。當一個人被這種恐懼籠罩，他真

正的麻煩就開始了。

他會出現一種病態敏感，每件事都更精打細算。這樣做會什麼人高興會得到多少選票回饋，那樣做又須付出什麼樣代價；恐懼的結果會使自己變得更加凡事短線化。而我們也知道政治上不可能穩賺不賠，當計算太多，最後就自然而然什麼也不敢做，反而得罪全部的人。美國最傑出女詩人愛彌麗・狄金蓀（Emily Dickinson）曾有詩曰：

當我恐懼某件事，它反而會到來
但來的時候已顯得不那麼可怕，
因為對它的恐懼已經太久，
它已幾幾乎變成了我親密的愛人。

上述詩句意思是，恐懼這種事有其慣性，恐懼久了它就會變成自己的一部分，讓自己麻痺；而恐懼也會造成「自我實現」，我們愈恐懼什麼，愈會做出讓那種恐懼成真的事。當人成了恐懼的俘虜，最後必然恐懼獲勝。

而這種「失去選票恐懼症」病態反應，眼前正在發生：

——君不見，最近這段期間一度風風火火的開徵能源稅，軍教人員開始徵稅，以及房屋稅由單一稅率調整爲五等級差別稅率，全都後續喊卡喊停。媒體稱之爲「選舉年效應」，意思是說五都等大型選舉將依序到來，爲了避免牽拖到選票，那些事還是能免就免了吧。

——君不見，上面高層現在針對立委羅淑蕾千方設法，要把她找到地方去接受「震撼教育」，讓地方民代好好教示羅立委一番。羅淑蕾問政驃悍，不讓鬚眉，應當算是國民黨的激烈改革派，國民黨可以容忍這種人，是國民黨還值得去救的理由。把她這種人拖到地方保皇民代「群眾」之前震撼教育，這簡直就是某種群眾批鬥。國民黨被「失去選票恐懼症」嚇傻了，居然想出名為「震撼」，實為「批鬥」的這種餿主意，其倒退已不想可知。

——一家外商證券投顧公司發表了一分語意曖昧模糊的研析報告，結果惹出一番雞飛狗跳，把這種事看成是超級大事，其恐懼的程度可謂已嚴重至極。

當今「失去選票恐懼症」已極病態，而通常是你愈怕，大家就愈會把選票當做嚇你的籌碼。任何人的不滿，都會變成「國民黨是否嫌選票太多」這個話題。當大家都圍繞著選票做著自嚇嚇人的文章，未來兩年台灣要怎麼過？

政治人物當然要選票，但選票必須他們努力去賺，有政績的選票跑不掉，沒政績的選票求不來。與其被選票自嚇到抓狂，倒不如端正自己，多做一點為人民興利除弊的事。當代恐懼學家，紐約州大教授羅賓（Corey Robin）說：恐懼不應是包袱，更不容因為恐懼而打壓別人，恐懼應該成為進步的動力，只有敢去面對並克服恐懼的人，才會有希望！

講話不是口服，而是讓人心服

十八世紀英國最傑出的政治家是老皮特爵士（William Pitt），他出身貴族，但卻是捍衛自由、反對專制的先鋒。他爲官清正，舉國稱讚，每當英國面臨挑戰，人們都會呼籲他出來領導政府，他是帶領英國走過七年戰爭的英雄。除了功績彪炳外，他的談話演說更是經典，後來的政治哲學家哈茲里特（William Hazlitt），曾如此評論道：

「他胸中有著神聖熱情的火焰，爆發出的義憤令世界振奮，諸王膽怯。他是自由的擁護者，國民權利的捍衛者，以及暴政的敵人和國家世界的朋友。他的講話不是去使人口服，而是讓人心服；他不告訴人們什麼，而提高人們的心靈；他堵塞人們習慣的偏差，讓人們的偏差能感覺和重新去感覺。」

哈茲里特的這篇經典評論，最重要之處，乃是他把「口服」（convince）和「心服」（persuade）做了區隔。靠著講話的氣氛、語言的巧妙，以及資料的掌握等讓別人服貼，這是「口服」；但若提高人的心靈，打開人們的視野，則是「心服」。這兩者之間的高下，在於「心服」有更高的境界，它藉著講話讓人們心中那些更好的願景被喚起。

而哈茲里特的這種說法，其實是有所據的，亞里斯多德在《修辭學》裡即說過：「心服的完成，靠的是說話者的個人特質，他那樣說就會讓我們覺得他是可以信賴的，他這樣說，我們對他的喜會更加相信，也更加準備去相信；不論是那種問題，這道理皆然，對那種很難有確定答案的問題以及當意見特別分歧時，這道理更是如此。」

後來，林肯於一八四一年曾在一次演說時，講到能與亞里斯多德的話相互參證的名言：「一個講話的人，若他真誠、坦白、不隱瞞，則他必會贏得注意，並能得到聽眾的信賴。」當代林肯學權威美國諾克斯學院林肯中心共同主任威爾森（Douglas L. Wilson）在所著《林肯之創：總統及話語力量》裡就明言，當時林肯在總統任內並不像今天這樣被視爲偉人，而是飽受國會議員、州長、將軍，甚至一般國民的惡評，甚至還有很多人認爲他根本不夠資格當總統；而林肯也知道這點，因而他任內遂努力要證明自己可能有很多缺點，但誠實與值得信賴則無可懷疑。林肯的不朽聲名，就建立在真誠和值得信賴這兩根支柱上，他讓人們「心服」！

因此，無論爲政之道或政治人物說話之道，讓人「口服」就已不易，要使人「心服」則更難。政治上有些話不敢明說，有些事則必須用漂亮的空話來遮蓋，當這些障眼的東西太多，政治就只會繞著一些大家熟悉的陳腔濫調做著黨同伐異的口水戰，真正重要的問題反而不被碰觸。當政治變成如此，別說「口服」「心服」了，政治人物連說服自己都很難。

上 開場

也正因如此，我對即將到來的「雙英辯」，其實充滿了期待。今天的兩岸關係一直到ECFA，都充斥著這樣那樣的文宣辭令，重要的方向感問題全都躲躲閃閃，兩黨之間各有各的罩門。而重要問題並不會因爲不去碰而不存在，反而是任何兩岸問題只要略一深入，基本問題立即就出現，而我們相信「雙英辯」時，ECFA問題一深入，許多挑戰就會迎面而來：

——對這個英而言，任何人都心知肚明，靠著大陸「讓利」而維繫的關係不可能太久，也不可能穩定，一旦不再「讓利」，台灣又將如何？兩岸政策一定要有台灣的內部政策來配套，而這些是什麼，又在哪裡？甚至於在「不統不獨」這種看起來很安全但純屬空話的口號之後，接下來又將如何？

——對另一個英而言，他們被貼上「鎖國」這個汙名化標籤後，要怎麼摘掉這個標籤？在美國方面已透過前在台協會代理理事主席卜道維等人頻頻對台獨示警的此刻，民進黨可有新的兩岸政策及願景？

「雙英辯」不可能只是ECFA的技術辯論，也不應該只是互扣帽子的攻防口水戰，而是大家都在看、北京和美國特別關注的台灣方向大辯論。許多一直閃避的問題已迫在眉睫，而哪個英能帶給讓人「心服」的答案？

聖誕老公的政治幾時才罷休

台灣的「庶民經濟」儘管不佳，但「庶民智慧」則從來不差。最大的「庶民智慧」，即是大家都知道任何財稅及社福問題，只要民進黨喊了價，國民黨毫無例外的一定加碼，到了選舉年這種情況更爲明顯。過去減這個那個稅，增加這個那個年金，一直到最新的《產創條例草案》再降營所稅，幾乎都無一例外，是這種模式的一演再演。

由台灣的這情況，就讓人想到一九八六年諾貝爾經濟學獎得主布坎南（James M. Buchanan）在《赤字中的民主》的論點了，他指出政客在做公共決策時，已愈來愈傾向於最簡單，對他們而言，也是最廉價的減稅及增加支出這種兩面討好的手法。他在該書裡有這樣一段：「公民對政客有這樣那樣的要求，如果這個政客不答應，他們就會選另一個會答應的政客。在這種情況下，又有什麼政客會拒絕答應？特別是在這預算平衡的限制早已解除的時代，當支付的成本已不必再精打細算，又有那個政客會拒絕去當聖誕老人？當選民不能或不願拒絕某些慾望，最後還是他們爲自己的行動付出成本，而政客只管選區選民的選票。他們的愚蠢也就是我們的愚蠢。」

上 開場

近年來台灣財政紀律的崩壞，早已到了極其危險的程度。從總體財政而言，到今年初，各級政府債務餘額累積已達四點六兆，潛藏性債務則達八點四兆。若以國際標準計，到二○○八年國債達十二點八兆，相當於一整年的GDP。而這種情況還在惡化中。去年台灣總收短缺二千三百億，衰退幅度高達一三・一%，爲有史最低的紀錄；今年政府歲入歲出皆已開始負成長，當經濟不振且部門失衡，未來的政府財政籌碼將更爲減少，用以平衡貧富差距的移轉性支出也將大減。「財政爲庶民之母」，當財政惡化，政府諸般施政又怎麼可能健全？庶民的福祉當然有減而無增？

政府爲了調控經濟發展，當然有必要以賦稅做爲手段。但賦稅手段有效無效，卻有可以檢驗的標準。例如減稅後是否有助於創新和競爭力的提昇？是否使得產業的附加價值增長率加速等？但由許多研究，所顯示的卻是過去十年台灣附加價值的增長在亞洲皆居於末端。當租稅優惠的創新動力不足，它就與特權無異。而且儼然成了一種租稅保護主義，反而使得企業的動力被阻礙！台灣這次制訂《產創條例》，政府談論這個問題的方式，就活脫脫是一幕租稅特權的口水戰。而人們皆知道，租稅的特權保護一旦啟動，它就不可能有日落的一天。台灣以「促產」和「產創」爲名的優惠，永遠沒有落日，反而是愈來愈變本加厲，這樣的財稅政策又有甚麼積極意義可言？

政府爲了選票而犧牲了對一個國家長遠發展最重要的財政紀律。而人們也都知道，當財稅政策選票化，它最後的結果，乃是財政義務最後就會落到中產階級薪資所得者，一般的消費者，以及最沒有抵抗力的下一代中產階級頭上，財稅的不正義最後會變成階級的不正義世代間的不正義。最近這幾個月，在美國地位突然竄升的波士頓大學經濟教授柯特立可夫（Laurence J. Kotlikoff），他稍早前在《即將到來的世代風暴》裡即指出，像美國這樣的國家，租稅紀律崩壞，其實等於是一種「財政虐童」，就以二〇〇四年爲例，一個新生兒一出生，頭上就有廿五萬美元的債務，難怪現在新生嬰兒「出生時的哭聲已愈來愈大」。我不知道台灣有沒有財政學家在研究「世代財政學」這個課題，但由台灣財政惡化的速度以及社會少子化方趨勢，台灣下一代的公共債務壓力，他們出生時一定哭得更大聲才是。

前述的布坎南和柯特立可夫皆指出，財政在民主支票下惡化，這個難題必須提高到憲政的體制改革，或許始能重建新的財政紀律和世代正義。在台灣，在過去一年多裡，卻連個賦改工作都有頭而無尾。看著財政更加惡化而仍在減稅競賽，台灣的下一代會把「罪人」的標籤貼在誰的頭上！

上 開場

國民黨的山寨版政治行為模式

「四二五」的ＥＣＦＡ「雙英辯」即將登場，由於這場辯論至關緊要，人們當可發現到，整個府院黨高層的口徑全都變了，而變得最大的有下述兩點：

一、過去將近一年，他們只要一講到ＥＣＦＡ就毫無例外的都是文宣口號，ＥＣＦＡ是多麼的好，簽了就是救命仙丹，而且毫無副作用；而現在則突然口徑大變，吳揆還表示「ＥＣＦＡ不是鮮花舖成的坦途」，金溥聰也明言「利要說，弊也要說」。府院黨口徑改變，當然是為了辯論需要，如只吹利而不說弊，對方只要舉出個弊，這場辯論就很難討到好。這也證實「雙英辯」的正面意義，正因有了這場辯論，府院黨才會更誠實的去面對問題，而不是全部文宣辭令。

二、而最值得玩味的，乃是過去這一年，民進黨主張ＥＣＦＡ公投，國民黨基本上都不予理會，而到了現在，府院黨卻突然口徑一致的說「ＥＣＦＡ公投沒必要反對」。問題是「沒必要反對」就是對公投的「支持」嗎？當然不是，「沒必要反對」只是「不支持」、「不反對」的另外一種不那麼對立式的說法而已。吳敦義說，如果有人搞公投，「我和馬英九總統都會尊重」，但他們所說的「尊重」絕非「支持」，而是用這些煩複但看起來比較緩和的字眼，來說他們的「不支持」而已。

因此，府院黨對ＥＣＦＡ公投的「沒必要反對」，可說乃是民進黨ＥＣＦＡ公投的山寨版，而這種山寨版的政治文化，ＥＣＦＡ並不是第一次，過去民進黨說「台灣主體」，國民黨就「台灣優先」；民進黨說「台灣是主權獨立的國家」，國民黨就說「中華民國是主權獨立的國家」；民進黨搞「入聯公投」，國民黨就來一個「返聯公投」。國民黨對問題總是提不出一個說法，於是每當民進黨出招，它就搞出個有點像但其實並不像的山寨版來把問題搞模糊。今天對民進黨的ＥＣＦＡ「公投」，府院黨搞出個「沒必要反對公投」，可以說就是國民黨山寨版政治行爲模式的再一次上演。

由國民黨這種山寨版政治行爲模式，就讓人想到當代重要法律學者，美國密西根法學院教授米勒（William Ian Miller）不久前在近著《假冒》（Faking It）裡的論點了。當代政治社會學者，對人類行爲裡的各種小骯髒已開始感到興趣，而「假冒」就是這種小骯髒裡一個非常值得注意的課題。

所謂「假冒」，乃是人們「假裝出他們不是的樣子」的行爲。因爲在人的世界上，勇敢、正直、誠實等品質雖然位階最高，但因爲通常都必須付出代價，而且可能是很大的代價，於是各式各樣混含了欺騙、權謀、投機、討好，甚至諂媚等元素的「假冒」遂告出現。例如我們有時候要「假裝客氣」以討別人歡心和好感；有時候要「假裝自制」來圖謀別人信賴的利益；有時候對明明不喜歡的人或事也要「假裝喜歡」或「假裝逢迎」，俾藉著別人的

歡心而分得賞賜。

對各式各樣的「假冒」，我們很難一概而論的反對，在簡單的人際關係上，不太邪惡的「假冒」有時的確可以有潤滑的作用，這種「假冒」可說是一種「白色謊言」，沒什麼大不了的負面結果。但這種「假冒」行爲用到公共事務上，它卻明顯的有較大的欺騙性與權謀性。公共事務理應愈辯愈明，當有人爲了迴避爭論，而在態度上搞模糊，有語言上鑽縫隙，假裝出其實根本就不是他的樣子，這種逃避問題搞謀略的結果，不但錯過了把問題談清楚的機會，也容易招致人們對這種玩弄手法的反感。「假冒」表面上是賺到了便宜，但可能失去更多。「假冒」暴露出缺乏勇氣、信心和意志。正如同商業的山寨行爲搞多了，賺到了便宜，但卻會失去正派經商的態度與能力。

米勒教授指出「假冒」經常是個人行爲的「機巧管理經營」（Dextrous Management），我們不否認它確實有機巧之感。但是，在公共事務上，這種機巧的小骯髒其實是沒什麼大用的，公共事務需要的是膽識、遠見、以及足以爭取到人心的信賴。這或許才是擅於搞山寨版政治行爲的，該學習的目標！

辯論當成上課，蔡教授輸得不冤枉

雖然人人都會說「真理愈辯愈明」，但大家其實都知道真理不可能在辯論中產生。辯論要靠技巧和當時各種主要勢力所造成的氣氛，這兩者能夠結合，辯論就會贏。但辯論贏了就代表真理嗎？卻也未必。它只是某種政治正確勝了，而該種政治正確卻的確有翻盤的一天。過去十餘年來台灣各種政治正確的問題翻來覆去，就是最好的證明。

因此，「雙英辯」蔡英文算是輸了。馬英九的確是在辯論，他有核心論旨，有一直咬住對手的攻擊策略，最主要的是有大環境在支撐。美國支持ＥＣＦＡ，大陸承諾ＥＣＦＡ，龐大的台灣商人集團支持ＥＣＦＡ。當辯論技巧和主要勢力創造的大環境結合，不贏也難。而相對的則是蔡英文不是在辯論，她是在給馬英九上課。我不否認她的這堂課上得很精彩，但既是上課，遂主題分散，該重點發揮的全都一閃而過，既是上課，她也沒有固定而具殺傷力的口號語言。兩人各說各話的結果，最後大家記得馬英九所說的話，卻說不清蔡在講什麼。

「蔡教授」最後輸了，她只能怪自己，把辯論的演講台，錯誤當成上課的講台。

「雙英辯」有贏有輸，贏的我們只能說是贏了現在，贏了此刻的政治正確；但是不是贏

了真理或未來，則仍是個開放的問題。也正因此，當大家都關注兩人說了什麼的時候，我更關心的是兩人在辯論中閃避了什麼或欲言又止了什麼。近代語言學和溝通理論都強調人說的很重要，但沒有說的同樣重要或有時候更重要。「不語」（silence）有的是自己不願說，不敢說，或沒想到要說；有的是被整個建構出來的秩序壓迫到不能說。而在「雙英辯」裡，就有太多這種「不語」。

以馬英九而言，他合理化ＥＣＦＡ的理由裡，有太多繫於北京的「善意」和「讓利」，這是不爭的事實，去扯什麼不是「讓利」而是「互利」，其實是很無聊的。馬自己到了最後也終於說了將來台灣和別國簽ＦＴＡ時，「大陸不要阻撓」。在這個最根本的問題上，馬英九迴避了大陸憑什麼要對你善意的問題。蔡英文要馬英九對「胡六點」表示意見，馬佯裝未聞。他在兩岸最根本的問題上「不語」，這才值得大家關心。

以蔡英文而言，她上的這一課，的確說了許多很好的概念。例如ＷＴＯ的確對區域經濟合作凌駕全球化表示過不滿，亞洲的印尼與泰國等確實有人主張「東協加一」應推遲。這些訊息當成課堂的材料當然很好，拿來辯論公共政策卻顯然離題太遠。蔡英文提到「台灣走向世界，再和世界走向中國」，在概念上這實在好極了；她也提到要在ＷＴＯ架構下循各種機制用「堆積木」的方式展開突破，這也是很好的想法。問題在於她提到這些想法時，對這些想法如何落實卻都「不語」。我們都知道，目前中國和平崛起，它在經貿架構的發言權日增，台灣對這個問題已不可能「不語」，而民進黨要如何面對這個問題？對這個問題「不語」，不代表問題就會消失。「雙英辯」只要碰到這個問題全都停止「不語」，看樣子兩黨終究有一天必須來次更大的台灣前途辯論！

「雙英辯」，「蔡教授」確實抓出了好多個攸關台灣至鉅的問題，諸如「走向中國會被鎖在中國」，「ECFA對台灣產業結構及財富重分配的衝擊大過台灣加入WTO」，可惜的是「蔡教授」只是在上課，她提到的每一點都一閃即過，絲毫未做經濟學上的申論。特別是在財富重分配這一點，它原本會有很大殺傷力，但因一閃即過，馬英九遂也用「辦好社會福利及用租稅手段來解決」低空閃過。原本可能成為火花的，別說火花了，連個火星都成不了。

因此，能夠「雙英辯」總比沒有好；但「雙英辯」辯出了什麼？其實很少。台灣長期以來從不參與秩序的建造，因而早已形成「不語」基本問題的習慣。一碰到基本問題能閃即閃，或者就幾句不著邊際的空言虛語帶過。最後又回到藍綠糾纏老路。「雙英辯」對許多問題「不語」，我們錯過的可能比辯論的輸贏更多！

上 開場

幾個讓人高興不起來的數字

每個社會都有很多統計數字，每種人都選擇性的用數字來自我合理化。因此，以前的人是「瞎子摸象」，現在的人則是「瞎子摸數字」。

最近，就有許多關於台灣經濟的極棒數字。「國際貨幣基金」的《世界經濟展望報》裡預估，二〇一〇台灣GDP成長率達六．五%，爲亞洲四小龍之冠。「滙豐集團」發布第一季新興市場指數，其中今年第一季出口訂單成長也以台灣最快高達五〇．一%，南韓才只三五．一%。看到這麼漂亮的數字，難怪有些人高興得尾巴都翹起來！

但我們都知道，每個數字的意義都說明力有限，它必須參照其他相關的數字，始可顯露出更廣泛的意義。最近這一期台北的《天下》及《財訊》這兩家雜誌，就刊出了另外兩個可能更重要但也讓人高興不起來的數字。

《財訊》刊出經濟部統計處今年三月「台灣接單，外地出貨」的比例首次超過五成，高達五〇．六九%，由此已可看出，台灣出口再怎麼成長，它都和本地的就業日益脫鉤。當然也和連帶的薪資成長關係變小，這也就是說，台灣出口成長，企業主和股東賺到了利潤，主要出貨地的大陸賺到了就業。

台灣則賺到了數字。在理論上，台灣的成長可說是「無就業復甦」了，而從長期看，台灣就業的不振，實質薪資的不增反減，都和「台灣接單，外地出貨」比例的快速增加有關。如果用更理論性的說法，那就是「台灣接單，外地出貨」的大增，它其實已形成了「一個無法持續分享的結構」，只有事業主、股東和少數高層管理階層賺到利潤，接下來就沒有東西可以繼續向下分享。

而最新一期的《天下》雜誌，則刊出行政院主計處公布的「家庭收支調查」報告，台灣有所得的人口中，一年各類所得相加，中位數者只有大約台幣四十萬，只有前八％一年破百萬，超過二百萬已算是最少的一％了，僅十二萬人。一年四十萬，折合美金不過一萬三，連平均國民所得一萬六美元的水準都還沒到。在台灣生活的人都知道，一年四十萬要過日子當然可以，但已經很緊，若是在台北，則只能說勉強，中位數以下的人口，他們生活的拮据已可想而知。年過百萬已是八％以上的高收入族群了。但以這樣的收入，十年不吃不喝存了一千萬，只勉強能在台北較差的區買個小公寓，好區的公寓至少二、三千萬，大家等著吧！

於是，人們遂會納悶的問道，最近台灣幾個地區房價拚命在飆漲，漲幅高達五成以上，所謂的豪宅更是動輒一兩億，這些人顯然都不在「家庭收支調查」的範圍內，那麼他們都是從哪裡蹦出來的？台灣真實的所得結構到底怎麼樣？對於這點，我們都不知道台灣從事資本利得活動享有租稅優惠，而且早已是統計數字這個領域的化外之民。台灣有一大套機制可以讓真正的大富之人將財富隱藏。

此外，過去廿多年，台灣許多事業主赴市場更大、更有利潤的大陸發展，其累積財富更爲可觀。這些境外財富原本與台灣境內尚能區隔，但目前美歐都在追查富人稅，而台灣又因爲政治上要製造台資歸鄉的形象而大幅調降遺贈稅，於是錢潮洶湧的局面遂在台灣形成。龐大的境外資金已開始對境內經濟消費造成擾亂，房地產的狂飆，超級高檔消費的崇拜，也都因此而出現，這都超過了「家庭收支調查」範圍內庶民們的想像。

而更可議的，乃是馬政府明年滿三年，對富人優惠減稅將達六三五八億，三年累積國債一點四兆。這些超級手筆惡化了財政，也減少了政府藉移轉性支出來拉平貧富差距的籌碼。未來一兩年，台灣在兩岸關係上，對內的藍綠鬥爭上都將有極多考驗，但除了這些政治問題外，對老百姓的我輩大多數，真正有切膚之感的，其實是社會經濟這個當權者並不怎麼在意的板塊。大家在意的是將來的日子會不會更好，我們的兒孫輩會不會更好，如此而已！

洽簽ECFA，思考經濟「內部自主性」

近年來，普林斯頓大學政治經濟學教授吉爾品（Robert Gilpin），在他的著作《國際關係的政治經濟學》及《廿一世紀全球資本主義的挑戰》裡，都提到「內部自主」（Domestic autonomy）這個很重要的概念，值得人們用心思考。

他會提出「內部自主」這個概念，其實是有原因的，因爲自從一九八〇年代末所謂「全球化」這種說法漸盛之後，經濟圈裡就大家人云亦云的宣稱，「全球化」會拉平各國的差異，使各國政府的調控角色被抽空，各國總體經濟的政策也愈來愈相似。最惡劣的結果，甚至會造成有些國家爲了便於競爭，遂在稅賦、福利、貨幣政策等方面不斷放水，形成「往底部的競賽」（Race to the bottom）。他的意思是，這種情況會使得許多國家的政府不再努力，只是隨波逐流，並動輒用「全球化的必然結果」這種說辭來合理化自己的不用功不努力。

吉爾品教授指出，世界真正的運作並不是這樣的，他引用另外兩名學者柏格（Susanne Berger）及多瑞（Ronald Dore）所做的實證研究，指出全球化的互動以及外在的壓力及反

應，其實都有著許多選擇，而這種選擇乃取決於各國內部的因素，政府有沒有能力應付挑戰做出更好的選擇？各國政府及人民能不能調整方針而得到更多機會和利益？政府能不能在人民最小傷害的前提下自我改變？所有諸如此類的課題，其實就是所謂的「內部自主」。只有能掌握「內部自主」的國家，始有可能保障它人民的利益和福祉。柏格及多瑞這兩位知名學者，甚至言簡意賅的說道：「全球化的內部的效應，主要取決於各國政府自己！」

除「內部自主」這個國家立足的基本原則須強調和努力外，我最近重讀哈佛談判專家戈登（Mark Gordon）及厄泰爾（Danny Ertel）合著的《談判交易的重點：當只說是已不夠時該如何談判》，這兩位專家指出，無論公私談判，有太多例子都顯示出人們一廂情願以爲順利圓滿而且滿意的談判，但搞到最後卻亂成一團，種種不在預期中的副作用都會一一迸發，明明是件好事最後卻以壞結果終。

因此，對於談判，切莫自以爲得意而過度的一廂情願，談判絕對不應該是個目的，而只能是個程序和手段。談判只是問題的開始，絕非問題的結果。爲了讓談判能夠長期在所欲的軌道上得以落實，任何一方都不能做出他將來難以兌現的承諾；由於世界的複雜度早已超過任何少數人的智力範圍，因而談判的諮詢協商必須相當的廣泛與開放，絕對不容許少數人的黑箱；由於談判的落實相當漫長而且連動效果也充滿變數，因而無論心態的設定及視野的開闊都必須時時警惕。愈是慎重的談判，將來收割到的才會愈多，愈是一廂情願草率的談判，將來的苦果也就愈大。

在此不嫌辭費的引述多位學者專家的說法，乃是當代許多頂級的學者早已警惕到，現在毫無疑問已進入一個秩序重編的新階段，而秩序的重編與談判，它本身就是個能力競爭的新領域，任何國家與政府如果不能在「內部自主」這個問題上有堅強的認知，有足夠努力的配套，以及對未來有夠好的判斷與決策，未來新秩序重編後，自己這邊所得到的可能就抵不上所失去的。經濟上的「內部自主」，包括了勞動市場的可持續成長與發展，產業結構有進一步成長的空間，人才培訓及產業創新有持續的動力，社會公平的環境有改善的機會等。在第三輪ＥＣＦＡ商議的此刻，有關「內部自主」這個核心價值，也到了應該被大家公開討論的時候。

除了吉爾品教授等所提的「內部自主」外，隨著ＥＣＦＡ的即將展開，我認爲台灣民間及朝野，已必須像哈佛戈登教授等人所說的，對它的落實，連動效應，相關的變動因素，做出更廣泛的追蹤與考核了。戈登教授等人指出，一切的談判協商，都不是問題的解決，而是更多新問題的開始，它只有透過縝密的監督，始可望能在良好的軌道上運作，這個工作我們不要荒廢了。

上 開場

視別人為野草而踐踏，野草會長滿他家

一九九七年，英國首相布萊爾宣佈，在內閣辦公室下設置「社會放逐小組」（Social Exclusion Unit），由他親自負責，在近當代政治發展上，這是「人道政府」的突破。布萊爾當時說：「社會放逐與所得有關，但範圍比這更大。它攸關國民的前景，生存的整個網絡，和人生的機會。這是個非常新興的挑戰，它對個人會造成更大傷害，會讓人自尊受創，更侵蝕社會這個整體，也比物質的貧窮更容易傳到下一代！」

英國布萊爾政府會在「人道政府」的作爲上踏出這一步，且將問題層級拉高到領導人自己負責，這當然不是布萊爾在做秀，而是「社會放逐」問題確實有那麼大的急迫性。全球第一個注意到「社會放逐」這種現象的，乃是法國思想家勒努瓦（H. Lenoir），他在一九七四年即率先指出，由於貧窮擴大，政府及社會的麻木冷漠，各式各樣歧視加深，現在的壓迫其實已進入一個新的階段與型態，那就是它和以前不同的是不再有明目張膽的剝削與迫害，而是整個體制與社會價值視弱勢者爲一種「不存在」，讓他們在角落裡無人理會，無人關心下自生自滅。這就是「社會放逐」，後來有另外的法國學者稱之爲「社會使他們不及格化」

（Social Disqualification）或「社會開除」（Social Disaffiliation）。整個社會對弱勢者已關起門了啊！

而布萊爾所做的，歸納而言，乃是要把對弱勢者關起的門重新打開，包括改善他們的就業與所得，能訓練者提供訓練而不能提供訓練者則加強照護；鼓勵公民團體爲他們代言並加強對話改善，最重要的乃是用更大力氣來消除已被體制化和習慣化了的歧視，以及透過教育和輔導，讓弱勢者不致於代代相傳，累世不得翻身。

在此特別提出布萊爾「人道政府」的理念與做法，所想指出的乃是不管我們對西方喜歡或不喜歡，西方特別是歐洲，它們的學者及政府，在人類價值的進步上則無疑的始終扮演著領頭羊的角色。它由過去的歧視，變爲反歧視，再進而反對社會放逐，爲更積極的「人道政府」催生，其軌跡的可謂歷歷可見。

但反觀我們台灣，以前我們貧窮落後，總是受到外國的指指點點，它一方面固然催化出我們自強自立的努力意志，但同時也使我們嫌貧愛富，見西方人就自動矮一節，見到比我們窮的非西方人就自動長高一大段的依賴價值更加根深柢固，大家常說我們社會很有人情味，但這種人情味其實是有選擇性的，它對西洋人和東洋人有效，換成黑人、阿拉伯人或東南亞人看看，在深層心理上，我們所反芻的其實是十九世紀以來西方那種老式的歧視主義。

因此，如果我們被歧視，會叫罵不斷，但我們歧視起伊斯蘭印尼外勞，卻又視爲天經地義，如此事不是全球媒體鬧成一片，我們社會肯定不會將這事嚴肅看待。台灣歧視菲傭泰勞印尼勞，早已成了「台灣人權報告」裡的汙點項目，我們可曾當個正事來辦？台灣歧視陸配

越南配及他們所生的新台灣之子，政府可曾努力改正？台灣歧視自己社會的罹病老人，弱勢家庭，甚或原住民，山林偏遠居民，對這些人又何嘗付出過多少關懷？台灣的「社會放逐」，對弱勢者的不理不睬，其實是以一種非常嚴重的方式在惡化中。如果台灣依然貧窮，或許尚可體諒，而今台灣動輒自誇富裕民主，這種人道的麻木遂變得更加不可原諒。

與馬丁路德金恩同享大名的黑人民權領袖泰爾坎X曾說過：「你們視我們爲野草而亂踐踏，最後野草就會長到你們家的客廳裡。」他的意思是，會歧視欺侮別人的，這種人的心已經壞了，當這種人的心都壞了，最後這種壞一定會被帶進他們的家裡。近年來的台灣，由於政府的麻木不仁，社會的積習未被領導者去改變，我們社會在價值標準上，其實是屬於一種倒退的狀態下，這其實也是台灣人心不滿的源頭。在此以布萊爾「人道政府」的作爲爲引，或許我們政府更該朝這個方向努力，「人道」不正是政府存在的基礎嗎？

五都選舉是新民進黨決戰新國民黨

五都選舉的兩黨候選人已全部就定位，誠可謂兩黨真正的A咖菁英全都走上了最前線，一場好戰已告開始。

人人皆在說五都選舉是二〇一二大選的前哨戰，其實問題根本不是這種「兩段論」，而是五都選舉就決定了二〇一二。如果國民黨幸而能夠保三，二〇一二尚有一搏；如果國民黨以二比三、一比四，甚或〇比五落敗，二〇一二還有得選嗎？假使要選，大概也和馬主席無關了。因此，五都選舉不是前哨戰，它結結實實的就是兩黨的總決戰。

除了在選舉的時程上，五都選舉決定了二〇一二，因而有決戰的意含外，我們由台灣政治文化及政黨生態的變遷，還可看出另一層的決戰意含。

在國民黨這邊，它的核心黨員爲深藍群眾，這樣的核心群眾造成了它那種權力少數特定人選寡佔的結構。過去這個結構的領導班子，儘管與廣大選民真不那麼水乳交融，但仍可透過其他權力的分享，在各縣市地方廣結善緣，因此我們遂說過去的國民黨是個以地方組織取勝的政黨，但這種以組織取勝的特性在馬主席之後已被「國民黨的文宣化」所取代。他們相

上 開場

信靠著文宣就可以搞定政治和選舉，這當然也造成他們對地方組織的冷漠甚或敵視，認爲地方勢力就是派系黑金。近年來國民黨將中常委職能削弱，這意謂著它的權力決策圈已更加縮小到只剩就那麼幾個人，國民黨內的「本土派」已被邊緣化；國民黨日益重視中央文宣和打擊地方，已使國民黨地方實力快速萎縮。過去幾次補選及「三合一」選舉國民黨皆敗，所透露出來的即是機動力寡佔和向心力的衰退。國民黨決策圈的就是那麼幾個人，上台是這幾個，下台還是這幾個，他自己不知道這已造成黨內和選民多大的反感與痛惡。

而可能更麻煩的乃是馬政府的兩岸政策了。人們不能否認目前兩岸氣氛已明顯緩和，但因馬政府和兩岸政策從未說清楚談明白，而只是視情況需要講話放話，例如最近ＥＣＦＡ第三次協商受阻，他即說出不要美軍協防之類的話，也有人在「終極統一」上放話，這種變來變去，什麼都是但又什麼都不是的態度，已使馬政府的誠信受創，他們認爲是最大功勞的兩岸政策，已漸漸的變爲最大的負債。

因此，目前的國民黨有執政之利，但它的權力由特定少數人寡佔，不能開放給黨內更多本土菁英，不能善待地方人士，仍以爲少數人的文宣即可治國，加以兩岸政策短線的「得」的考慮，而可能失去更大的誠信，這些都使得國民黨把自己玩到了逆境這個方向。

而反觀民進黨，由扁案爆發，政黨輪替扁案起訴，顯然它已逐漸利空出盡，扁時代的核心人馬逐漸退位淡出，也給了民進黨重建的契機。最新的縣市長政績民調，民進黨顯然優於國民黨，加以蔡英文有著一向只有國民黨要員才有的高學歷資本，這對民進黨當然有著極大的加持作用。這也就是說，後扁時代的民進黨其實已透過幾次補選及「三合一」選舉重新再起，這是一直把扁案當提款機的國民黨新貴們所疏忽掉的關鍵！我們須注意到，就在國民黨愈來愈文宣化之際，民進黨反而在地方組織上有了開展，最近水利會的選舉即是個徵兆。

因此，五都選舉其實是新民進黨對新國民黨的一次強大的挑戰，由於至關重要的兩岸問題勢必將成爲選舉的重點，這次選舉遂有了決戰的色彩。五都選舉兩黨A咖級的精銳盡出，也可看出這兩黨不明言的也都是把這場選戰當成決戰來打的心情。

五都選舉誰勝誰負，言之尙早，但由這兩年台灣民意變化，兩黨消長，我們至少可能肯定的知道，國民黨想要保三，其難度之大將逾於空前；這次選舉也將是馬總統上台迄今，而且有可能是他畢生從政最大的考驗。或許國民黨真該好好準備了！

上 開場

胡市長，你為什麼還不生氣？

台中市翁奇楠槍擊命案，從「五二八」至今已整整十來天，這起命案由於有太多黑箱，於是難免各種有真也有假的揣測不斷，但新聞每天在鬧，卻有一個人似乎永遠在狀況外，那個人就是台中市長胡志強。當最該在狀況內的反而變成了狀況外，難怪他每次面對媒體，都好像被凌遲一般。

因此，看著狀況外的胡市長爲了面子而必須假裝成狀況內的講一些沒什麼用的話，就爲他抱屈。而這種困境並非台中市獨有。台灣每個民選的縣市長只要一碰到警政治安問題，就會都成了程度不等的圈外人。當一個人要爲他無能爲力的事負責，他要怎麼負？幸而台中市長的挑戰者蘇嘉全當過內政部長，管過警政，懂得地方首長在警政治安上的困境，沒有在槍擊案上窮追濫打，反而說出「這件事情不該都要胡市長負責」這句良心話，否則胡志強就不只蠟燭兩頭燒，而是三頭燒了！

因此，胡市長其實是該大大生氣的：

——槍擊案發生後，有高級警官在場這種事，似乎台北都知道了，爲什麼獨獨他在狀況外？為什麼後來事情鬧開了，他要求提報告，交上來的卻顯然是個為警官護短的報告？連堂堂父母官都可以被唬弄，還有誰可以不唬弄的？

——這起槍擊案的現場及附近有那麼多支監視器，一定有極多清晰的現場畫面可以公開緝凶，但這次對畫面問題卻諱莫如深，於是什麼「消磁說」「第五個警官說」「丟包說」全都繪聲繪影的出現。一件有人證（那幾個警官）有影帶這種物證的案子，原本再也清楚不過了，而今卻搞得神祕兮兮，各種流言四起。如果拖拖拉拉又逮不到凶手或逮到的凶手有疑點，胡市長就真的別再混了。

——此案到後來，派出四十名重裝備的特警，大張聲勢的在道路及八大行業搞臨檢，好一場風聲鶴唳的治安大秀，但明眼人一看就知這是做秀勝過實質的表演。這乃是近年來台灣政治上的轉移慣技，沒啥路用，只讓人反感。

因此，胡市長為什麼還不生氣？他的轄境內出了大事，而他對此完全無能為力，甚至還搞不清楚狀況。他雖然做了一些善後如換人和交付檢調，但最實體的部分仍暗曚曚的費人疑猜。對於一個案子被搞成這樣，一個有責任感的縣市長能不生氣嗎？而生氣不是為己為台中，而是為了整個警政的改革。

首先，台灣的警政長期以來確實有著「黑白共治」的傳統，黑道的大哥做著各種超利潤行業，他們有錢有小弟有選票，是一個必須籠絡收買的勢力。但這樣的「黑白共治」有礙觀瞻，於是它遂以一種暗中的方式為之，大家有利共享，出事了大哥就交代兩個小弟頂罪讓警察做業績，整個社會治安的基礎因而混亂不堪。也違背了人權法治的原則。其實根據嚴格的

上 開場

法治精神，坐過牢的人坐牢後即和常人一樣受到法律保障，他們去再犯法，自有「罪刑法定主義」來規範，根本就不應有「黑道」這種分類。這也就是說，若犯罪防治和行業管理一切依法有效辦理，根本就不可能出現「黑道」這個問題。

而台灣之所以黑道氾濫，都是白道籠絡、利用、政治交換，以遂行社會控制所致。而要根絕此弊，只有將治安權根據民主法治原則歸還給各地方。中央只管涉及國家或重大刑案的案件，相信縣市首長在治安問題上有權有責有選票監督，治安才會重歸定位。

其二，美國西北大學以研究治安見長，曾對芝加哥、休士頓、紐華克、明尼那波尼斯等大城市的「都市社區警政」做過設計。該校教授史可更（Wesley G. Skogan）在專著《脫序和衰退：美國社區的犯罪及螺旋式衰敗》中即指出，現在這個時代的城市治安與警政已必須根據民主分權原則重新來過。台灣一條鞭式的警政已問題重重，如果台中能帶頭對治安警政做出先行的改革，相信這樣的生氣，才會真正有利於台灣治安的提升吧！

把扁案當提款機，將錯估選民智慧

政治人物的評價，經常與時俱變，甚至還會出現所謂的「詮釋的循環圖」，那就是現在人的評價是被後來的人所決定，如果後來的人沒有比以前的人表現得更好，以前的人所蒙受到的負面評價就會被漸漸稀釋。一九九〇年代蔣經國曾被許多人惡評，但縱使到今日，台灣都沒有任何人比他更傑出，這乃是他的聲望愈到後來愈盛的原因。

而政治人物的評價與時俱變的道理，在當代亦極普遍。前幾年顏色革命風潮一時，出現一班被人咒罵的當權者，也出現好多個被人吹捧的民主英雄。而那些被捧的如今安在哉？當他們不能證明自己比那些被罵的更有能，那些被罵的就顯得不是那麼糟糕，有些被罵的甚至還有了重回舞台的機會。

上面所說的那些歷史評價的道理，不是在宣揚歷史的虛無性，而是在於鼓勵和警惕現在的當權者，要把自己的心胸放大，眼光放遠，必須透過證明自己來建造自己的名號；如果不此之圖，仍想著要在前人失敗之處找自己的立腳點，則台灣只會永遠的惡鬥，而人們只得虛無下去。

上 開場

上星期的六月八日及十一日，四天之內兩起有關扁案的判決，一個判無罪，一個則是量刑大幅減輕。對於這兩起判決，我們不宜用任何陰謀論來看待，因爲：

扁案不論怎麼看，它都是政治及道德上的重大犯錯，這乃是扁案之初，輿情嘩然，國人皆曰可殺的道理。這也是扁案之初，無論檢察官或法官皆極難爲的原因。而今扁案已久，政權輪替也已滿兩年，當義憤填膺時刻已逐漸過去，法官裁量時遂多出了一些自主的空間，這也就是說，扁案應有的「政治歸政治，司法歸司法」氣氛已開始確定。四天兩起判決，可能有少數人會或喜或怒，但絕大多數人都對判決持肯定態度，這就是「司法歸司法」的成熟。

政治人物及政黨犯了嚴重錯誤，它最大的政治懲罰即是失去政權。當政權已因此而輪替，新的權力者如果不能做開心胸，仍兀自想繼續把弊案當做政治提款機，那就是朝野錯亂，時空錯置的行爲。近年來，台灣絕大多數民眾都已把扁案丟在腦後，只視它爲未了的司法案件，也對有人繼續在打扁上做文章不再有興趣。由這樣的發展，它對藍營人馬其實已是一種警號。現在的政權在藍營手中，藍營人馬與其試圖要藉著打扁而抨擊民進黨，倒不如加強對自己的檢討與反省。今天的民進黨早已進入「後扁」、「非扁」的時代，打扁已打不到民進黨，而只會打到他們以爲存在但其實並不存在的幻影。連日來，兩起判決已惹出一堆打扁聲浪，國民黨某些高層也的確試圖讓打扁再起。這種意圖用藍綠惡鬥創造團結局面的盤算，可能錯估了台灣選民。

由四天兩判決，不論是否滿意，但我們至少已可看出，近年來從馬案到扁案，已暴露出了台灣在規範高層政治行爲的法制上，的確漏洞百出。我們有不清不楚的特別費及國務機要費制度，有不清不楚的外交零用金制度，還有效用不彰的政治獻金制度，當制度多破洞，公私界線就容易模糊而且也替政治鬥爭預留了空間。由近年來的這些案件，已提醒了我們，對這些規範最基本政治行爲的制度已必須要有通盤且徹底有效的檢討與重訂。我們的政黨及政治人物在大家都受到程度不等的傷害，也犯了錯誤後，是否應趕快做個整頓？

隨著扁案的兩起判決，以及阿扁可望不久後結束羈押，再加上五都選舉將屆，今年的紛亂中又將多出一個扁因素，有人希望藉打扁重新再點起舊話題，有人則希望重新搞對抗。但由今天台灣的發展，「政治歸政治，司法歸司法」的社會氣氛業已形成，在扁問題上做各種文章大概已很難再得人們的同意，甚至還可能會有各種反效果，因此，準備打陳水扁主意的各路人馬，恐怕已應小心了。大家何不就讓他好好去打那未了的官司呢？而今天的當權者也應忘掉陳水扁，去開創自己的評價！

兩岸關係進入微妙的新盤整期

愈來愈多的跡象顯示出兩岸關係已進入了新的盤整期：技術層次的交往會繼續強化，但重大的突破已不可能，而且北京對台，將日益的與兩黨等距離，不再一廂情願的只和國民黨對口。這種跡象顯示在：

一、今年廈門的「海峽論壇」，大陸方面仍是賈慶林擔綱，國民黨方面由於已下令大老不要經常跑大陸，再加上五都選舉將屆，國民黨已不敢派出重量級人物，只由二線的嘉義市長黃敏惠出面。因此，賈慶林談話時遂明言「海峽論壇」將轉型爲不分黨派的溝通平台，他同時也向民進黨伸出橄欖枝，這是北京對台政策的微妙轉變，意思已盡在不言中。不久前國台辦副主任孫亞夫在內部智庫會議中已指示要把蔡英文的「十年政綱」列爲重點。由賈與孫的態度，已顯示出北京對台政策的天平已開始傾斜。

二、談了一年多的ＥＣＦＡ現已到尾聲，值得注意的是大陸在早收項目上雖大增，甚至還主動提出十餘項台灣農產品要讓利，但在核心的石化、工具機、整車輸出等許多方面則予婉拒。這似乎已顯示出大陸對馬政府的讓利已到了一個盤整點，更多的讓應當已機會不大。

而北京會在目前這個時刻做出微妙的變化，當然與兩岸內部的變化有著密切的關係。

在台灣方面，今年底將有五都選舉，而根據截至目前的形勢，國民黨未必能夠領先，而五都又和二〇一二大選密切相關。在台灣政府不明朗的此刻，北京當然以「停、看、聽」爲上策，縱使有利要讓，也以政局明朗時提出更佳。這意謂著，從現在到五都，從五都到二〇一二，兩岸關係的穩健發展，強化技術性的各種交往，已成了必然。

而在大陸方面，我們也要注意到它在二〇一二也將同樣「換代」。在「換代」前，許多重大問題現任者已必須有所保留，俾讓將來新班子發揮。由大陸的「換代」，再加上台灣的重要選舉將一一到來，我們似乎已不能期待在可見的最近，兩岸關係會有任何重大的變化。

因此，兩岸關係現在可說是已進入了盤整期，而在這個盤整期伊始的此刻，我們的確已發現到，由於過去兩年的互動，北京方面已確實體會到兩岸問題不可能北京與國民黨說了算。台灣是個有大選，政權可能變天的社會，如果北京獨厚國民黨而薄民進黨，必將造成極大的反彈及後遺症。正是因爲有了這樣的認知，北京已勢所必然的要對兩黨等距離化，要有一貫的政策不隨那個政黨上台而轉移。最近一年來，大陸省市長級人物主動訪台，要建立自己的形象與影響：大陸各級機構也都主動爭取民進黨大大小小的人物出訪，這都可能是兩黨等距離化的印證。

正因過去兩年互動及產生新認知，據個人理解，北京某高層最近也對大陸在陳水扁時代的對台政策做反省。

在台灣的人都知道，二〇〇〇年阿扁上台時曾提出了「四不一沒有」的政策口號，從今

天的角度來看，「四不一沒有」的確是個新出發點，如果北京能善意回應並積極讓利，說不定兩岸真的可以開創出「雖不滿意，但可接受」的新局面。但可惜的是，阿扁第一次當選的票數連百分之四十都沒到，因而北京遂認定它只會是個短命政權，只要「連宋合」，阿扁就會失去政權。正因爲有這樣的認知，北京對「四不一沒有」根本就懶得理會。這也是扁後來愈來愈往衝突型的急獨方向移動的原因，如果當時北京對「四不一沒有」積極因應，做出有利他連任的部署，誰又知道兩岸關係會出現甚麼樣的變化！正因對民進黨執政時的對台政策有了反省，這也是大陸有些智庫會把民進黨研究加重的原因！

目前兩岸關係也開始重新盤整，無論北京、美國或台灣的兩黨及社會人士，可能已需要對兩岸問題多做一些反省與思考了。

ＥＣＦＡ真的有那麼重要嗎？

在台灣排山倒海的文宣造勢下，ＥＣＦＡ已儼然被說成了是不得了的豐功偉績，而就在這時，經濟策略大師梭羅（Lester C. Thurow）終於出來說話了：「ＥＣＦＡ沒那麼重要」，「ＥＣＦＡ對台灣發展也不應是最大的事，台灣競爭力的關鍵還是要靠創新，沒有別途」。梭羅的讜論，對此刻的台灣應有振聾發聵的效用，他講出了人們不會講，不能講，也不敢講的話！

在近代事務經濟上，「競爭力」乃是個模糊鬆弛的概念，它至少有三個層次：

上焉者，依靠其國力及市場支配力，在品牌創造、科技創新、未來商品的趨勢等方面，都是有主導作用。

中焉者，它在大量同質競爭者中爲了出人頭地，而拚命在生產的科技含量及管理含量等方面求進步，俾在產業鏈的位置得以持續上升。

下焉者，則主要依靠特定機會條件而「接近」某個重要生產及消費市場，這種條件亦即所稱的對市場的「可接近性」（Accessbility）。這種由於機會而具有的優勢，看起來不怎麼

上 開場

樣，但卻幾乎不可被替代，且機會利益也最大。

而回顧過去廿多年，台灣即是典型的第三類。大陸快速開放，由於它過去的體制所限，開放後的大陸簡直就是個處處皆機會之窗大開的處女地。台灣去接近那個勞力和機會市場，在「接近性」上就優於美商日商韓商，無論大中小型企業都可藉著大陸的機會而在經營規模及利潤規模上創造奇蹟。在台灣以前開幾千人工廠的老闆，可能連做夢都沒想到會在大陸開出員工十萬八萬的大工廠，可能也沒想到其利潤也一番十倍百倍，「接近性」所造成的優勢條件，乃是台灣企業在規模上擴張的主因。

不過，世上並無絕對的利或弊，以「接近性」爲條件的，在其他方面的努力自然會疏忽。過去這段期間，韓國條件不如台灣，遂只得在第二類競爭力，即所謂「核心競爭力」上努力，今天已到韓國收割果實的時候。而台灣則因爲對大陸有太大的「接近性」帶來的機會利益，在亞洲各主要對手間，我們附加價值的成長速度最緩慢。過去的利，當條件改變，在相比之下即成了弊。

台灣當然可以簽ＥＣＦＡ，台灣貨品和各種機會當然需要大陸。但誠如梭羅所說的，ＥＣＦＡ其實並沒有那麼重要，大陸乃是個快速發展及變化的地方。二〇〇八年起大陸實施《勞動合同法》，今年將推出《工資法》，大陸工資倍翻已對許多核心競爭力不足的台商造成極大威脅。前個星期，我承蒙北京清華ＥＭＢＡ班福建同學會之邀前往演講，就體會到大陸新興青年企業家的崛起之勢。大陸對台商及台灣企業的挑戰其實已經開始了。我們的ＥＣＦＡ基本上仍是在對大陸市場的「接近性」上找利基，這種思維模式當然沒什麼不可以，但人們還是要像梭羅一樣的問：ECFA真的那麼重要嗎？

兩岸的政治是一回事，經濟則是另一回事，面對大陸的崛起和全球競爭日厲，對台灣真正重要的，其實更應該是在競爭力和創新力的提升上。最近這段期間，我都喜歡談「強企業，強政府」的概念：南韓是個亞洲僅具的「強勞工，強企業，強政府」的特例，這使得韓國近年來在全球許多產業的分工位階上，都快速向上攀升。以韓國爲例，台灣能不緊張？

最近許多外國經濟媒體又在談所謂「阿爾卑斯工業圈」，那是以瑞士盧賽恩湖爲中心，半徑二百公里的多國地區，全球最厲害的鐘錶、名牌、人工關節和飛機零件等精密機具、微處理機會聚的中小企業集中地。這個地區有著最獨特「強企業」精神：要用最少材料做出最貴的商品。

台灣經濟要自創機會，不能再等機會。梭羅曾任MIT史隆管理學院院長，爲美國頂級經濟策略家，而與一般的市場趨勢分析大師不同，他對台灣本島都在瘋ECFA覺得很意外。當他說出「ECFA沒那麼重要」，我們宜專注傾聽！

上 開場

耳朵是篩子，只聽到想聽的話

要觀察及理解台灣的政治，首要之務就是要懂得台灣的政治語言行爲。許多事情如果不從語言行爲這一點切入，就幾乎完全無法理解。

我們不妨把時鐘擺回到二〇〇四及〇五年間，當時阿扁各種動作頻頻，包括美國總統布希在內都不斷放話指責，但阿扁那邊的說法則是：「美國罵假的啦」、「美國是在罵給北京看」等等。阿扁那邊的說法當然是在硬拗，但硬拗也不是完全沒有歪理，因爲長期以來，美國的台灣政策乃是「不支持台獨」，但「不支持」就是「反對」嗎？美國正式態度可從未說過「反對台獨」這樣的話，於是「不支持」不等於「反對」的矛盾空間裡，遂給了人們對一句話到底是真還是假的自由聯想機會，以及硬拗的歪理。這也就是說，當時那種曖昧矛盾的情勢，同樣一句話原本就真真假假，可以做各種「選擇性的聽」；阿扁的「選擇性的聽」和「選擇性的解釋」，乃是「美國罵假的啦」、「美國是在罵給北京看」，而且我也相信當時綠營的多數所聽到的也是這個意思。這種「選擇性的聽」，才符合他們的利益和期待。

由當年的那段往事，它提示了人們一個聽的道理：那就是人的耳朵受制於心靈，當一串話語掠過，心靈就會告訴耳朵，什麼話要聽見，什麼話要有聽沒有見。心是耳朵的過濾者，它會讓耳朵聽不見不想聽的話。這種「選擇性的聽」的遊戲，在綠營當道的時候，發生在台美之間；今天由於是藍營當道，遂改而發生在台北和北京之間。

人們都知道兩岸關係複雜，台灣有台灣立場，大陸則有大陸立場，一定要坦率溝通和適時做出有遠見的決斷，這個難題始有可能被放進妥善架構內而循序改善解決。而這個問題對現在的國民黨政府卻最難，它不可能做出任何主張，因爲那會有得也有失，這不是它願付的代價。於是「只得不給」或「只得少給」遂成了它考慮問題的基本。綜合許多人的觀察，最近兩年裡它對北京的說詞乃是：一、國民黨對北京比較安全，因此北京必須挺國民黨，否則民進黨上台，大陸就更麻煩。二、它向北京也是動作頻頻，若北京回應不積極，它就祭出「沒有善意」和「傷害台灣人民感情」這樣的口號，在過去兩年裡這幾招的確證明有效，以國民黨目前的風格，有人稱之「柔性勒索」。

而在過去兩年裡，台灣固然有話要說，但北京也同樣有話要說，這時候「選擇性的聽」遂告出現。舉例而言，「胡六點」乃是國民黨政府不敢也不想回應的話，那麼怎麼辦？那就假裝沒聽見。再例如，前陣子溫家寶說了「我們因爲是兄弟，所以才讓利」這樣的話，國民黨政府這邊「讓利」這部分聽到了，以後動輒把「讓利」當做理由，至於「我們是兄弟」這個前半段，它當然假裝沒聽見。這種「選擇性的聽」，大陸方面已表示過了它的不滿。

而「選擇性的聽」，真正嚴重的是ＥＣＦＡ簽定當天，國台辦主任王毅的談話。王毅表示，「所有與大陸有邦交的國家，儘管形式不同，但他們都公開承諾奉行一個中國政策，並

據此跟台灣展開經貿交往，這是客觀的國際政治現實」，但對出於經濟發展需要，希望跟其他經濟體簽署經濟協議，「大陸是理解的」，「在兩岸關係和平發展，並保持良性互動，不斷增進互信的過程下，一定可以找到切實可行的解決之道」；他並以「合情合理對待，務實妥善處理」做爲結論。

王毅的談話，台灣「選擇性的聽」，只在最後十二個字做文章；事實上，任何人一看都知道，這是典型「委婉修辭」（Euphemism），話講得客氣，但立場抓得緊，是在替台灣的ＦＴＡ問題先打預防針和設定條件。國民黨要用ＥＣＦＡ替ＦＴＡ當敲門磚的算盤，已被劃下了紅線。

國民黨政府可以在ＥＣＦＡ上做文章，那是它的自由，但有關ＦＴＡ，則最好不要「選擇性的聽」，否則只是阿扁那個故事以不同的版本重演一次而已！

最黑暗時刻，肅貪的最好時機！

一九七〇年代的香港，混亂貪瀆，黑白形同一掛，而就在這樣的黑暗時代，反而催生出今天大家都在議論也在模仿的「廉政公署」。而「廉政公署」的成功絕非倖致：

一、它是當時港督麥理浩統治意志的貫徹，公署直屬港督，沒有落入層層節制，疊床架屋，相互掣肘的官僚架構內。直屬港督並不是港督成爲老闆，愛辦誰就辦誰，只是拉高公署的層次，使它有不被各方干預的機會。

二、公署的成立，立即給予它最清楚也可用的法律武器，那就是「財產與所得不相稱罪」，即我們所謂的「財產來源不明罪」。任何人皆知道，貪腐乃是在辦聰明刁鑽的貪官，他們會用盡手段，玩弄一切語言遊戲來推卸責任藏證據，也懂得用各種人頭來藏財產，這乃是反貪難搞的關鍵，有了這項法律武器，反貪才反得下去。

三、英國人其實很懂得中國人那套「立木爲信」建立權威的手法。公署成立後如果抓來抓去只是抓香港的華人，這個機構其實就等於可關門了，而麥理浩用來替廉政公署祭旗的乃是英國人香港總警司葛柏，相當於我們的警政署長，他貪瀆逃回英國被捕獲，裁定押回香港受審。葛柏這個英國人高官祭旗，使得廉政公署一夕即威信確立。如果廉政公署成立後只是辦一些塞權力牙縫的小人物，這個單位哪有後來的局面？

四、廉政公署由於擁有至高的懲罰權力，在許多國家都反而是這種機構本身爛得最快。而廉政公署內部紀律管控嚴格，待遇高過同級公務員，除了少數必須露臉的人之外，絕大多數都被嚴格要求低調。許多地方，包括台灣在內，司法檢調的各種人物的生活高調，活躍拉風，有些人還兄弟女友成串，高調適合成為名流，他們不被肅貪就應偷笑了，還要怎麼去反貪？

因此，當今全球各地都在搞廉政反貪，有些國家是反貪的先貪，自己反而先被抓起來，只有香港的廉政公署獨享大名，其中必有一些它的獨特道理。這也提示了人們，要學著搞廉政，該學的是人家怎麼搞得成功的那些道理。搞廉政不能抓進籃子就當成菜，台灣一向很會抓但都不配套，許多抓來的橘子會都變成了枳，這也是我們對廉政反貪雖然理應支持，但不中聽的話還是要先講的原因。

台灣談廉政公署至少已廿多年，〇六年民進黨執政，法務部長陳定南曾赴港星取經，提出《法務部廉政署組織條例草案》。但該草案卻一直被當時在野的國民黨阻擋，國民黨一共擋了廿六次，國民黨的理由不外「與調查局功能重疊」，以及害怕民進黨又多了一項體制工具而坐大。去年馬總統接受新加坡媒體訪問也表示「沒有必要成立貪汙調查局或廉政公署，因為調查局已扮演同樣角色」云云。由上述例子可看出，過去國民黨的廉政反貪的一貫不積極態度，正因態度不積極，凡事都在官僚體系的條條框框內思考，這也造成過去兩年多，台灣的改革嘴上說得多，真正落實的少。只有到了現在，積弊日深，從軍中賣官、警察敗壞、法官集體貪瀆等一一爆開，整個民情也開始鼎沸，這時候國民黨才回頭撿起它以前反對的廉政署。

如果一項重大決定，不是發自內心真正的使命感與改革熱情，而是受到與時推移的情勢變化所影響，人們總會對它有較大的保留。當今的台灣貪瀆已積弊日深，到了連環爆的時刻，這是台灣的黑暗時刻，由司法弊案造成司法院長的辭職下台，我們已可看出它實爲近年來台灣弊案之最。但反過來也可以說，這起弊案也的確是替廉政公署大改革預備好了舞台，如果當政者不能以這種黑暗爲基礎展現旺盛的反貪意志力，而只是避重就輕的企圖緩和目前的壓力，當統治者錯過這個最黑暗但也是光明開始有機會的時刻，台灣老百姓勢必不會輕易寬恕！

香港的廉政公署乃是一九七〇年代初，整個香港無論政風與警紀都最黑暗時的產物。最壞可能產生最好，光明可能脫胎自黑暗。關鍵在於有沒有統治的意志力！

缺乏責任感，政府手太多等於沒手！

當代倫理學學者，哈佛政治哲學教授暨倫理中心主任丹尼斯．湯普遜（Dennis F. Thompson）在近著《恢復責任感》裡，開宗明義第一章就指出，當今公共事務日益複雜，這已給了官僚們推卸責任很多好機會，只要想推責任，沒有什麼是不能推的。這也就是所謂「手太多的問題」，政府裡的手太多，結果等於已沒有了手！

過去人們相信，一個政治體制，由上到下，有著分官設職龐大的分層負責體制或集體責任制。但到了現在，以前的這種信念早已解體，公共事務的複雜化，使得政府看起來有很多手，但這些手都只管公文層轉之類的事，一到真正有事時，老百姓才發現這些手全都不見了蹤影，特別是當急難大事發生，所有的手全都跑光光。研究官僚體制的人，以前發現這種體制在德國最嚴密有效率，但到了納粹時代，這種體制卻使得每個公務員都成了納粹罪惡的共犯，每個人都以「我只是奉公辦事而已」，去做大罪惡裡一環的小罪惡。而到了現在，則是以前那種極端愛國主義已告消失，官僚體系則成了逃避責任最好的源頭。

現在的官僚體系日益龐大，而且公共事務也更趨複雜，一件事誰該真正發動，誰應終極負責，也都更難定義。於是在上面的人相信下面的人會辦好一切事，不勞他去煩心；而下面的人等不到各種上級的指示，自然樂得輕鬆。湯普遜教授說，當出了大問題，上面的人一句不痛不癢的「我們該負起責任」這種官話，政治上最需要的責任感就被唬弄帶過。他並以一九七〇年代美國「中央五號井」礦災為例，那次礦災死亡一一一人，為最大災變，那就是整個官僚體系徹底癱瘓的最佳例證。他寫書時還沒有卡翠娜風災，否則他舉的例子一定由礦災換成風災。

而這種「政治的手太多」，最後卻手全都看不見，在台灣我們的感覺就更痛切了。最近，雲林麥寮六輕連二爆，這不只是巨大工業災難，同時也是超級的環境災難，影響當地海洋及民生至鉅，但廿多天，平常時到處都是的那些政府的手，可有什麼影蹤，如果不是百姓自救的呼聲愈來愈高，政府的手可能還會繼續藏起來。

六輕連二爆是大事，它對週邊海洋會造成多大衝擊，白海豚以後要怎麼轉彎，這些事都要看下回怎麼分解。而一般人可能更感興趣的是下面這些小事：

例如，有個車站搞共構，建築物是共構了，但鐵路部分是鐵路警察管，隔幾步商店街卻又不算鐵路警察轄區，於是又要歸地方分局管。建築物可搞共構，但政府那麼多隻手卻不會搞共構。對老百姓而言，太多手等於沒手，手和手之間的推來推去，可真讓人歎為觀止。

再例如，政府號稱要太陽能補助，但其中所牽涉到的手可多著啦，好多個衙門推來推去，要搞太陽能的反而惹出一堆閒氣；手太多等於沒手，還不如別搞！

當今台灣的政府運作的確已問題愈來愈多愈大，而撰其原因，可以說乃是責任感與責任

心的日益失落。人們都知道如果體制權責賞罰分明，公務員大家好好幹，上面的各級老闆也敢於去發動各種新政策與新作爲，這些手的積極性就可發揮。反之如果要推，這個世界上還有什麼事情是推不掉的，「那件事與我無關」、「那件事十足共同責任」、「那件事無可抗力」、「那件事老百姓自己要小心」…，所有的推諉之辭裡，少掉了的就是「我的責任心」在那裡。

湯普遜教授指出，當今政治這種手太多等於沒手的問題日益深重，他有一段話可用來說今天的台灣：「今天人們想對重大事故或災難確定責任時，就會發現他們所碰到的，其實是個巨大的，無法靠近的、無情的生命有機體。可能這些無情的巨大的破壞力，它們整體乃是當今這個時代真正的惡徒！」

以前可以的許多事，現在當然不可以！

以前，老立委不必改選時，立法院只是橡皮圖章，各種規範也都草率馬虎，自己不出席可以找人代爲簽到，俾湊足開會人數。有次老立委楊寶琳幫好幾個人簽到被人發現，她的答覆是：「以前可以，現在爲什麼不可以？」她的這句話還成了當時的名言。

人們都知道，社會會變，人也會變，許多事以前可以，到了現在已變得當然不可以。一個以人民爲念的有爲政府，就該趕在社會之前，用進步的標準，爲以前可以而現在不可以的事做出規劃。一個能夠這麼做的政府，人民自然會發自內心的擁戴，但人們卻也知道，要求有權力的人這麼做，實在太難了。

有權力的人通常都會從以前可以的事裡得到好處或得到權力的方便，於是他們遂成一種惰性，希望以前可以的事一直可以下去；這種惰性也使得他們不可能真的去苦民所苦。當他們自己說不出「以前可以，現在不可以」，而是老百姓說出這句話，這時候就顯見要處處烽火了。今天的台灣，農民反圈地之聲四起，各地社區的反公害也接連發生。這不是反商，也不是民進黨在鬧事，而是台灣變了，人心也變了，許多事已「以前可以，現在當然不可

以」，如果政府還想「以前可以，現在也可以」下去，更大的烽火還在前頭等著。

台灣有許多事都是「以前可以，現在不可以」。

——例如，以前官尊民卑，加以民智未開，當官的說某處農地要徵收，農民就會乖乖把地奉上，儘管徵收金額極低，農民也只有摸摸鼻子，自認倒楣。農民的易欺，長久以來已使得台灣出現一種舉世少見的「新圈地文化」，官商動輒以開發工業區爲名圍佔農地，至於徵地金額，則因農工商之間的資本流動不對稱及農地價格低廉，徵地已形同公然的剝削。土地徵收的浮濫已成了台灣最大的奇蹟，截至去年底，台灣工業用地達八四八二二公頃，比十年前多出了九一八七公頃，這些浮濫的工業用地極多被荒置，縣市工業區的荒置率甚至高達四成。

於是人們不禁要問，既然都已荒置，爲何還在搞圈地呢？這就牽涉到後面的養地與炒地了。將來情況改變，地目一變，即可獲得暴利。這是本輕利重的生意，這種事「以前可以，現在當然不可以」！

——例如，過去社會貧窮，民智低落，經濟發展是主流價值，教科書上所宣揚的是英國曼徹斯特這個「黑鄉」它煙囪如林，空氣汙黑，代表的是工業進步。這種工業進步主義也左右台灣的價值，有誰會去管汙染、公害，對健康的危害。而今六輕所在地的雲林，沿海居民罹癌死亡率每十萬人有二六四人，遠高於台灣區平均值的一七六人。這時社區民衆出來抗議，居然被扣上「反商」的帽子，那扣別人帽子的，心腸也未免太惡劣了。而將這種事往藍綠方向去扯，意圖將問題扯離它的方向，未免也太會算計了。

近年來，台灣只要有真正公平進步的聲音出現，就會被往藍綠這個方向去扯，扯進它的軌跡，而後讓「以前可以」的事永遠繼續可以下去。這次台灣遍地烽火，原本是台灣自我調整，讓許多以前可以的事變成不可以，但在選舉與藍綠考量下，一陣謾罵的口水，最後是以前可以的事繼續可以，圈地依舊、公害依舊、落伍反動依舊。

早在一九八七年，「美國政治科學協會」在年會上，即有一群跨學科學者警覺到，由於民主的深化，生態主義的興起，科技的民主監督，社區主義的抬頭，文明的發展的確已到了一個許多事「以前可以，現在不可以」的時候。他們為此成立了學術委員會，開創了「轉型政治學」（Transformational Politics）這個新的領域。「轉型」就是要把「以前可以，現在不可以」的事轉掉，而規劃「以前不可能，將來可能」的事。

目前台灣反圈地剝削農民，反對公害肆無忌憚的一再發生，這非關反商，也無關藍綠，只是社會及人心演變，在替台灣的轉型營造機會。我們政府可別錯失掉了！

許多優秀的個人，卻搞成了三流國家

最近台灣凡事皆在學星港，在學過香港的「廉政公署」後，大家又開始談桃園機場要學香港赤鱲角國際機場。這時候我們才知道「香港機場管理局」前任行政總裁彭定中原來竟是個台灣人。他就任一年機場就轉虧爲盈，並獲得三項評比世界第一，也可算是另一種「台灣之光」了。

對彭定中，我倒願來做反向思考，如果他不是管香港機場，而是管桃園機場，那會是個什麼結果？可能性不外：一、一上任就發現諸事不可爲而掛冠求去。二、把專業倫理及良心一抹，也跟著打混下去，過著好官我自爲之的太平日子。三、甚至於官當久了，也搞起呼朋引伴，拉幫結派的勾當。

因此，對台灣問題的思考，思考到最後，我們一定無法逃避掉那個最難以面對，也最傷感情的癥結，那就是台灣儘管有許多聰明靈巧厲害的個人，這些人全部加起來爲什麼竟然能把台灣搞成一個三流國家？今天台灣動輒學星港，可是我們別忘了，從一九六〇至八〇年代，台灣可是四小龍之首；星港韓的許多事都在學台灣，特別是新加坡，由於它和台灣關係特殊，許多中高級文官都從台灣借將，台灣過去的那些好光景，現在都到那去了？而更傷感情的，乃是台灣過去長期皆自認比南韓優秀，南韓也不斷派人來台學習，今天則是南韓已不願和台灣並列。

台灣由一流變三流，這本糊塗帳實在太難算了，但不論帳如何算，要負起最大責任的仍非政府莫屬。我們的政府雖然經過了改朝換代，但治理模式卻始終未變，早期的治理是「專制威權」，儘管它頗有效率，但這種效率卻很快的隨著人的過去而消逝。接下來的就是各式各樣扣帽子的民粹主義，扁政府時代的「愛台灣」民粹主義是民粹主義的一種；馬政府那種動輒清算前朝，扣人「反商」、「禍國殃民」帽子的也是另一種民粹主義。翻來覆去政客們都在搞著廉價的政治正確遊戲，台灣又怎麼可能由「威權有效率」轉型到「民主有效率」的方向上呢？

在當今流行的「政治語彙」裡，每次我聽到「民氣可用」這四個字就會心裡發麻，什麼叫「民氣可用」？那就是某個社會，當人心有著累積的莫名恐懼與憤怒，這時候發生了某些事，它就很容易調動出人們的情緒。也正因此，「民氣可用」造成了當今嫻熟政治操弄術的政客們之最愛，他可以根據「民氣可用」來塑造敵人，也可以根據「民氣可用」來扣人帽子。

近年來英美政治學界已興起「恐懼學」研究。這個學科之所以會興起，乃是英美在政界上惹出了許多恐怖主義和環境災難，使得人民的生存恐懼日增，而英美政府即利用這種恐懼的民氣，更加的倒行逆施，於是愈反恐，結果是恐愈多；愈指責別人反公害，公害愈

上 開場

擴大。因此，當代恐懼學專家紐約州大教授羅賓（Corey Robin）、英國里茲大學教授鮑曼（Zygmunt Bauman）遂都在近著中警告說，人民的恐懼乃是統治者的責任與機會，它可以透過積極作爲而消除人們的恐懼，而不能把恐懼當作是工具，因爲這無益於問題的解決，只會讓問題愈搞愈糟！

今天台灣百姓的恐懼與不滿的確在增加中，人們對扁朝的貪腐記憶猶新，對經濟與就業也充滿不安感，對司法和警政更是完全不信任，對公害也非常焦慮。統治者本來就應該透過積極作爲來消除人心的不安，但絕不容許透過操弄，將這些問題轉嫁給前朝、一小撮反商份子、一小撮地方人士等等。因爲這不是對待問題的方法與應有的態度。

近年來台灣之所以由一流變三流，乃是無論誰當家，都在玩著民氣可用，正確的民粹主義，以前動輒扣人不「愛台灣」的帽子，和現在動輒扣人「反商」、「公敵」、「禍國殃民」的帽子，兩者之間又有何差別？台灣有優秀的個人，卻搞出三流國家，其實真正的原因是政治扣帽子太廉價了。當問題可以輕鬆就唬弄過去，誰還會殫精竭慮，爲政府的管治能力去動腦筋！

心不對了，小事全都變成了大事

明朝學者黃淮及楊士奇所編的《歷代名臣奏議》六大冊，乃是我的案頭書之一，由書裡的君臣對話和著名大臣的奏摺，很可以讓人體會到朝代興衰的許多道理。

例如，唐太宗畢竟爲開創帝君，對人民的痛苦打從心裡就知道疼惜敬畏。因而他在君臣對話裡遂會說出這種真正的人話：「天子有道，別人推而爲之主；無道則人棄而不用，誠可憂也。」「爲君之道，必須先存百姓，若損百姓而養其身，猶割股以吹腹，腹飽而身斃。」

至於南宋，則是一堆無能混蛋皇帝，名臣所寫的萬言書全都等於丟進水溝裡，再好的辭藻道理也都成了廢物。於是一些言簡意賅的君臣對話，反倒顯得更有道理。

例如，御史中丞廖剛上奏曰：「故人君之患，莫大乎好人從已。」意思是說人君若只喜歡唯唯諾諾的人，則事情一定全被搞到委靡不可爲。他的話反映了時弊，但有用嗎？當然沒有！

再例如，當時的右正言陳淵上奏說道，「天命靡常，事變難測，以天下之力過爲之備，以待不虞。……凡事豫則立，不豫則廢，臣願陛下稍收異議以來天下敢言之士，甚或輕棄，厚

積錢糧以爲他日缺糧之用。」他的意思是要皇帝多用不同意見的人，政府也該多節省，但當然不被聽聞。

又如當時的給事中兼侍講尤袤和皇帝對話，他要求皇帝「虛己任賢，酬酢事務，不在於勞精神，耗思慮，屑屑事爲之末也。」將這些翻成白話文，就是他要皇帝少一些沒有建設性的活動行程，別因此而把精神思慮耗光了，最後只能管小事，不再能管大事。這真是切中時弊的意見，但當然說了等於沒說。

又例如，一代儒學宗師朱熹，他被南宋高宗及孝宗兩代打壓，但還是寫了許多奏摺。他被貶爲江西提舉刑獄這種小官時，有次上奏，寫得彎彎曲曲，卻有現代政論的思考格局，奏議的主旨就是要皇帝凡事要自己早點拿定主意，如果不拿定主意，事情必然小事變大事，最後，「非獨不足以致治，而或反足以召亂；非獨不可以謀人，而實不足以自守。」由朱熹奏議，就讓人想起美國教育界名人崔蓉（Bonnie Tryon）的名言：「你停不住小事，小事就會變成大事！」

在此特別提到《歷代名臣奏議》裡的若干篇章，當然是有感而發，它所針對的乃是即將到來的閣揆吳敦義就職周年慶祝活動所惹起的爭議。

再過沒多久，九月十日就是閣揆就職一周年，現在由於距五都選舉只剩百日，而據媒體報導，國民黨的操盤手方面，已有人宣稱「九月若無法拉開差距，北二都要有輸的準備」。或許正因著眼於拉抬行情的需要，因而閣揆就職周年遂小事當成大事辦，既要出「施政實錄」，又要搞各種活動。問題在於根據「遠見」民調，最近馬的不滿意度仍在攀升，已超過了五成七；吳的不滿意度也飆高到四成八，滿意度只剩三成四。民意滿意度的形成乃是長期漸漸所致，它自有其道理，以爲靠慶祝即可拉抬行情，未免把民意問題看得太容易了。動作搞得太大，說不定拉抬民意上還沒加到分，就已先丟了很多分，這也是國民黨有人主張「低調再低調」，認爲應以災區巡視這種低調宣傳較佳的原因。由就職周年慶祝活動的辦也不是不辦也不是，其尷尬已可想而知；而由他們的大肆慶祝及低調慶祝，則讓人懷疑，國民黨到底知不知道它爲何民調直直落的原因？

沒有人會懷疑當今的國民黨很擅長搞宣傳，但宣傳要搞得好必須先要有心，而八八水災迄今，它所曝露的其實就是它的心出了問題。國民黨的權貴嫻熟各種場合的做秀，但他們從不會在第一時間去訪視水災災民、公害災民、人民土地被不當徵收的受害地區；因爲心不在，而且被人民感覺到，這些原本或許溫暖及人性進步處理即可化解的問題，就愈變愈大，難以收拾。心不對的人停不住小事，小事就變成巨浪。除非把心找回來，否則國民黨要擺脫困境，真的很難！

上 開場

反貪反貪，反真的還是反假的？

政府每年都有龐大的預算，因此政府在經濟活動裡遂永遠是「最大的購買者」。它會買各種大型的公共契約，也會去買各種所費不貲的活動專案；甚至小型的辦公室桌椅文具、衛生紙、茶葉咖啡，加起來也是好大一筆數字。在台灣做生意的都知道「包政府生意」是主要的利基。

做生意的都知道，愈大的購買者愈有報價議價的空間；因此在理論上，「最大的購買者」政府它所買到的東西應該最便宜，這也符合「政府幫人民看緊荷包」道理。但事實上呢？政府買到的東西都反而最貴。爲什麼會這樣？

對此，柏克萊加州大學教授賽門（David R. Simon）在他那本不斷新版重印的新經典之作《菁英偏差行爲》（Elite Deviance）裡就以專節討論這種骯髒型的犯罪。他指出，應買便宜的反而買貴，它多數都是一種「菁英偏差行爲」；它由政府權力由少數人壟斷、政府購買行爲的不透明化、官僚體系的官官相護、長期懈怠所造成的集體麻痺，以及政府公務員「只知自掃門前雪，不擋人財路」等惰性密切相關。於是許多價差金額遂以轉了好幾圈的方式，成了回扣和獻金。就以美國為例，它定期會對軍方消費做評量，高爾在副總統任內，有次看到一個普通咖啡壺居然要四百美元，一支普通原子筆也差不多要十美元，連他也氣得歎為觀止。

政府由於是最大購買者，因而有權者得以上下其手的最大案例，乃是尼克森時代的副總統安格紐下台案了。安格紐最先是巴爾的摩市市長，而後當馬里蘭州州長，最後成為尼克森的副手。他在每個行政首長任內，都以買貴的方式，將價差轉為回扣及政治獻金。水門案發生後高官被全面清查，他的弊案也被查出，最後他以認罪協商的方式辭職下台，交換到免於被司法追究的保護，但他撈到的錢其實已夠本了。

一九九〇年代，歐美等國貪腐大盛，當代主要反貪專家威爾斯大學教授李維（Michael Levi）及聶爾肯（David Nelken）曾合編了一本論文集《政治的貪腐與貪腐的政治》，該論文集有兩個論點對當今的台灣極有警惕效果：

一、在一九九〇年代之前，全體學者及多數民眾，都不假思索的認為貪腐乃是第三世界那些貧窮且落後國家的專利；歐美等已開發國家，除了少數特例外，由於社會富裕，官僚體系紀律良好，已不致有普遍的貪腐。那麼，一九九〇年代後歐美各類貪腐大盛，這究竟是因緣湊巧呢？或者是有什麼特別的原因？這個論文集的學者專家們一致的看法是歐美等發達國家的貪腐從來就不曾停止過，它躲藏在官僚體系內，躲藏在人們甚或國會媒體的集體麻木中；只有當一兩件特別戲劇化的貪腐案例出現，才會刺激到已長期麻木的體系與神經，這時人們才察覺到，認為以前不貪腐或貪腐只是個案，都是麻痺所造成的惰性使然。各種被體制

化的貪腐從來就不曾停過！

二、在一九九二、九三年間，義大利在檢察官佩特羅（Di Pietro）率先辦案下，義大利出現反貪潮，不只米蘭的「回扣之都」（Tangentopoli）的惡名傳遍世界，從總理、黨主席等皆無一倖免；義大利的司法反貪使得義大利傳統政黨全都瓦解，政治等於全部重來。學者專家們一致的看法是，貪腐回扣早就全都在那裡，它被整個體制包庇，大家視而不見，習焉不察而已。一定要等到某個敢辦的檢察官出來，國王沒穿衣服的神話才會破滅。

今天的世界已和過去不同了。人們對貪腐，對政府的信任已日益降低。「國際透明組織」全球民調，有六成九認爲反貪無力或只是虛應故事；「世界經濟論壇」也做了全球民調，六成一認爲政治領袖不誠實，五成三認爲權力太大，四成九認爲他們不道德，四成五認爲他們無能力。由這些顯示大趨勢的全球民心，反貪是反真的或反假的，的確將對未來有舉足輕重的影響力。我們也在等著看台灣會不會跑出個「台灣的佩特羅」！

民調試溫，國民黨當心骨牌效應！

《天下》雜誌在九月八日這一期，公布「廿五縣市長滿意度調查」，前六名都是綠色執政縣市，後段班的十二個全是藍色執政。國民黨政治明星胡志強排名十八，郝龍斌排名廿一，周錫瑋則在最末。《天下》標題是「民心變了」，這份民調的宣布，乃是近期最具爆炸性的新聞。

人們都知道，滿意度調查並不嚴格，但它卻是政治上的測候計，顯示出了某個時候的整體氛圍和社會的集體無意識，特別是調查結果出現巨大的結構性變化時，它就儼然等於是一種預告，更壞的結果還在後面。而我們還該注意到，這項調查的時間是在七月十四日至八月八日之間，台北市的弊案猶未表面化，現在加上這個因素，可想而知調查結果必然更為驚人！

《天下》民調顯示出台灣的民心在變，國民黨的形勢大好時期已告結束。藍營的人，心裡可能很鬱卒。這時候，我就想到《論語，子張第十九》裡的這段話：「子貢曰，紂之不善，不如是之甚也。是以君子惡居下流，天下之惡皆歸焉。」

上 開場

近代有許多學者都承認《論語》其實也是一部領導學的經典。上面那一段子貢談話當然不是在幫商朝紂王講話，而是藉著商紂在講一個道理，那就是統治者從坐上位子的第一天起，就要殫精竭慮爲民服務，不要讓自己變到了處於下流的位子上，因爲一旦自己變成了下流，不但會習於下流而不自知；老百姓也不再相信他，一切壞事也會要他概括承受。老百姓有冤枉他嗎?當然沒有，只能怪他自己爲何跑到了下流的位子上。已經變了的台灣民心，開始看衰看扁國民黨的政治人物，其實應反省的是國民黨自己，他們爲何都跑到了下流的位子上！

由《論語》的子貢講話，又讓人想到在當代領導學上具有原創貢獻的學者龐斯（James MacGregor Burns），他是近代學者裡第一個注意到在甘迺迪、馬丁路德金恩等人之後，美國雖有「領導」這個位子，但卻沒有「領袖」這樣的人物，因而在一九七八年的《領導》一書裡遂將古典「偉大事務」的概念重新放進領導的概念裡，領導人不是他們的那個位子，而是要去激勵、創造及分享一種能夠凝聚人心的願景。「偉大事務」不是要搞什麼豐功偉業，而是去和人民共享熱情與願景。

龐斯的「領導危機」及重新定義領導人角色，對當代領導學影響極大。把他的觀點用子貢的邏輯來說，那就是領導者們不能自己跑到下流的位子上，而是要努力的和人民一起往上流的位子跑！如果只是坐在領導的位子上，享受著這個位子帶來的光環，卻不能偕同人民力爭上流，用龐斯的說法，這其實已和領導人無關，而只是個「權力支配者」，而將「權力支配者」和「領導者」分開看，正是龐斯教授的核心論點。

因此，《天下》雜誌的民調結果，已清楚的顯示出台灣民心在變，其實這種變早已出現了，過去兩年裡已有過多次補選和「三合一」的中型選舉，幾乎每次都是國民黨敗。這是個積小敗而成中敗之局，也顯示出台灣政治的「骨牌塌倒」並非沒有可能。但可惜的是，儘管預警的徵兆早就開始了，但國民黨卻像個「在崗哨亭裡打瞌睡的士兵」，世界依然美好未變。只有這次因為時間緊急，才像個沒頭蒼蠅般，一方面要北二都固防，另方面又在高喊團結，現在的這把火，真的已燒到了眉毛上。

國民黨從中央到地方都火燒眉毛，這對麻木已久的國民黨其實是好事，只要它真正知道問題出在那裡，幡然改悟，從頭再來，兩個多月的時間還是夠的。怕的只是縱使到了現在，它還在卸責的卸責，只是高喊團結，其實只是要別人向他團結，而不是他去向別人團結。國民黨一向是亂由上始，骨牌塌倒的第一張都是國民黨上面的自己。這時候，不從上面自我改正，而只是高喊團結這個咒語，就讓人不由得想起星雲法師的偈詩：「口唸彌陀心散亂，喊破喉嚨也枉然！」

上 開場

口號政治，自不免引發後遺症

十八世紀英國大詩人格雷（Thomas Gray）有一首名詩〈愛貓淹死在金魚缸裡〉，寫他的愛貓看到魚缸裡的金魚金光閃閃，遂千方百計要抓，一不小心就掉了進去，慘遭溺斃。詩中有句曰：「所有亮晶晶的，並非都是黃金！」後來，廿世紀的美國大詩人威廉斯（William Carlos Williams）也有過可以相呼應的句子：「刀子擦得亮晶晶，他們就以爲很鋒利。」

這兩個句子可以做各種解釋，有一種解釋是：有些政治口號看起來亮晶晶，但做起來卻完全不是那麼回事；亮晶晶的口號講很容易，但若沒有配套的決策規畫力爲後盾，到頭來只不過是一場空甚或變成一場鬧劇。這也就是說，很多問題絕非執行力出了問題，而是一開始的決策規畫力就出了問題。這也印證了一個更基本的道理：漂亮的口號不足以治國；擦得亮晶晶的刀只是空好看，卻不鋒利！

例如，台灣防洪治水不力，早已遇雨成災，原因之一就是一條河的上中下游分屬不同管理單位，各自本位，無法成套。二〇〇八年有學者提出所謂的「流域管理」觀點，這是個好見解，但聽到大官耳中則成了亮晶晶的新口號。於是行政院遂指令成立跨單位的「流域管理委員會」，但除了二〇〇八年十月間開過一次會外，兩年多來毫無動靜。這是沒有執行力嗎？當然不是，在上面的人不能只呼口號，而是要在呼過口號後規畫出整套政策，交付執行。如果把口號當政策，這種口號再怎麼漂亮，也只是空言。

再例如，目前這個時代，諸如「節能減碳」、「再生能源」等早已成了全球新價值和新口號，我們跟著呼口號並沒有什麼不好。只是口號並非政策，它必須有整套的規畫、目標、做法，以及官僚體系思維模式的改變來搭配。但我們的《再生能源發展條例》通過至今已逾一年，民眾和企業踴躍申請安裝太陽能，但台電收購太陽能電的金額卻掛零；政府官員竟然有人擔心太陽能產業發展過熱，因而準備設限。對於這起荒唐案例，有些媒體在執行力上做文章，其實這起案例的關鍵哪是什麼執行力？而是決策力與規畫力出了問題。一個與過去不同的新政策，由於和以前的習慣不同，更需要事先做好功課完成規畫，溝通意見，執行時才可免掉政策摩擦。台灣的收購金額掛零及有些人認爲太陽能發展過熱等現象，其實都是政策摩擦的亂象。它不是執行力出了問題，而是更上游的決策力和規畫力出了問題。

近年來的台灣，上層的口號政治當道，有權者聽到什麼好口號，就抓進籃子當做菜，他們只管亂開口號支票，至於怎麼做卻從不理會，出了問題不是快閃，就是賴給執行力。「流域管理委員會」和《再生能源發展條例》，就是口號政治典型的後遺症。稍早前廢除死刑的問題鬧成一片，現在還拖在那裡，不也是口號政治的後遺症嗎？

政治人物找口號太容易了，最近這幾天，這種口號政治更形氾濫。台北市忽然想到房價問題已成了民怨之首，於是要在精華地段的仁愛特區蓋「小帝寶」出租給青年與社會住宅。

不在房價及所得問題上動腦筋，而只是呼個看似漂亮的「小帝寶」口號，這是哪門子的房屋政策？再例如，內政部忽然想起「性交易除罪化」這種口號，台灣大多數人都已看到不久之後，台灣的「一樓一鳳」必將竄起，性剝削和性交易將更氾濫。等到將來出了問題，又要賴哪個單位的執行力？

近年來的台灣政治，已愈來愈漂亮口號掛帥，而人們在評論事務時，也動輒偏袒上位者，出了不好的結果一定賴給執行力，從來不會從整體的觀點，由「口號—政策—規畫—執行」去探究責任的歸屬。這種習慣其實是更助長了政治人物的口號氾濫和抓到籃子就當做菜的草率風格。要扭轉這種習性，我們一定要理解到，口號只是口號，也絕非政策，政策必須是一種具有目標和策略內涵的論述。有些刀子擦得亮晶晶，可是連菜瓜也切不動！

政治再大，也不能比良心還大！

九一九高雄大淹水後，有藍色名嘴宣稱這是對高雄的懲罰。「一〇二一」宜蘭大淹水後，台中有個女學生在網上張貼文章，宣稱「綠色執政，淹水保證，哈哈哈哈，宜蘭應淹死多一點」。她的短文上網後，招致反彈，警察也登門勸告，她又聲稱「警察都被綠色所控制」。看了這種事情，實在讓人痛心。高雄和宜蘭雖是綠色執政，但高雄人和宜蘭人難道不是我們的同胞?同胞有難，幸而沒淹水的，正該幫助不幸被水淹的，豈可幸災樂禍，一至於此，政治再大，也不能大到將起碼的良心和同胞關懷也噬掉！

上述這種把政治看得比良心還大的，用當代政治學理論的說法，已可算是一種「仇恨政治」（Hate politics），它指的有些社會的某些人，會把政治的範疇，諸如膚色偏好、政黨偏好、階級身分偏好等無限放大，並因而展開種種黨同伐異的言論和動作，讓這種偏好所造成的狹隘心態吞噬掉了社會賴以存在的根本感情及良心準則。這就是用恨取代了愛。西方近代政治上，若有任何人在「仇恨政治」上做文章，整個議會就會自動視之爲公敵，因爲他們已警覺到，這種政治乃是在撒播邪惡的種耔，是在替「仇恨罪行」（Hate crimes）做著準備，

因此，仇恨政治在本質上乃是「反人道的政治」。

根據美國當代研究仇恨問題的權威專家學者，東北大學教授傑克．列文（Jack. Levin）及麥克戴維特（Jack McDevitt）在《仇恨罪行論》一書中所述，恨別人經常是一種自我保衛機制的過度心理，當一種人自認受到威脅，最有可能找到這種那種理由來保衛自己。

正因爲「仇恨政治」幾乎無所不在，公民社會的自我防衛遂變得攸關重要。那就是社會需制止有人企圖利用媒體的縫隙，夾帶著「仇恨政治」因素的意見；除了公民的自覺外，法律體系藉著法律公正的行使，讓可能引起紛爭的問題公平有效的解決，也是關鍵。

而不容諱言，近年來的台灣，政黨的惡鬥已對我們的社會做了極大的扭曲，特別是媒體的政治化，對這個問題用這一套標準，對別一個問題，則用另一套標準。不只標準不同，評斷及分析事務也經常不按常理去做合乎比例的討論，有時小題大做，有時則大題也不做，媒體其實已成了台灣「仇恨政治」的亂源之一。

就以最近的形勢而論，由於至關重要的五都選舉將至，加以最近水災頻繁，媒體遂都在水災政治上大做不符比例的文章。事實上人們都知道，這些五十年級和百年級的超大豪雨，無論降到那，那裡都必然大淹水。但我們談水災，卻已變成不談治水而談藍綠，在這種談問題的底下，的確不明言的有著幸災樂禍，大做鬥爭文章的政治用心在後面；台中那個中學生在網上的文章，其實已非她個人的問題，它是具體而微的折射了某些人的心態。我不願用「其心可誅」這種難聽的話，但仍要說，政治再大，不能大過良心；藍綠的確很重要，但再怎麼重要，也沒有比同胞的感情重要。台灣的政黨在盛衰興亡，但代代台灣人卻會長存，我們不能為了政治而將最重要的同胞情摧毀掉！

「一○二一」宜蘭大淹水剛結束，善後及將來更重要的國土規劃，治水防洪及花蓮人回家的路，這些問題都有待眾志成城，全民努力去解決。但就在此刻，我們的藍綠洪水鬥爭卻仍方興未艾，那個台中女學生的網上文章，居然把政治的好惡搞成了歡樂，這格外使人痛心兼感慨。

話談到這裡，心中突然浮現出當代美國大詩人勞勃．羅威爾（Robert Lowell）的詩句：

政治提高了人
而人不能把政治也提高！

經過好幾代人努力，今天台灣已有民主政治及表達自由，這是「政治提高了人」，但民主的我們竟然有人要宜蘭人「多淹死一點」，「梅姬再淹一次高雄」，有這樣的低等惡質政治，他們被淹沒掉的，其實是更重要的良心啊！

上 開場

基本盤迷思，考驗著國民黨的路線

國民黨的上層一直相信台灣的政治板塊是藍大綠小，而最近兩年來的多次補選及地方三合一選舉，國民黨之所以全敗，主因不是綠色選票增加，而是藍軍有許多人含淚不投票。正因爲有這樣的認知前提，國民黨遂相信這次五都選舉只要打成藍綠對決，藍軍士氣就會大盛，藍色選民就會回籠，藍大綠小的優勢就能發揮作用。這個邏輯因而主宰了國民黨這次選舉的策略，它在北高中對民進黨展開凌厲的攻勢，這種風格宛如過去的民進黨。

但民進黨這次選舉卻作風大變。對所有可能被國民黨轉變成統獨之聲的話題，民進黨全都避開。民進黨很清楚的知道，把選舉打成統獨大戰，等於掉進了國民黨的陷阱，由於稍早前的民調，民進黨執政的縣市全都排到了前面，而國民黨則都在後段班，這顯示出台灣的人心已在變，民進黨的治理能力已被改變了的民心所肯定。

因此治理能力遂成了民進黨的競選主軸，爲了配合這樣的主軸，民進黨的候選人遂表現得相當緩和。蔡英文使出非常傳統的市場拜票及沿街握手這種非典型式手段，蘇貞昌更是猛辦音樂會，自己都上台又唱又跳，陳菊縱使被國民黨窮追濫打，也未改她那種溫和選舉的方式。民進黨這次把激情牌讓給了國民黨，這代表了民進黨已在進行某種轉型，它眼睛所看的是全台灣大約三〇歲左右沒有特定政黨偏好的中間選民，它要用非典型的選舉行動，新的親民作風，來爭取這類選民的信任與認同。

這次五都選舉乃是近年來台灣最撲朔迷離的一次選舉，由於國民黨與民進黨已明顯的主客易位，縱然國民黨已展開大動員，媒體的民調也都各有起伏，增加了人們對選情判斷的困難，我們甚至可說不到選票開出來，究竟鹿死誰手，可能極難論斷。而我最關切的，乃是那大約三成無特定政黨偏好，也始終未表態和拒表態的選民之動向。我所擔心的，乃是國民黨現在已是執政黨，而且還執政已逾兩年，一個執政黨天經地義的必須以政績來爭取選民的支持，而今國民黨政績堪疑，爲了保衛政權而走激情路線，這是國民黨的新黨化走向。

而由新黨的過去發展軌跡，它初起時以危機感團結藍色群眾，但終因過份好戰而和多數選民愈行愈遠。這是個自我邊緣化的過程，國民黨繼承了民進黨過去的激情路線，這到底是不是正確的選擇？會不會反而促成三成左右無政黨偏好選民的大反彈，十一月廿七日就會得到證明。

近年來，台灣無論政論界、現實政治圈，甚或政治學術圈都迷信政治基本盤之說，搞政治的也相信這種基本盤的存在。基本盤之說深入政客心裡，已使他們失去了政治人物最需要的警惕之心；反正有著基本盤的存在，做好做壞有甚麼關係，基本盤這種說法如果深入探討，它可以說是變成了政客視選民爲道具的心態。基本盤這種說法使得政客們對選民缺乏了去瞭解和傾聽的意願，他們當然也不能理解到國民黨以前靠著龐大的組織及媒體支配力，可

以維持住藍大綠小的局面，但隨著台灣選民持續的變化和網路等新媒體的出現，基本盤這種說法其實已告瓦解了。

選舉選到最後，對一個執政黨，真正重要的是要看它端出多少政績，擘劃出甚麼樣的願景，而不是看它有多麼厲害的煽動激情的能力。近代政治學有「相互性」（reciprocity）這種說法，它的意思是指人的行爲必須在互動中維持住一種最恰當的水準。爲政者對前朝一路狂砲亂轟，對政敵窮追濫打，而且找個理由就要上街鬧事，這種追討對手不遺餘力的搞法，坦率而言，這已超過了適當的範圍。它可能會讓基本盤群眾回籠，但卻可能趕走更多不是基本盤的選民群眾。

台灣的中間選民從來就不喜歡政治搞得太激情，阿扁以前就是激情政治搞得太厲害而失去人民的認同。在這個民進黨轉趨溫和的時刻，國民黨卻日益激情狂熱，特別是最不夠資格罵人的罵得反而最大聲，他們要穩固基本盤時，不能不慎防中間選民的反彈！

亡羊補牢，杜絕不相干子彈的作祟

廿世紀英國傑出的哲學家懷海德雖然以理性清晰著稱，但對選舉活動卻熱情無比，每逢選舉必然全程參與，開票日更是非搞到半夜，全身沾滿酒氣和番茄汁，否則就不會回家，搞到他妻子都爲他提心吊膽。

這就是民主政治的嘉年華傳統，在一個治理良好，氣氛大體和諧的社會，人性裡詭譎難測的部份沒有發作的空間，選舉自然成爲遊戲規則公平清楚的歡樂嘉年華。

但民主選舉的這種嘉年華歡樂，卻不是每個社會都能享受得到。有的社會潛藏著巨大的宗教、膚色或種族階級矛盾；有的社會政治風氣不良，有了政治職位就有了一切，這都會讓政治暴力甚至政治槍擊事件不斷。而近代學者早已指出過，政治暴力事件最好不要發生，它一旦有了開始，就會有傳染效果，它等於是替該社會的政治文化裡注進了某種惡劣的基因。

近代史上，美國無疑的是政治暴力最嚴重的國家，由於一九六〇年代來重大的政治行刺事件不斷，詹森總統曾下令成立一個總統委員會，由約翰霍普京斯大學校長艾森豪擔任主席，全美重要學者專家全都參加。一九八三年該委員會提出的十尺厚冊研究報告出爐，那是

歷史上對暴力行爲所做的最大規模動員研究。在該報告第八冊裡專門研究刺殺這種政治性暴力，該書即指出美國南北內戰所造成的國家撕裂，乃是此種類型暴力的基因源頭，而林肯被刺即開其端。從此後以總統爲鏢靶即成了美國最丟臉的傳統。美國演變至今，行刺得逐及未遂的，總統計達八人，州長八人，參議員六八人，眾議員則九人，法官亦達六人。除了這種大趨勢外，刺殺亦有時代的傳染性，如一九六〇年代甘迺迪被刺，使得六〇年代類似刺殺大增；這種事情同時亦有地區傳染性，例如一八六〇年新墨西哥區的首席法官史洛被刺，此後該區暴力即此起彼落，成了美國政治刺殺暴力最多的地區，到廿世紀才停歇。

美國的政治刺殺暴力冠全球，學者之所以認爲它是一種傳染，乃是它一旦有了開始，接下來的案件幾乎都是受到啓發的孤狼或自由殺手所爲。而美國的這種刺殺，幾乎都是針對現職者，而非在選舉過程中所犯。這種刺殺行爲對美國政治的影響，乃是現職政治人物都被迫必須小心謹愼。

就以歐巴馬爲例，他早年甚爲親民，當了總統後，以前的許多朋友都已不見，「被暗殺恐懼症」造成了美國官場上那種高高在上的習慣。他們有話要講，也都要透過電視，民主政治的顯現，自然親切等品質已告失去。

而在我們台灣，人們原本還相當和善，縱使生氣也只是幹譙幾句就成了過去。但自從二〇〇四年「三一九」兩顆子彈後，惡性的暴力基因即在台灣政治及社會文化裡被植入，今年又有了「一一二六」的一顆子彈。台灣的這種刺殺暴力和美國的刺殺不同，它所造成的影響也有異。台灣的兩起槍擊事件，都發生在選舉過程之中，它當然會對原本已緊繃的選情造成足以決定大局的影響。因此，台灣這種刺殺暴力，對台灣的民主發展其實是傷害更大；原本公平的遊戲規則被大幅度拉回，贏的人不會自在，輸的人不會甘心，民主選舉在子彈因素下，只會讓戾氣更增。

此刻的台灣，在政治板塊上已是「五十對五十社會」，政治競爭更加緊繃，如何確保遊戲規則的公平性已更形重要。但經過兩次槍擊事件，我們已不能低估這種公平性會被不相干的因素所擾亂。將來如果陰錯陽差再發生類似意外，在這個兩黨都已莫名其妙受過傷害的此刻，我們朝野應透過立法或修法，替足以干擾到選舉結果的重大意外，設定出暫時凍結選舉這種措施，讓被拉回的情緒有一段冷卻期。選舉原本就是應規則公平，不相干因素無法干擾的一種遊戲。

讓贏的人贏得心安，輸的人輸得心甘。台灣民主要走得順利而不讓國際社會竊竊議論，公平原則我們不能忘了！

上 開場

政府的老三套：撇責任、扮無辜、裝可愛

上星期，立法院首次精彩的對話，立委就拿房價問題質詢財長李述德，他的答覆是房價飆漲你們去罵炒房客啊！爲什麼要指責政府，偉大李部長的答覆，其實已具體而微的將當今政府那種撇責任、扮無辜、裝可愛的本質盡現無遺！其中透露出許多值得深入探討的問題。

近代學術有許多學科都在墮落沉淪，墮落得最多的即爲政治學。古典的政治學關心民主人權，但也從不荒廢政治領導的掌舵角色，柏拉圖的《共和國》裡就稱領導者爲舵手。後來英文的「政府」、「總督」及「州長」這個字即是拉丁字「舵手」的衍生字，它顯示出古典政治學是把國家領導人及政府的角色置於首要的地位，因而政府的責任感也當然成了政治哲學裡的核心價值。十九世紀美國著名建築師轉寫政治哲學的克蘭穆即指出一個國家若領導者缺乏責任心，這個國家就會出現「平庸的報應」。

但這種關心領導及責任感的政治學傳統，在一九四〇及六〇年代後卻完全變了樣，一九四〇年代許多國家都出現造成歷史災難的領導人，於是政治學在被驚嚇之餘，從此再也不敢談領導，彷彿談領導就是在鼓吹人治甚至是在爲強人政治張目，因爲不談領導問題，政治學遂開始墮落。當政治學墮落，它連帶的當然也造成了現實政治上的墮落，加上一九六〇年代後全球進入媒體時代，於是政治的風景也就跟著大變，這種大變顯露在幾方面：

一，政治學不談領導，於是領導學這個學術分枝遂由政治移往企管學，隨著它在企管這個領域的慢慢發展，到了近年來它已回頭撈向政治學。

二，政治領袖變得沒有責任心，只知道媒體作秀，於是「表演政治」（performing politics）日益當道，擅長表演而拙於治理，遇到關鍵就撇責任、扮無辜這種現象遂告出現。人人都知道，房價的飆漲乃是賦稅政策、金融及所得政策的產物，去年耶魯大學教授席勒（Robert J. Shiller）在《次貸解答》一書裡，研究百年來美國房價史，房屋建造成本的變動，認為百年來美國房價都以極緩的速度上漲，只有二〇〇〇年後像坐了火箭一樣一飛沖天，這即是金融政策所致。台灣房價飆漲亦然，這怎麼可能用扮無辜、裝可愛來搪塞。

三，當一個政府缺乏了責任心與擔當，它就自然而然養成一種自我保護機制，它就讓社會裡的「交戰元素」（Warring element）自己打成一團，或者它就隱身暗處展開操弄，或者坐待兩邊打出一個結果，才來撿收成果，這種領導因畏首畏尾，重大問題已不會有自己的立場，美國學者，研究出名經濟學的柯文（Tyler Cowen）早已指出，媒體民主會造成鄉愿式人物的抬頭，扮無辜、裝可愛這種品質會大盛。除此之外，它還有一種撇責任的機制，那就是把「公共問題私人化」，例如政府有責任替老百姓營造出差堪滿意的生存環境，而它不在這方面承擔起責任，反而會說「你失業是你的競爭力不足」，「國民自己要提升個人競爭力」等等說詞。這就是典型的把「公共問題私人化」，在一個「所有問題都被私人化」的社會，

政府儼然已不必負任何責任，我們還要這樣的政府幹什麼？

當今台灣的政治，重建政府的責任心和擔當感已成了最重要的急務。一個永遠躲在暗處，只會撇責任、扮無辜、裝可愛，讓老百姓自己打罵不休，或者藉著「公共問題私人化」的運作模式，讓自己和一切責任都保持距離的政府，很快就會被老百姓看破手腳而加以放棄。近年來，台灣社會的無力感日深，用英美的話來說，台灣社會可以說已處於一種「精疲力竭」（Exhaustion）的心理狀態，大家都希望台灣社會往政府更有責任心與擔當感的方向去轉型，但人們轉型之聲雖高喊了許久，但統治者們撇責任、裝無辜、扮可愛的習性卻還是一成不變，於是精疲力竭之感遂油然而生。而了解社會心理變化的都知道，精疲力竭的人心通常都是大改變的前兆，但願統治者們能體會老百姓精疲力竭的心聲！

機密，民主政治的最後敵人

研究權力關係的都知道，權力是一種會上癮的東西，而權力最大的癮頭，乃是「機密」！

因爲，當人們擁有了權力，即擁有生產、製造、控制和解釋機密之權，從最粗暴的這一面而言，有權力的人可以把機密當成柵欄，將所有的國民當成外人阻擋在外，他在機密的保護下，即可從事一切他自以爲是的行爲，從大的貪腐、利益的交換、弊端及缺點的遮蓋，政策的反反覆覆等都可獲得庇護。古人說：「自由，自由，多少罪惡都假汝之名而行！」而廿一世紀的此刻，這句話已可改爲：「機密，機密，多少邪惡無能都假汝之名而被庇護！」

而在最柔性操作的這一面，機密這道柵欄，將人們劃分成欄內欄外，於是資訊不對等的反自由討論關係即告出現。有權力的人以機密爲名拒絕提出數據和政策的憑據，因而資訊對等的公共討論即不可能，他們由於獨占了訊息，遂可以恣意扣別人「沒有建設性」、「爲反對而反對」的帽子。政治上的無聊口水，公共政策的非理性爭執，如果追根究柢，它其實都起源於以機密爲名的資訊壟斷。有權力的一方由於可以利用機密造成的資訊不對等而任意扣

別人帽子，占盡罵人的好處，於是他們也就樂此不疲的繼續機密下去。多年前美國聯邦參議員莫里漢（Patrick Moynihan）主持兩院對機密問題的監督委員會，他即指出，機密濫用所造成的資訊壟斷，不但滋長了腐化無能，也違反了保障民主的民主程序及惡化了公共討論的氣氛與文化。哈佛大學倫理學教授丹尼斯・湯普森（Dennis F. Thompson）在近著《重建政府責任感》論文集裡甚至明言，以機密爲名的不公開、不透明和缺乏公共討論，乃是當代政治人物缺乏責任感，因而無能程度日增的關鍵。當代「陰謀理論」也指出，當一個政府對特殊重大公眾事務，仍以這樣那樣的理由保持機密，它就無法擋得住各種陰謀理論的趨勢而起，而陰謀理論的出現，它所反映的乃是政府公信力的失去，以及一個社會賴以存在的互信開始剝離消失。

因此，機密問題乃是個不容小覷的課題，有權力的人確實可在機密建構的柵欄內過足權力的癮頭，但機密卻也是個兩面刃，這一面可以讓人過足權力之癮，但另一面當條件改變，這種機密之網一旦出現破洞，這個政府的公信力就會快速滑落。就以台灣爲例，我們政府從美牛談判、ＥＣＦＡ談判，一直到現在的二代健保及連勝文槍擊案，都顯露出它有著喜歡躲在機密背後搞東搞西的偏好，這是一種柔性的藉著機密而遂行政治操縱的伎倆，當這種伎倆搞多了，它最後只會讓機密這個兩面刃的鋒芒倒打回自己，而讓自己在國民心目中的信心盡失。

任何研究機密問題的都知道，一個國家真正的機密其實並沒有那麼多，尤其是牽涉到公共利益時，這種機密更是少之又少，許多所謂的機密，如果檢討到最後，人們會發現它只不過是有權力的人的一種權力過癮而已。也正因此，如何自我約束這種權力的過癮感，將一切回歸到民主的應當程序內，才是重建政府責任感的關鍵，政府在涉外談判時不容以機密為名擅行人民利益的私下交換，在內部事務上更應將一切訊息及政府的決策來由清楚而透明的交代，只有能夠試著去說服人民的政府，才會是個有責任感和有能力的政府，用機密為網，所遮蓋的只是自己的無能而已！

當今的世界已在改變，最近「維基解密」網站的風波已顯露出，民主已進入新的階段，民主未來的公敵乃是政府以機密為名的權力保護網，這個保護網企圖利用人民被矇在鼓裡而剝削之操縱之，它已不被人民所接受。少數人假藉機密之名去做涉外談判，悄悄把國民利益出賣掉；少數人竟連健保資訊也都不對國會公開；另外則是更少的人竟然意圖將連勝文槍擊案以機密為名朝著他們意圖的方向去辦。機密的背後躲藏著太多的私心自用，人民是不會接受的！

不耍嘴皮，政務官還能做什麼？

古代有立德、立功、立言的三達德。但這三達德，言之容易，實踐則難。立德乃是一輩子的事，實在辛苦；立功則有賴機緣命運，太過不確定；至於立言，則縱使皓首窮經也未必有把握，於是當大官的遂拚命作秀以圖立名。

但官場立名可也不簡單，官場險峻變幻，今天向這邊吹拍逢迎，明天向那邊脅肩諂笑，患得患失之事搞久了，耍嘴皮，說巧言，別說公共評價了，只要尚有一息廉恥，大概也會整晚難以入寐。中國古代良臣循吏少，而猾吏佞臣多，即可顯示官場的道德風險之大。當大官的爲了那一點官癮特權，而必須巴結投靠，話要說得變來變去，充滿了機詐之心。因此古代對官場之巧言很早就有了深刻的觀察，《詩經》即曰：「巧言如簧，顏之厚矣！」《論語》亦曰：「巧言令色鮮矣仁」、「巧言亂德」。一個社會的是非錯亂，官吏的巧言實在扮演了極大推波助瀾的角色。

而在西方，這種對巧言詭辭的警覺亦同樣的古老。從蘇格拉底、亞里斯多德、西塞祿起，一直到霍布斯，都注意到若一個社會太愛好舌粲蓮花的巧言作秀，必定會敗壞整個社會的文化及風俗。希臘羅馬的敗亡主因即在於巧言偽辭的氾濫，因此英美自啓蒙理性時代以降，它們在打造新文明時，都把語言的表達及溝通交流視爲重點。一個人在講話時，如果想要說服別人，就一定要先說服自己；只有透過這種言語行爲，人我之間才可能建構出一個有重疊性的平台。就以美國而論，它在開國元勳那一代，都非常強調語言交流溝通的重要。開國元勳富蘭克林在廿四歲即寫了〈對話是何等快樂〉這樣的文章。

華盛頓在十四歲時即寫了影響他一生的心得報告〈做人及講話的高雅行爲〉。他在該報告中指出：「我在講話時不容惡念和嫉妒存心」、「說話是馴良及優良品性的見證」，他還指出：「我在講話時不能囉囉嗦嗦的冗長，不能東拉西扯的離題，也不能翻來覆去都是一個調調」。華盛頓做爲開國總統，他講話用心良善，誠實且切實負責。因此後人遂說這個總統是上天送給美國人的最好禮物，他透過良好講話而建造起一個新興國家，今天雖已滿了兩百多年，但當年他講話的真誠風采，人們仍可透過《華盛頓演講集》體會到他的偉大講話特質。

但美國開國元勳那一代偉大的語言交流現在早已消失了。美國復旦大學（Fordham U.）政治學教授柯亨（Cohen）在近著《廿四小時新聞時代的總統職位》一書裡指出，現在美國各類新媒體日益發達，以前那種大人物就自動可以擁有版面和時段的時代已不再返，媒體對大人物的硬新聞已愈來愈不感興趣，反而是大人物的負面新聞和軟性新聞較感興趣。新媒體時代的這種變化，已使得平庸大官愈來愈不努力在大眾事務上求表現，而是更致力於顯性新聞的生產。而在政黨對立加深的這個時代，耍嘴皮的軟新聞則成了常態，耍嘴皮又成了大官

們自我消費、搏版面及時段的慣技。柯亨教授甚至還指出，在大人物軟新聞當道的這個時代，大人物的講話也愈來愈傾向於爲少數利益團體代言，因爲這個時代大人物已很難獲得普遍的掌聲，爲少數利益團體發言，可以得到他們的掌聲，這總好過沒有掌聲。喬治柏森大學教授柯文（Tyler Cowen）更指出，現在已進入大人物和明星一起搏版面的時代，大人物已必須讓自己的角色演藝化，耍嘴皮等軟新聞，即是大人物們現在的生存之道。

因此，考試院在這個時刻要制訂《政務人員法》，爲大人物的大嘴巴做出規範。考試院的這項立法對我們的政治大人物實在是太爲難他們了。耍嘴皮早已是官場的主流文化價值，他們不耍嘴皮還能耍什麼。考試院制法的良意或許是要藉此呼喚出政務人員的政務官意識，但政務官意識在我們社會消失已久，它是另一個大人物必先立格的政治文化問題，它似乎已不可能重新回來，考試院制法的理想最後可能只是一場空。從這個角度看，《政務人員法》可說是近年來最大的茶壺風暴！

籃子爛了，蘋果當然爛光光！

理性啟蒙時代以來，人們都相信青少年乃純潔的白紙，它是浪漫主義的核心信念，十九世紀的蘇格蘭作家巴蘭亭根據這種信念寫了《藍色珊瑚礁》一書，流落荒島的少年男女彷彿創造出了伊甸園一樣。

而當代諾貝爾文學獎得主威廉・高汀不相信這種廉價的浪漫主義，而寫了《蒼蠅王》。一群家世不錯的學生搭機迫降荒島，他們最初想根據民主原則自我管治，但三搞四搞，人類最壞的品質如鬥爭、專制、殘酷、殺戮全都出現，一群小孩製造出了最邪惡的國度，還死了好幾人。等到救難人員抵達時，都瞠目結舌，驚駭不止。「蒼蠅王」出自希伯萊文的baalzebul，它是以艾康部落的邪神，後來在〈列王記〉和〈馬太福音〉都重新提起它的拉丁名字別西卜阿（Beelzebub），它是個邪惡的神。集一切的蒼蠅邪惡於大成，故稱「蒼蠅王」。威廉・高汀藉著這本著作，讓人們對邪惡問題有了更深的理解。

近代學術思想界對邪惡問題已有了愈來愈深的認識，德國女思想家漢娜・鄂蘭（Hannah Arendt），美國心理學家米格蘭（Stanley Milgram）都證明了奉公守法，一切照規矩辦事，

會讓人做出邪惡之事。前幾年，史丹福大學做了一項監獄模擬實驗，有的學生扮獄卒，有的扮囚犯，這項實驗只做了一個星期就緊急喊卡，因爲主持教授發現扮演獄卒的好學生真的凶性大發，而扮演囚犯的好學生亦人格受創，他簡直被嚇壞了。這些研究證明了一個至深的道理，那就是邪惡與好人壞人無關，而是與體制和情境有關。以前出現邪惡的壞事，人們總認爲是由少數「爛蘋果」所致，而今則發現在某些時候，它與「爛蘋果」其實無關，而是和整個「爛籃子」有關。當籃子都爛了，再多的蘋果也只好全都爛光光。十七世紀英國文豪米爾頓曾說過：「心乃是人們自己的所在，它會讓天堂變成地獄，也會讓地獄變成天堂。」台灣的國中會天堂變地獄，這絕非少數「爛蘋果」出了問題，而是「爛籃子」的事。

近年來台灣社會的中學教育日益敗壞。在教育方面，乃是主事的大官校長們只管做秀，拚了命的想搞個甚麼「台灣之光」出來炫耀一番，如此則加官晉爵有望。務虛不務實已成了教育的最高目標，而基礎工作則全都廢弛及被捂蓋，台灣九十五萬國中生，每年霸凌別人及被霸凌者各有十二萬人。

但往上通報的僅九三八件，幾乎全都被吃案了。而學校霸凌事件氾濫，則和當今大人們的黑社會一枝獨秀，大哥們拚命去校園招募小弟有關。小孩子只要成了小弟，有事就有大哥來罩，在學校就可橫著走路，而且當跑腿小弟還不時有些打賞，吃香喝辣，甚至將來出社會的頭路也都有保障。而當黑道進了校園，其他學生自然也有樣學樣，玩起拉幫結派遊戲，在到處都是蒼蠅的校園，不出一堆蒼蠅王才怪。當整個校園都是橫著走路的小孩，當老師的搞不好就會被套上布袋海扁一頓，誰還敢對學生們去管教？

國中的那些小孩有錯嗎?他們只是不幸的掉進了「爛籃子」裡,一堆還沒有成熟的青蘋果只好跟著爛下去。十三到十六、七歲的小孩,必須要有良好學習成長環境,必須校園不受社會汙染,但今天的教育早已媚俗當道,從上到下,還有誰會爲了孩子們學習環境的創造而努力。今天的校園其實是以一種更離譜的方式在複製著大人社會的價値,長得略有姿色的就準備賣臉蛋,賣身材,長得拳頭大的就準備將來賣拳頭爲生。台灣校園霸凌事件氾濫,絕對不是少數爛蘋果所惹的小事,而是攸關台灣教育走向,社會發展的頂級大事。它必須政府站出來爲小孩子們守護那一片學習與成長的無汙染空間,但這樣的守護者何在?

主持監獄模擬實驗的史丹福大學教授秦巴多(Philip Zimbardo)指出,體制出問題的社會,「爛籃子」會誘發一種白紙全都染黑的「墮落天使效應」(Lucifer effect),台灣校園霸凌當道,出現了一群群「蒼蠅王」,即是體制所造成的「墮落天使效應」!

上 開場

後九二共識的兩岸關係，考驗國民兩黨

總統馬英九有種政治行爲模式，只要選舉一到，他就把顏料罐找出來，打開綠色那一罐，拚命往自己身上塗，讓自己看起來綠油油一片；而同時他又將真綠妖魔化，宣稱真綠上台，兩岸關係會如何的不穩定，這時北京也會跳出來隨著國民黨的指揮棒幫腔，於是假綠就打敗真綠。

但兩岸的這種互動模式，今年卻完全改變了！前陣子馬總統天天在用「九二共識」向蔡英文喊話，宣稱民進黨若不承認「九二共識」，兩岸和平穩定就失去了基礎。馬的策略是若蔡英文不承認「九二共識」，他即可據此大做文章，二〇一二他即搶到了上風，孰料這次北京完全不隨之起舞，上星期中共國台辦發言人楊毅反而表示：民進黨不承認「九二共識」沒關係，還是歡迎民進黨政治人物以適當身分參訪大陸。以前只要民進黨宣布不承認「九二共識」，北京例必聲色俱厲的加以指責，但這次卻變得如此和顏悅色，這當然是項重大的轉變，在馬政府拚命在「九二共識」上做文章的此刻，北京的態度不啻爲重重甩了馬政府一巴掌。北京態度的轉變當然不是沒有原因的。

而造成北京態度改變的關鍵當然是馬政府自己。過去兩年多以來，馬政府雖把「九二共識」天天掛嘴上，但他策略上只不過是把「九二共識」當紙紮的神主牌在用，事實上乃是這個神主牌早已被馬政府自己戳得稀巴爛，「九二共識」早已名存實亡。二〇一二大選將屆，馬政府爲讓自己連任不失分，已正式向民進黨的「台灣前途決議文」靠攏，這等於馬政府自己已宣布了「九二共識」死亡，用一個已死的紙紮口號當作武器，當然北京也懶得理會了。

有關「九二共識」，人們皆知它們乃是一九九二年十月十八日兩會香港協商觸礁後多次文書來往之產物，它涉及一九八二年八月一日國統會「關於一個中國的涵義」，以及後來陸委會授權的三種表達方案，它即後來所謂「一中各表」的源起。而「一中各表」又有承認國家暫時處於分裂之狀態，以及兩岸共同努力謀求國家統一等前提。這樣的「九二共識」在經過李扁時代的劍拔弩張，已成了一種勉強的選擇。這乃是二〇〇八年馬政府改善兩岸關係的基礎。但「九二共識」對台灣乃是一種高難度的選擇，而它顯然超過了馬政府的能力，於是在過去兩年裡，馬政府在討好綠色選民的心態下，遂日益脫離了「九二共識」而往民進黨的「兩國論」方向移動；「九二共識」這個紙紮的神主牌只被供奉著當成唬弄北京及打壓民進黨的武器。

最近馬政府宣稱「七大核心利益說」，它自己都明言這是向民進黨的「台灣前途決議文」靠攏，目的是爲了二〇一二大選。當馬政府自己都棄「九二共識」如敝屣，他不斷用「九二共識」攻擊蔡英文，就成了最無聊的口水戰。蔡英文如果願意，大可堂堂正正的反問，馬總統，你的「九二共識」到底是什麼?你抄襲民進黨的「台灣前途決議文」又是爲什

上 開場

麼？謝長廷曾說過馬總統永遠在抄襲民進黨，永遠的後知後覺，未嘗不是一針見血之論。

事實上，所謂「九二共識」這個紙紮的神主牌，早已被馬政府戳得稀巴爛，形同宣告了「九二共識」的死亡。但沒有了「九二共識」這個紙紮的神主牌，兩岸關係就像馬政府說的那麼可怕嗎？卻也未必。兩岸和平交往，只要不觸及底線，對北京也是有利的。這種「後九二共識」的兩岸關係，最近中共國務委員戴秉國在同意馬政府「七大核心利益說」時，其實已有自己重點的提示，中共對台有其底線，但和平發展仍爲現階段方針。

而對台灣兩黨，北京已有了反省，北京高層認爲扁政府上台時提出「四不一沒有」，即是個重要契機，但當時國民黨人在兩岸走動，都在散布民進黨不可信的言論，中共對「四不一沒有」完全未予理會，最後遂使得陳水扁往台獨移動。北京高層已開始承認他們過去輕信國民黨，已犯下錯誤。當北京不再輕信馬政府，不再相信馬政府的「九二共識」，兩岸關係就開始進入另一現實競爭階段了！

請續看馬政權的開場、中場與收場（中）中場

新修版

馬政權的開場、中場與收場(上)開場

作者：南方朔
發行人：陳曉林
出版所：風雲時代出版股份有限公司
地址：10576台北市民生東路五段178號7樓之3
電話：(02) 2756-0949
傳真：(02) 2765-3799
執行主編：劉宇青
美術設計：吳宗潔
業務總監：張瑋鳳

出版日期：2023年6月 新版一刷
版權授權：王杏慶
ISBN：978-626-7303-72-6

風雲書網：http://www.eastbooks.com.tw
官方部落格：http://eastbooks.pixnet.net/blog
Facebook：http://www.facebook.com/h7560949
E-mail：h7560949@ms15.hinet.net
劃撥帳號：12043291
戶名：風雲時代出版股份有限公司

風雲發行所：33373桃園市龜山區公西村2鄰復興街304巷96號
電話：(03) 318-1378
傳真：(03) 318-1378
法律顧問：永然法律事務所 李永然律師
　　　　　北辰著作權事務所 蕭雄淋律師

行政院新聞局局版台業字第3595號 營利事業統一編號22759935

定價：380元

國家圖書館出版品預行編目資料

馬政權的開場、中場與收場 / 南方朔著. -- 二版. --
臺北市 : 風雲時代出版股份有限公司, 2023.05
　冊；　公分
ISBN 978-626-7303-72-6 (上冊：平裝). --

1.CST: 臺灣政治 2.CST: 言論集

573.07　　　　　　　　　　112004632